Building Materials & Construction Works

【新編】建築材料・施工
サステイナブルな環境づくり

森田司郎＋岡島達雄＋荒川治徳＝共著

鹿島出版会

はじめに

　建築物に限らず，何かものを造るということの内容は「材料」の種類と大きさを選定し，その材料要素の組立てを「施工」することに外ならない。本書の表題「建築材料・施工」は建築物を実際に造る過程のいわば始めと終りを取り扱っていることになる。真中の部分は「計画」とか「設計」といわれる部分である。

　「建築材料」を理解するためには，個々の材料の基本的な性質を知るだけでは中途半端であって，その材料が建築物の中のどの部分で，どのような選択基準で，どのような構法で用いるのが適当かを知っていなければならない。建築設計や施工のエキスパートとは，この意味で建築材料をよく理解している人であると思う。

　本書の執筆に当たっては，当初より編集方針の主眼として，建築材料の選択の原則，基本的な性質，典型的な使われ方，施工方法が一冊の本の中で一貫して記述されている内容とすることで，いままでの教科書に類のないユニークなものにしたいと考えた。全体ボリュームや内容バランスの関係から，必要と思われるすべてを取り扱うことはできなかった部分もある。しかしながら，大学，工専や専門学校などの教科書として位置づけた場合，コンクリートや鋼，木材という基本材料は，これだけで「構造材料」として講義する場合も多く，そのとき学生に役立つ最低限に必要と思われる内容を盛り込むこととした。

　本書の構成は，今回の「新編」においても，執筆者間で協議しこの方針に従って再編成している。第1部では，建築材料の全体像を把握するための基本事項を述べている。第2部は，材料各論であるが，基幹材料のみに限定し，原則として形と寸法の定まらない段階での材料特性を解説している。第3部は，実際の建築物が施工される順序に従って，各種の材料がどのように使用されるかを記述した部分で，構造種別の典型的な建物の場合を想定し，豊富な実例で解説している。いずれの部分でも，現代の課題である地球環境問題・省資源・省エネルギーなど，社会経済との関連性を意識して取り上げている。

　本書は1984年に初版を刊行し，当時の内容を一新してその「新編」としているが，これまで以上の充実により，実質的には「新刊」としての内容になっている。特に，第3部の建築施工編は，新しく実務経験を経た最適任の分担執筆者を得て書き下ろしている。

　建築技術に包含される内容がますます複雑多岐にわたって来ている昨今の状況の中で，基本的な建築材料にしぼって，その性質と施工法を整理して理解することは大きな意味を持っており，本書がその一助になればと願っている。最後に，永きにわたり編集を担当された小田切史夫氏には大変感謝いたす次第である。

2006年8月

編集執筆代表　森田司郎

目　次

はじめに

第1部　材料基礎編 ……………………………………………… 1

1．建築材料に要求される性能 ……………………………………… 3
　1.1　作用因子 …………………………………………………… 3
　1.2　部位に要求される性能 …………………………………… 5

2．建築材料の選択基準 ……………………………………………… 7

3．建築材料の分類 …………………………………………………… 9

4．これからの建築材料 ……………………………………………… 12
　4.1　建築材料の変遷 …………………………………………… 12
　4.2　地球環境時代の建築材料 ………………………………… 14

第2部　建築材料編 ……………………………………………… 17

1．木材，木質材料 …………………………………………………… 19
　(1)　概　説 ……………………………………………………… 19
　(2)　種　類 ……………………………………………………… 20
　(3)　組織・構造 ………………………………………………… 21
　(4)　木材と性質 ………………………………………………… 22
　(5)　製　品 ……………………………………………………… 27

2．石　材 ……………………………………………………………… 29
　(1)　概　説 ……………………………………………………… 29
　(2)　組織・分類 ………………………………………………… 29

(3) 性質と用途 …………………………………… 31
　(4) 加工・仕上げ ………………………………… 31
　(5) 人造石・その他 ……………………………… 33

3．ガラス ……………………………………… 35
　(1) 概　説 ………………………………………… 35
　(2) 種　類 ………………………………………… 35
　(3) 性　質 ………………………………………… 36
　(4) 製　品 ………………………………………… 38
　(5) その他 ………………………………………… 38

4．粘土焼成材料 ……………………………… 41
　(1) 概　説 ………………………………………… 41
　(2) 種　類 ………………………………………… 41
　(3) 性　質 ………………………………………… 41
　(4) 製　品 ………………………………………… 42

5．セメント・コンクリート ………………… 48
　(1) 概　説 ………………………………………… 48
　(2) セメント ……………………………………… 50
　(3) 水 ……………………………………………… 55
　(4) 骨　材 ………………………………………… 55
　(5) 混和材料 ……………………………………… 60
　(6) まだ固まらないコンクリートの性質 ……… 61
　(7) 固まったコンクリートの性質 ……………… 63

6．鉄　鋼 ……………………………………… 77
　(1) 概　説 ………………………………………… 77
　(2) 製　法 ………………………………………… 77
　(3) 鋼の種類 ……………………………………… 78
　(4) 鋼の基本的性質 ……………………………… 80
　(5) 常用する構造用鋼材 ………………………… 87

7．非鉄金属材料 ……………………………… 89
　(1) 概　説 ………………………………………… 89
　(2) 種類と性質 …………………………………… 89
　(3) 銅 ……………………………………………… 89
　(4) 銅合金 ………………………………………… 89
　(5) アルミニウムおよびアルミニウム合金 …… 91
　(6) ステンレス鋼 ………………………………… 91

(7) チタン ･･･ *92*

8．プラスチックス ･･ *93*
　　(1) 概　説 ･･ *93*
　　(2) 種　類 ･･ *93*
　　(3) 製　造 ･･ *94*
　　(4) 性　質 ･･ *95*
　　(5) 用　途 ･･ *97*

第3部　建築施工編 ･･ *99*

序―設計業務の概要 ･･ *101*
　　(1) 建設確認申請 ･･･ *101*
　　(2) 建築士の役割 ･･･ *102*
　　(3) PFIによる計画案コンペ ･･ *102*
　　(4) コンストラクション・マネジメント（CM）方式 ･････････････････････････ *102*

1．工事の受発注と契約 ･･ *104*
　1.1　施工業者の選び方 ･･ *104*
　1.2　総合建設業（ゼネコン）と専門工事業（サブコン）････････････････････････ *104*
　1.3　見　積 ･･ *105*
　1.4　契　約 ･･ *106*

2．施工計画 ･･ *108*
　2.1　準備調査 ･･ *108*
　2.2　工程計画 ･･ *108*
　2.3　共通仮設計画 ･･ *110*
　2.4　土工事計画 ･･ *114*
　2.5　足場桟橋計画 ･･ *117*
　2.6　コンクリート工事計画 ･･ *117*
　2.7　鉄骨工事計画 ･･ *119*
　2.8　仕上げ工事計画 ･･ *119*

3．仮設工事 ･･ *121*
　3.1　水盛り・遣り方・隅出し ･･ *121*
　3.2　仮囲い ･･ *122*
　3.3　仮設建物 ･･ *122*

3.4　運搬揚重設備 …………………………………… *122*
3.5　足場桟橋 ………………………………………… *123*

4．基礎および地下工事 …………………………… *127*
4.1　土質について …………………………………… *127*
4.2　地業工事 ………………………………………… *130*
4.3　杭工事 …………………………………………… *130*
4.4　掘削・山止め工事 ……………………………… *138*

5．軀体工事 …………………………………………… *147*
5.1　木工事 …………………………………………… *147*
5.2　鉄筋工事 ………………………………………… *148*
5.3　型枠工事 ………………………………………… *154*
5.4　コンクリート工事 ……………………………… *156*
5.5　鉄骨工事 ………………………………………… *159*

6．屋根工事 …………………………………………… *163*
6.1　防水工事 ………………………………………… *163*
6.2　粘土瓦葺き ……………………………………… *167*
6.3　金属板葺き ……………………………………… *167*
6.4　折板葺き ………………………………………… *168*

7．外装工事 …………………………………………… *169*
7.1　カーテンウォール ……………………………… *169*
7.2　コンクリートブロック壁 ……………………… *171*
7.3　ALC 壁 …………………………………………… *171*
7.4　板　壁 …………………………………………… *171*
7.5　塗り壁 …………………………………………… *172*
7.6　石　壁 …………………………………………… *173*
7.7　タイル壁 ………………………………………… *175*

8．内装工事 …………………………………………… *177*
8.1　シックハウス対策と内装制限 ………………… *177*
8.2　天　井 …………………………………………… *178*
8.3　壁 ………………………………………………… *179*
8.4　床 ………………………………………………… *181*
8.5　塗　装 …………………………………………… *184*

参考文献 ………………………………………………… *186*

キーワード索引 ………………………………………… *188*

第1部　材料基礎編

1．建築材料に要求される性能

1.1　作用因子

　建築は，風雨や寒暑を防ぎ，外敵から身を護るためのシェルターとして位置付けられる。後には，騒音や煩雑な社会から人間を隔絶し，安息の場を与えるという機能も期待されてくる。このように，建築とは人間をとりまく厳しい環境が直接人間に作用しないよう，これを調節し，人間にとって快適で安全な空間を創造することを目的として構築される。すなわち，人間をとりまく自然的・社会的空間を物理的・心理的に切り取り，これを人間のための空間に再構成したものが建築の姿である。

　しかし最近は，人間のための施設でありながら，人間をほとんど収容しない工場，発電所，浄水場などの装置的な建造物としての建築が増えている。したがって建築は，必ずしも人間を中に包容できるような閉じられた空間でなくてもよい。大地に打ち立てられた1本の柱でも，それによって自然あるいは社会の環境が，人間にとって変わるのであれば建築ないし建築物といってよい。

　材料とは，本来それ自体が加工され，結合され，人間に役に立つもののもとになるもの，という意味がある。これに対し，自然のもの，人間との関わりのないものを物質とか物体という。したがって同じものでも，ある場合には材料となり，ある場合には物質や物体となる。杭に使う目的で伐り倒した木は材料であっても，風で倒れた木は単なる物体である。また，ある人にとって材料であるものが他の人にとっては，自然に存在する単なる物質にすぎないということもある。

　材料とは，このように有用なものではあるが，最終の製品，完成品ではない。完成品でないから，有用であっても何の目的でどの位置に取り付けられるかが鮮明でない。すなわち材料は，種々の目的で，様々な場所に使われる可能性のあるものである。

　建築材料は，文字どおり建築という目的を実現するための材料である。けれども機械という目的を実現するための機械材料，船舶という目的を実現するための船舶材料などと比べると，建築材料に要求される条件ははなはだ厳しい。建築材料には一般に，外力，熱，光，水，空気，電気，音，人間，動物，経済性，施工性などの複雑な因子が絡みあって作用している。しかも，これらの作用因子の間には遮音性と軽量性のように，十分音を遮ろうとすると必然的に

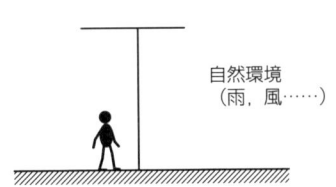
自然環境
（雨，風……）

社会環境
（騒音，視線……）

図1.1　建築とは……

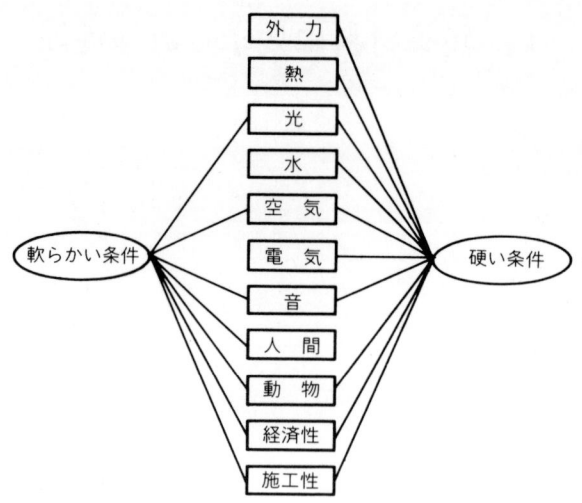

図1.2 作用因子と要求される条件の例

重くなる，といった矛盾する因子もある。

建築材料は，人間が直接に接するため，色調，テクスチャーなど人間の感覚に対する特別の要件を備えていなければならない。この点では，常時人間の肌に接し，身にまとう被服材料と似ている。このように建築材料は，力，熱，音などの機械材料として必要となる硬い条件の他に，色調，テクスチャーなどの被服材料として要求される軟らかい条件も具備しなければならない。すなわち，機械材料などの工業材料は，人間が直接握るハンドルや叩くキーボードなどのごく限られた部分を除き，軟らかい条件からはほとんど無縁であったし，被服材料は若干の強度，剛性，洗たく性などの条件をはずせば，硬い条件は無視できる。建築が，地震，風，雨，火災に抵抗できなければならないという意味で硬い条件を備えるべきことは当然であるが，現代生活を考えるとき，その視環境，触環境の大部分を直接受けもつ建築材料の軟らかい条件の占める位置は，硬い条件のそれに匹敵するか，あるいはそれを凌ぐことになる。一般に建築材料のうちでも構造材料は硬い条件に，仕上げ材料は軟らかい条件によって決定されることが多い。

建築材料に要求される硬い条件とは，理性にもとづく条件であり，原則的には力学特性，熱特性などのように物理的，機械的な数値として算出できるものである。一方で軟らかい条件とは感性にもとづく条件であり，人間の本質に関するものであるといえる。それは単に，色調やテクスチャーが好ましいかなどというものでなく，歴史や文化あるいは人間の生と死に伴う喜びや悲しみ，説明することのできない感情や個々人の成育した感性に立脚しているものと思われる。それだけに建築材料の選択や開発，建築材料の利用に際し軟らかい条件が重要な因子となるのである。

建築材料に課せられる硬い条件も他の工業材料に比べると厳しいといえる。今日，かつての計算機は手のひらに入る程度の大きさになった。たとえば増幅という機能も持った要素が，技術の進歩とともに真空管・トランジスター・IC・LSIと変化し，記憶容量の増大化によるICチップの開発技術が商品ニーズに伴い飛躍的に進歩した結果によるものである。性能が向上し，同一機能を有するものが，より小型のもので実現できるようになってきた。このように高性能・小型化・軽量化の方向に向かうものが工業材料である。普通鋼に代わって高強度鋼を採用したため断面が縮小した例や，作動圧を高くしたため油圧ジャッキが軽くなったなどの例である。いずれも高性能・高コストになった分を，小型化・軽量化による材料節約という形で補償し，ひいては同一機能を有するものが低コ

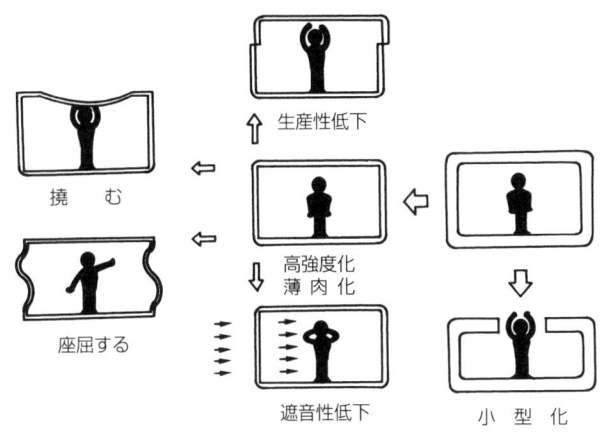

図1.3 建築材料の高性能・小型化の矛盾

ストになるという経過をたどっている。

けれども，建築，船舶，車両，航空機などにおいては，その中に人間が入る以上，いかほど高性能な材料を使用しようとも小型化に限界がある。唯一の方法は，肉厚を薄くすることによる軽量化である。図1.3に見られるように，この方法は強度的に問題がなくても撓みが大きくなり，座屈による崩壊の心配が起こるほか，薄肉のためたとえば接合に高い施工精度が要求され，その結果生産性が低下し，コストダウンにならないなどの欠点がある。さらに航空機のような飛翔体や車両，舟艇のような運動物体に比べれば，通常静止している建築には軽量化のメリットは小さい。そのうえにこれらの構造物の中で，人間が最も長く，ほとんど四六時中接するのが建築である。したがって，断熱とか遮音などの居住性能には，最大の注意が払われなければならない。しかるに断熱も遮音も同一材料であれば，肉厚が大きいほど，重いほどその効果が大きいのである。

このように考えると建築材料は，その性能の善し悪しにかかわらず一定の断面や肉厚が必要である。すなわち一定の体積が必要であるということである。これは，建築材料においては，単位体積（m³）当りのコストが一定限度以下でないと採用され難いということであるとともに，高性能・高単価のものは使われ難いということになる。

1.2 部位に要求される性能

部位を構成する建築材料に要求される性能は，その建築物の存在する環境や用途によって必ずしも一様ではない。特定の床を考えるとき，その断熱や遮音性は，床躯体，床下地，床仕上げ材の全体で満足させればよい性能であるが，その撥水性や硬度に関するものは，人やものを直接載せる床仕上げ材だけで満たさねばならない性能である。したがって部位に要求される性能も，部位の構成やその周辺を明らかにしないで簡単に決めつけることはできない。**表1.1**に，各部位に要求される性能例を作用因子ごとに示した。

屋根や外壁は，雨・風などの自然環境や騒音などの社会環境に直接接して人間を護るシェルターであり，屋根はどちらかというと水平面状を呈し，外壁はどちらかというと鉛直面状をしている。水平面状の屋根には，積雪時の荷重のほかに人やものが載ることもある。これに対し，内壁や床，天井は，通常人間にその表面を向けているから，人間から要求される性能が重要となる。床，天井は一般に水平面状であり，内壁は鉛直面状である。床の特徴は，人やものが直接載ることにあるから，摩耗やすべりに対する特性や局部圧縮に対する抵抗性などが要求される。このようなことを頭に描きながら，**表**

表1.1 部位に要求される性能例

作用因子＼部位	外力	熱(火)	光	水(湿気)	空気	電気	音	人間	動物	経済性	施工性
屋根	耐風 耐衝撃	耐火 断熱	採光 反射	防水	換気 耐候		遮音	外観	耐蝕 侵入	耐久	取替
外壁	耐風	耐火 断熱	採光 反射	防水	気密 防塵 耐候		遮音	外観 視線	耐蝕 侵入	耐久	取替
内壁	耐衝撃	難燃 断熱	反射 調光	調湿	結露 気密	伝導	吸音 遮音	外観 視線		耐久	取替
天井		耐火 断熱	照明 調光	防湿	気密 防塵		吸音 遮音	外観		耐久	
床	強度 耐摩耗	難燃 断熱	吸収	耐水 清掃性		伝導	遮音 吸音	歩行感 外観	耐蝕 侵入	耐久	取替

表1.2 部位に要求される性能
(建築の部位別性能分類　JIS A0030－1994)

性能項目	性能項目の意味	備考
反射性	光を反射する程度	作用因子を制御するための性能
断熱性	常温における熱の貫流に対する抵抗の程度	
遮音性	空気伝播音を遮る程度	
衝撃音遮断性	歩行などによって起こる発音が直下階の室内に伝わらない程度	
吸音性	音を吸収する程度	
防水性	雨水などの水を透さない程度	
防湿性	湿気を透さない程度	
気密性	気圧差によって生ずる空気の透過に対する抵抗の程度	
耐分布圧性	各部位にかかる分布荷重による曲げ力に耐える程度	建物の存続と安全に関する性能
耐衝撃性	衝突物などによって起こる衝撃力に耐える限度	
耐局圧性	局部圧縮荷重に耐える程度	
耐摩耗性	摩耗に耐える程度	
耐火性	火災に耐える程度	
難燃性	燃えにくさの程度および燃焼によって起こる煙や有毒ガスを発生させない程度	
耐久性	経年によって起こる変質変形などに耐える程度	

1.1をよく見てみるとよい。

部位に要求される性能項目やその級別表示の一部については，日本工業規格にも規定されている。**表1.2**にその項目をあげる。

2．建築材料の選択規準

　すべての人が認めるような建築材料の選択規準は，存在しない。しかもその規準は1人の人間にとっても1種類でなく数種類ある。これらを組み合わせて材料を選ぶのが一般的である。

（a）　経験による選択規準

　自分や人が過去に使って，問題のなかったものを選ぶという方法である。あの家の玄関のじゅうたんは，5年間も使っているのは，歩きごこちはよいし，汚れも目立たないしすり切れもしない。今度もあれにしよう，というような選び方である。建築材料の選択方法としてしばしば採られるものである。他の規準で選ばれた材料が，この規準ではねられることもある。たとえば，新しく開発された低コストの防水工法が，10年の実績がないからという理由でその採用が見送られたことがある。

（b）　合理性による選択規準（Ⅰ）

　倒れたり壊れたりしないために，強度は x N/mm² 以上でなければならないとか，外の暑さを遮るために，熱伝導率がいくら以下である必要があるとか，構造体の中にきちっと納まるために，厚さは 30 mm から 70 mm の間でなければならないなどという規準がある。必要条件を満たす範囲を定めて，合否を判定する，という選択規準である。法規によって，不燃材料を使用することが義務付けられている場合もここに分類される。すべての作用因子に対して，このような形式の選択規準が整備されているわけではないが，この規準によって材料選択の範囲を狭くすることができる。

（c）　合理性による選択規準（Ⅱ）

　軽いほどよい（最小重量設計）とか，安いほどよい（ミニマムコストデザイン）という規準がある。最適規準である。重量，密度，コストなどが明らかな材料グループの中では，軽い順に，あるいは安い順に番号をつけることができる。ただ，順位一番の材料が現実に採用されるとはかぎらない。なぜなら，重量やコスト以外のすべての条件を満たした材料は，ほとんどないからである。

（d）　感性による選択規準

　その材料のどのような物理的・化学的性質によってそうなるのかわからないが，何となく，こちらのほうが手触りや歩きごこちがよい，あるいは美しい，という理由で選択する規準である。内・外装材や家具などの選択に重要な規準である。人間によらなければ判断のしようのないと思われるこの規準も，その材料の物理的性質などと関連付けて解明されつつあるものも多い。

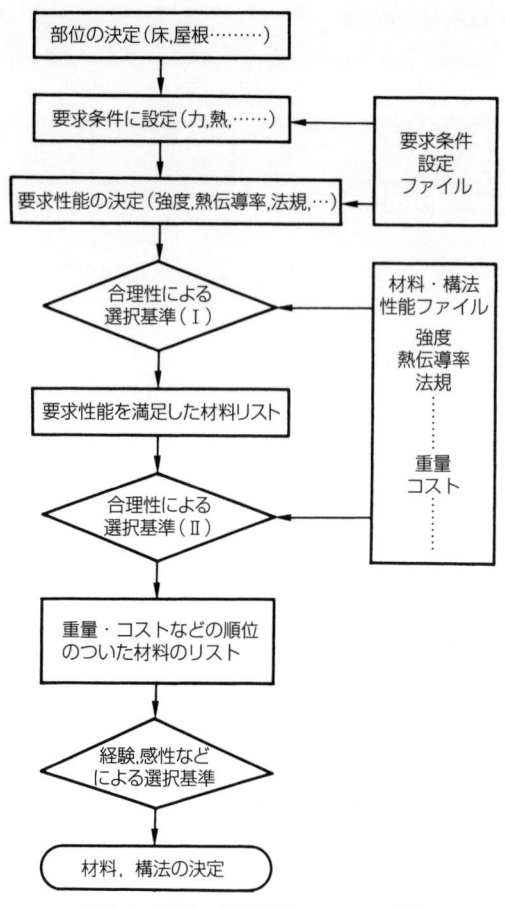

図2.1 材料・構法選択システムの例

上記の選択規準を用いた材料選択システムの例を，図2.1に示す。

床や屋根などの建物の部位が定まると，力や熱，法規などといったその部位に作用する因子が決まってくる。これらの因子に対し，要求性能を決定するのに必要なファイルが要求条件設定ファイルである。要求性能は，別に用意された材料・構法性能ファイルのデータと照合されて，合理性による選択規準（Ⅰ）により合格した材料のリストを作成する。

ここで合格した材料とは，いくつかの作用因子に関する要求条件に合格した材料という意味であって，すべての作用因子についての条件を満たしたものではない。要求性能を定式化できない作用因子の数が多いのが普通である。次に重量やコストなどの特に重要な作用因子に関し，その材料・構法性能ファイルのデータを利用して順位付けを行う。合理性による選択規準（Ⅱ）である。この結果を見ながら，取り上げられなかった作用因子に関する要求条件をも考慮して，経験，感性などにより材料や構法を選択するというシステムの例である。

3．建築材料の分類

（a） 材質別分類

建築材料の分類方法を次に示す。材料の組織・構造やその生成過程による分類を**表3.1**に示す。屋根や壁といった建物の部位との関連が薄いことと，異種の材質を組み合わせて構成される複合材料の位置付けが困難な点が問題といえる。初めて建築材料を勉強する者にわかりやすい基本的な分類である。

（b） 用途別分類

その材料が水平か鉛直か，線的か面的か，内部に面するか外部に面するか，人や物が載るかどうかによって分類したものが**表3.2**である。建物の各部位に使用できる材料がわかるので，設計や施工計画を立てるうえで便利である。ときに部位別分類，工事別分類とよばれる。

（c） 機能別分類

水，外力，熱といった特定の作用因子に対す

表3.1 材料の材質別分類

分　　　類			例
無機材料	金属材料	鉄鋼材料 非鉄金属材料	鉄，鋼，鋳鉄 アルミニウム，銅，亜鉛，チタン
	非金属材料	石　　材 粘土焼成材料 左官材料 セメント・コンクリート ガ ラ ス その他	大理石，粘板岩，花崗岩 タイル，れんが，瓦 せっこう，テラゾ，モルタル モルタル，コンクリート 板ガラス，ガラスブロック
有機材料		木材・木質材料 プラスチックス その他	スギ，ケヤキ，合板 塩化ビニル樹脂，アクリル樹脂

表3.2 材料の用途別分類

分　類	例
基礎材料	鋼矢板，コンクリートパイル，石材
軸組材料	形鋼，コンクリート，木材
屋根材料	瓦，アスファルト，鉄板
天井材料	木材，せっこうボード，アルミニウム
壁材料	吹付け材，漆喰，れんが
床材料	モルタル，プラスチックスタイル，パーケットブロック
建具材料 その他	障子，アルミニウムサッシ，網入ガラス

表3.3 材料の機能別分類

分類	例
構造材料	木材, 鉄鋼, コンクリート
仕上げ材料	タイル, 塗料, カーペット
断熱材料	軟質繊維板, 岩綿板, グラスウール
吸音材料	ひる石プラスター, 吸音テックス
遮音材料	コンクリート, 鉛
採光材料	ガラス, ポリカーボネート樹脂, 障子
防水材料	アスファルト, シーリング材
調湿材料	木材, 紙, 土
不燃材料	ガラス, コンクリート, 鉄鋼
接合材料	釘, 接着剤, ボルト・ナット
その他	

る特性によって分類したものが**表3.3**である。建物の省エネルギーとか居住性向上などを目的に材料を選択するときに役立つ分類である。

(d) 形状別分類

日本建築学会設計計画パンフレット12によれば，建築材料・建築部品は，その寸法が何方向指定されているかによって**表3.4**の4種に分類されるという。たとえば厚さだけが指定されているシート状のものを L_1 材，H形鋼などのように断面だけが定まっていて比較的長さが自由なものを L_2 材などという。

これらは，工場における生産性や現場組立工数の算定などを行うときに便利な分類法である。

(e) 材料の火災特性から見た分類

通常の火災時において材料が燃えるかどうか，どの程度燃えるのかを建築基準法にもとづいて示したのが**表3.5**である。ここで不燃材料は必ずしも耐火的でないことに注意する必要がある。たとえば鋼材には，普通無機非金属材料による耐火被覆が要請される。

表3.4 材料の形状別分類

分類		例
L_0 材	定まった幾何学的形態をもっていない（粉状, 粒状, 繊維状, 液状, 糊状）不定形な材料	土, 水, 砂利, セメント, 水, 塗料, ガラス繊維, 岩綿
L_1 材	厚さだけが指定されている材料 指定されていない2方向に切断が予定されている。	板ガラス, 鋼板, アルミ板, 合板, 繊維板, プラスチック板
L_2 材	定まった断面形をもち長さを指定しないで製造される材料，形材ともよばれる。 指定されていない方向に切断が予定されている。	鋼線, 形鋼（H形鋼）, プラスチックスパイプ
L_3 材	3方向の寸法が指定されて工場生産される建築材料，部品ともいわれる。ほとんどが加工することなく，取り付けられる。	タイル, 瓦, ブロック, 建具, 照明器具, 洗面器, 畳

表3.5 材料の火災特性から見た分類

不燃材料	通常の火災時において火熱により燃焼せず，防火上有害な変形，き裂などを起こさず，また有害な煙なども発生しないものとして国土交通大臣が定めたもの，または大臣から認定を受けたもの（法2条9号）	コンクリート, れんが, 瓦, タイル, 鉄鋼, アルミニウム, ガラス, モルタル, 石, 漆喰, ロックウール, ある種のせっこうボードなど
準不燃材料	不燃材料に準ずる防火性能を有するものとして国土交通大臣が定めたもの，または大臣から認定を受けたもの（令1条5号）	ある種のせっこうボード, ある種の木毛セメント板など
難燃材料	難燃性を有する材料で国土交通大臣が定めたもの，または認定を受けたもの（令1条6号）	ある種の難燃合板, ある種のせっこうボードなど, ある種のプラスチック板など
可燃材料	上記以外のもの	特別の処理をしていない紙, 木, 竹, プラスチックスなど

(f) 材料の表面特性による分類

材料表面の硬さや凹凸によって建築仕上げ材を分類したものである。材質に無関係に表面特性の同種のものが集まるので，インテリア仕上げ材の選択の際には有効である。一般的に左上ほど触って冷たく，右下ほど温かい材料となっている。

表3.6 材料の表面特性による分類

	滑面材	中滑面材	粗面材
硬面材	フロート板ガラス 花崗岩本磨き仕上げ ステンレス鏡面仕上げ	瓦 モルタルこて押え	コンクリートはつり仕上げ リシン欠き落とし仕上げ
中硬面材	漆仕上げ（春慶塗り） メラミン化粧板	スギ，ヒノキ ゴム	焼杉（やきすぎ） 名栗（なぐり）
軟面材	ポリエチレンフィルム 絹布	なめし皮 綿布 コルクタイル	じゅうたん スエード インシュレーションボード

4. これからの建築材料

4.1 建築材料の変遷

(a) 工場製品化

　建築材料にかぎらず，あらゆる工業材料の源流は，土，石，木，草などの天然材料に始まる。これから，せっこう，石灰，テラコッタ，セメント，ガラスなどの粘土焼成材料，続いて銅，鉄などの金属材料へと移行し，プラスチックス材料に受け継がれる。しかし，これは一般的な傾向でなく，地域や時代によってこの一部が欠落することもある。特に東西の交流が少なく，分業の未分化だった時代においてはなおさらである。さらに，材料が材質的にこの順序で利用されるようになったということであり，金属材料の出現によって粘土焼成材料が使用されなくなったとか，プラスチックス材料が金属材料にとって代わったということではない。

　これは，天然材料から人工材料，天然品から工業製品への移行を示している。木材を例にとれば，丸太，製材品，合板，繊維板，集成材への系列であり，コンクリート用骨材を例にとれば，河川砂利・砕石・人工軽量骨材へという系列である。

(b) 加工度の増加

　建築物と他の工業製品との大きな違いは，建築は大地に緊結されていることである。したがって建築生産においても，工場で生産される部分と，敷地で生産される部分がある。これまでは，現場労働者の不足と労賃の高騰のため，全生産工数に対する現場生産工数の割合は低下の傾向にあった。このため現場に搬入される材料の加工度は，徐々に増加し，材料というよりは，部材に，また部材も小型から大型へと移行しつつある。最終的には住宅そのものが工場で生産され，現場では，地盤と結合するだけというようなものまである。

(c) 施工時間のコントロール

　モルタル，コンクリート，左官材料などは，水と反応させた時点では流状体でどのような形にも成形できる。このような状態の数時間の間に，混練り，打込み，仕上げなどの作業を済ませ，あとは硬化を待つ。普通のセメントコンクリートでは，設計で期待した強度に達するまでに4週間かかる。この期間を短縮できれば工期が短くなる。混練り，打込みなどの作業に要する数時間はそのままにして，早強ポルトランドセメントは，これを1/4の1週間に，超早強ポルトランドセメントは，これを3日間に，そして，超速硬セメントは，これを24時間以内に短縮した。このような材料の発達は，現場工期を短縮するだけでなく，工場でのコンクリート部材の生産における高価な型枠の回転率を上昇させるのにも役立った。

　以上は，硬化時間を短縮した例である。反応が早く，作業時間が十分とれないようなものは，反応速度を抑え，終了が確認されしだい刺激を与えて反応を終結させることも可能になってくるであろう。

表4.1 建築材料の行方とその例

工場製品化	自然材料から高分子材料へ
加工度の増加	小型部品から大型部品へ，プレファブ化
施工時間のコントロール	速硬セメント
高性能化	鉄から鋼へ，普通鋼から高張力鋼へ
高級化	鋼製サッシからステンレスサッシへ
不燃化，難燃化	難燃合板
複合化	鉄筋コンクリート
耐用年数のコントロール	耐候性鋼材

(d) 高性能化

材料の高性能化の1つは高強度化である。代表的なものは鉄から鋼へ，普通鋼から高強度鋼へと移行した鉄鋼材料である。材質が高強度化すれば同じ荷重を支えるための断面積が縮小する。断面積の縮小は座屈の契機となるので断面形状が変化する。結果として部材の軽量化が実現した。

(e) 高級化

何が高級かということには議論があるが，サッシが木製から鋼製へ，鋼製からアルミニウム製へ，アルミニウム製からステンレス製へ，そして再び木製へと変化していく過程が，一般に高級化であることにさしたる疑問はないであろう。

同じアルミニウムでも，アルマイト加工から発色アルマイトへと移っていく。この系列は，外観だけの変貌でなく，耐久性・清掃性の改善にもつながる。

(f) 不燃化・難燃化

貴重な人命，営々として築いてきた財産を火災から守るためには，避難システムなどに留意することも重要だが，まず建築材料の不燃化・難燃化が必要である。

材料は，空気と温度の2条件が揃わないと燃えない。そこで高温になると不燃性のガスを発生するような化学薬品を含浸させておく。この場合は薬品がガス化して消耗してしまえば，難燃性は失われる。一番確実な方法は，不燃性の材料か発火点の高い材料を使用することである。さらに構造材料としては自燃性でなくても高温で軟化するような材料は不適格である。鋼構造部材に耐火被覆が要求されるのはこのためである。こう考えてみると非金属無機材料が耐火的であるといえそうだが，一般にもろくてそれだけでは構造材となり得ない場合が多い。

(g) 単一材から複合材へ

一般には建築部材に対して要求される諸性能は，複雑でかつ厳しい。そのため，1つか2つの項目に対して優れた性質をもっていても，他の項目に対しては欠点を多くもつ単一材で部材を実現するのは難しいことが多い。このため建築材料は単一材から複合材へと移っていく。建築構造材の主流である鉄筋コンクリートは，引張に強いが座屈と熱に弱く腐食性の高い鋼材と，引張に弱いが圧縮と熱に強く耐久的なコンクリートとを一体にしてつくられた耐火，耐久，耐力的な複合材である。

(h) 耐用年数のコントロール

材料に対する耐久性の要求が大きく変わろうとしている。長持ちすればするほどよいという考え方から，予定した耐用年限までは褪色，変質せず，この時期を過ぎるとむしろ速やかに老化分解する材料などが望まれるのではないだろうか。チタンのようにメンテナンスフリーとい

われる材料，うまく使われた耐候性鋼材のように，年代を経れば経るほど美しく自然と調和するような材料，また木材やある種の厚肉の無機質粉末混入樹脂のように，摩耗しても，削られてもその表層と内部の一体感が薄れないような材料も期待される。

4.2 地球環境時代の建築材料

われわれの生活を支えている石炭，石油，天然ガス，銅などの主要な資源は，現在のペースで使い続けるとあと50年で枯渇するといわれている。しかも，これらは人類の生存という時間的スケールで考えるかぎり再生不可能な資源といわざるをえない。

一方，われわれの快適な生活や，必要な物質を生産・消費するために排出されるガスや廃棄物が地球環境に深刻な影響を与えつつある。その1つが炭酸ガスなどの温室効果ガス現象による地球温暖化である。

ここで重要なことは，わが国を含む先進工業国の建設に関わる経済活動で，世界で生産される資源の約1/2を消費していること，またわが国で排出する炭酸ガスの約1/3が建築物の建設やその維持管理に関するものであること，一方，他の産業から排出される廃棄物や副産物の多くが建設材料の原料になっているという事実である。

このことから，これからの建築材料の選択や使用は，環境への負荷を意識してその低減を目ざしたものでなければならない。

使用にあたって環境に対する負荷が極少になるような材料をエコマテリアル，あるいは環境配慮型材料，環境調和材料という。エコマテリアルには，木や土のような自然素材がもっている肌触りのよさやアメニティ（快適性），さらに，人体や動物の健康にとっても影響を与えないという意味が加味された材料である。すなわち，エコマテリアルとは，**表4.2**にあげるような諸項目の少なくとも1つの観点から見て高い性能をもっていることを目ざす材料を意味するものである。

ここで，エコマテリアルに関するいくつかの用語についてその概略を説明する。これらはお互いに近似しているので，内容の違いを知りきっちりと区別できるようにしておくことが重要である。

表4.2 エコマテリアルの評価特点

	項　目	例
資源生産性	使用資源の再生性・残存量への配慮	化石燃料の節約，稀少鉱物資源の節約 再生可能な森林から採取した木質資源の使用
	材料の再利用可能性	
	原料への副産物・リサイクル材の使用	
環境負荷・健康影響	材料製造・使用に伴う地球環境への負荷軽減	建材の製造過程で発生する地球温暖化ガスの節減 オゾン層破壊性をもつ材料の不使用
	廃棄処分に伴う環境負荷軽減	ダイオキシン発生原因物質の不使用 地下水などへの影響物質の不使用
	材料製造・使用に伴う生態系・健康性への影響低減	室内環境汚染による疾病の誘因除去 環境ホルモン物質の不使用，放射性物質の不使用
感覚	素材が五感を通じて与える気持ちよさ	肌触り，アメニティの向上

（日本建築学会編，地球環境建築のすすめ，彰国社，P.157表3・5・1より作成）

① 再生可能資源（材料）

　森林（木材）などの生物資源は，大気，水，土壌などの量や質が，ある程度維持されるならば，再生が可能である。すなわち，樹木を伐採後，建築や家具材料として利用している数十年の期間に，植林し育林すれば，その期間に新しく植えた樹木は，伐採時のそれとほぼ同じ大きさにまで生長する。再生可能材料とは，うまく管理すれば永久に利用できる材料である。

② リユース

　使用済後の材料を寸法・形状はそのままで，あるいは変更して同じ目的に利用できる材料である。解体した民家の木部材や瓦を新しい住宅や店舗に再利用する例などがある。再びコンクリート用に利用するために，解体したコンクリートを破砕して取り出した骨材を再生骨材という。

③ リサイクル

　使用済後の材料をそれまでと異なった用途に利用することをリサイクルという。使用済後のレールを駅舎の柱や梁材に転用するような簡単なものから，レールを形鋼材に圧延したり，解体した廃木材を繊維板などの木質材料に再生するものまである。

④ 副産物

　生産物を生産する過程で得られる他の産物を副産物という。埋立てなどにしか使われなかったこれらの物質も建築材料として多用されている。たとえば火力発電所などから排出されるせっこうは，せっこうボードとして，製鉄所から排出される高炉スラグは，セメントの原料や骨材として利用されている。

⑤ 未利用資源

　これまで利用されなかった豊富な資源を利用するものである。九州南部で多量に産出されるシラスから製造される左官材料，都市ごみ焼却灰や下水汚泥を重量で50％以上含むエコセメントなどがある。

⑥ （高）感性材料

　色調はもちろんであるが触りごこちのよい材料が開発されてきた。研磨紙で平行な曲線を浅く刻んだステンレスのヘアライン仕上げは，木目パターンに類似したそのテクスチャーが木の文化の国で評価されたものである。また天然スエードに似た人工皮革は，天然スエードにない強じん性と清掃性を兼ねそなえたインテリア材料として利用されている。

第2部　建築材料編

1．木材，木質材料

（1） 概　説

　木を除いてわが国の文化は語れない。遠く法隆寺の昔から最近の枠組壁工法に至るまで，木はわれわれの生活と切り離せない。それは，木が，軽く強く，加工しやすく，かつ大量に供給されたからというだけではなく，木と人間の相性がよく，木と人間の対話が親密に行われてきたという点にある。触ってよく，見て楽しく，嗅いで香わしく，使ってますます美しい。

　2002年の時点でわれわれは，年間1人当り0.77 m³ の木材を消費し，うち80％を輸入に頼っている。木材消費のうち40％は製材されて建築用と梱包用に，40％強を紙パルプ用に，10％強を合板用に使用している。木材は，不燃材料である鋼やコンクリートにその主要構造材の座を譲った感があるが，それでもわが国の住宅着工面積の約50％は木造住宅で占められている。

　日本人の心にかない，わが風土に合った伝統材料であるが，その供給予測は，必ずしも楽観できるものではない。幸いわが国の森林は，2回の大戦を経たにもかかわらず，絶滅の危機を免れ，森林面積もほとんど減少していない。これには，長年にわたって培われた森林管理の伝統と先人達の努力によるところが大ではあるが，用材の多くを外国からの輸入に頼ってきていることも見逃せない。生態学的見地によると1995年に陸地面積に占める森林の割合は，約27％である。WWF（世界自然保護基金）およびWCMC（世界自然保護モニタリングセンター）の森林減少に関する共同調査によると，8000年前の世界の自然林の2/3が消失しており，アジア・太平洋地域では88％がすでに消失している。*地球温暖化防止に不可欠な炭酸ガス固定のためにも，世界的規模の植林がなされなければならない。

　木材資源は，石油などを使えば消滅する化石資源と異なり，持続的に生産可能な唯一の資源である。この利用は，これからの人類にとって極めて重要なことである。

　ここに木材とは，鋸びきなどで丸太を切断し，柱材や板材程度の大きさの部材に加工したもの，木質材料とは木材をさらに小片にして，望むべき形状・寸法になるよう接着剤などを使用して再構成したもの，具体的には合板，繊維板，集成材などをいう。

　以下に木材の特徴について述べることにする。

・長　所
　a．まっすぐで長くて太い材料も得られる。
　b．軽くて強い。
　c．切断，釘打ち，かんながけなどの加工が楽にできる。
　d．湿度調節の機能がある。
　e．熱や電気を伝えにくい。
　f．親しみのある木目パターンがあり，感触もよい。
　g．再生産ができる材料である。

＊ FAO（国連食糧農業機関）：世界森林白書1999（State of the World's Forests 1999）による。

・短　所
　　a．燃える。
　　b．虫や菌に侵される。
　　c．吸放湿によって寸法・形状が変化する。

（2）種　類

　マツ，スギ，ヒノキ，ツガなどの針葉樹と，ナラ，ケヤキ，チーク，ラワン，アピトンなどの広葉樹に大別される。

　針葉樹は，軽く，木理が通直で加工がしやすい。大きな材が得られやすいので構造材として用いられるほか，造作材としても使用される。

　これに対し広葉樹は，キリやバルサなどを除き一般に針葉樹より重く，硬いので時に硬（堅）木とよばれる。木部に樹液を運搬するための道管（図1.3参照）が存在し，美しい木理を形成するので家具，造作材として多く用いられる。

　このほか，柾目のヒノキ柱，みがき丸太，カリン，トチなどの床回り材など，材質，形状，寸法や表面状態が美麗で稀少なものを銘木とよび，意匠材料として用いられる。さらに木材はその産地によって，国産材，輸入材あるいは北米材，南洋材などとよばれる。表1.1に，木材の樹種別，密度別の分類を示す。

表1.1　木材の分類[*]

気乾密度 (g/cm^3)	針葉樹			広葉樹		
0.2						バルサ
0.3				キリ		
0.4	サワラ スギ ネズコ トドマツ		ベイスギ			
	ヒノキ モミ エゾマツ ヒメマツ カラマツ ツガ	トウヒ コウヤマキ	ベイツガ ベイヒ タイヒ スプルース	ホオ カツラ		アカラワン タンギール
0.5	アカマツ クロマツ カヤ			セン クリ トチ クス シラカバ	シオジ ヤチダモ ヤマザクラ ニレ	シロラワン
0.6				ケヤキ クワ カエデ ブナ タブ	ミズナラ	チーク マホガニー
0.7				コナラ ツゲ		タガヤサン
0.8				アカカシ		カリン シタン
0.9						コクタン
1.0						リグナムバイタ

* 「木材工学辞典」工業出版，1982年より作成。表中の太字は国産材，他は輸入材を示す

(3) 組織・構造

　樹木は，外観上，根，幹，枝および葉の4部分に分かれる。主として木材として利用される幹の断面（木口という）は図1.1に示すように樹皮，木部および髄からなっている。一般に木部の外側は色が淡く，内側は色が濃い。この外側を辺材あるいは白太，内側を心材あるいは赤身とよぶ。心材は死細胞によって構成され，その中に樹脂，タンニンなどの物質を含む。このため心材は辺材に比べて耐久性が高く狂いも少ないのが普通である。

　四季の明瞭な地方では，木部の生長速度に年単位の周期があり，はっきりした年輪を構成する。生長の早い時期の木部を早材あるいは春材，遅い時期のそれを晩材あるいは夏材という。早材は晩材に比べて一般に弱く軟らかく密度も小で色が薄い。年輪幅は，温暖な年は寒冷な年に比べて広く，また同じ年でも南側は北側に比して広い。このため木材全体の年輪は，この樹木の生物としての生長を刻むものといわれる。樹種やその樹木の生育する地域・環境によって年輪パターンの形状や鮮明さは異なるが，どのように切削加工しても交差しないのが木材年輪の特徴である。

　図1.2に示すように，樹木の幹の中心（幹軸）と垂直な面を横断面あるいは木口面，幹軸を含む面を放射断面あるいは柾目面，また放射断面と直交する面を接線断面あるいは板目面という。強度や長さ変化率などの木材の性質は，木材の断面によって大きく異なる。

　平均年輪幅は，木口面で年輪にほぼ垂直方向の同一直線上において年輪幅の完全なものすべ

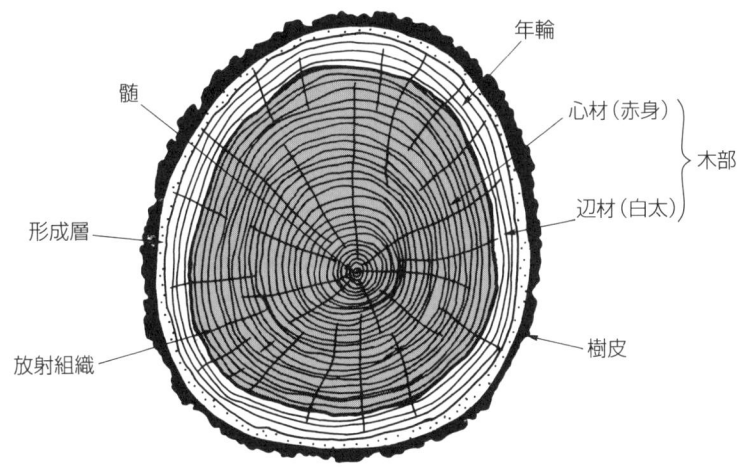

図1.1　横断面（木口面）の名称

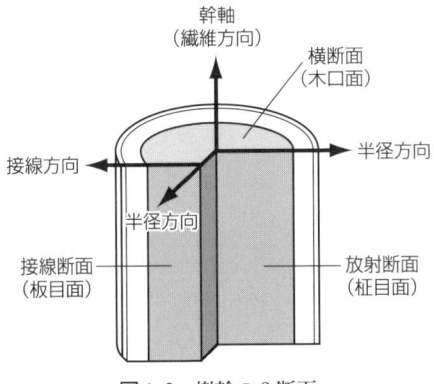

図1.2　樹幹の3断面

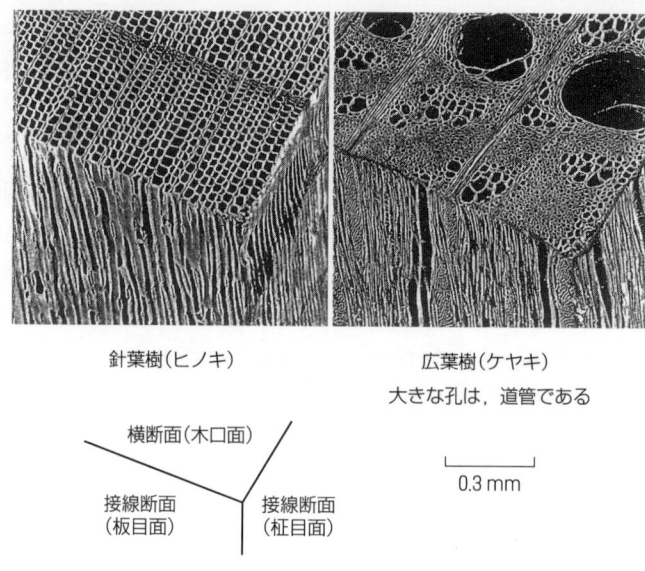

図1.3 樹木の構成（走査電子顕微鏡写真）[1]
（佐伯 浩，木材の構造，日本林業技術協会，1982から作成）

てをとって平均したものをいい,[*1] 木材の性質を表すときにしばしば用いる。

樹皮と辺材の間にはさまって内側に辺材を外側に樹皮を年々形成していく組織を形成層という。養分を多く含むため動物に好んで食べられる。形成層のすべてがなくなればその樹木は枯死する。

幹の中心にある軟らかい組織に髄がある。樹木の生長の初期にあって養分の貯蔵機能を果たしたものである。木材利用のうえでは特別の価値はない。年輪と直角に髄から樹皮に向かって放射状に走る組織を放射組織という。樹液を水平方向に移動させる役目と，縦方向に並ぶ細胞を水平方向につなぎ補強の役割をする。針葉樹材と広葉樹材の構成を図1.3に示す。

樹木を切断し丸太にした場合，根に近く太いところを元口，梢に近く細い方を末口といって区別することがある。

（4） 木材と性質

（a） 木材と水

強度などの木材の性質は，その含水率によって大きく変動する。

木材とそこに含まれる水との関係を図1.4に示す。木材中の含有水は，細胞壁内の微細空隙に存在する結合水と細胞内腔などの大空隙に含まれる自由水に大別される。木材中の含水率 u[*2]（％）は，測定時の木材質量 W_u（g）および全乾質量[*3] W_0（g）から次式で表される。

$$u = \frac{W_u - W_0}{W_0} \times 100$$

伐木直後の木材のようにすべての空隙が水で満たされている木材を飽水材，自由水の一部だけを放出した状態の木材を生材という。自由水は放出したが結合水のすべてが残っている状態を飽湿状態といい，この状態の木材を飽湿材という。飽湿状態の木材の含水率を繊維飽和点とよび，樹種にかかわらず25～30％の範囲にあるが，平均して28％がよく用いられる。木材を大気中に長期間放置すると大気の温湿度と平

---

*1, 2 JIS Z 2101 木材の試験方法，1994年
*3 全乾質量は，試験体を換気の良好な乾燥器の中で100～105℃で乾燥し，一定量に達したときの質量である。

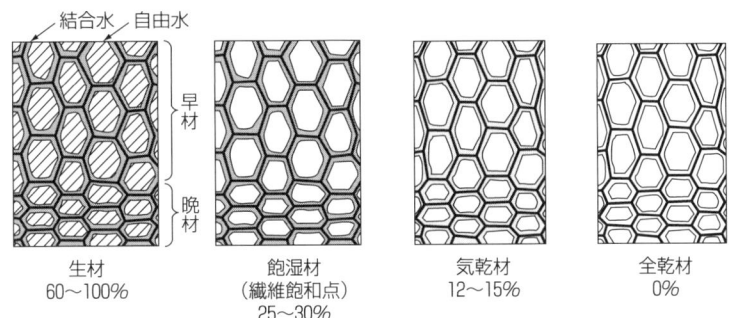

図1.4 木材と水（針葉樹の木口面拡大図）[2]

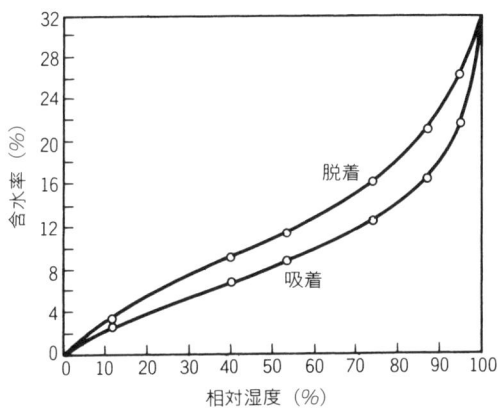

図1.5 スプルースの吸脱着曲線[3]

衡状態になる。このときの木材の含水率を平衡含水率といい，その材を気乾材とよぶ。わが国の木材の平衡含水率は15％前後であるが，欧米では12％前後とやや低い。炉乾燥して含水率が0となった木材の状態を全乾状態，そのときの木材を全乾材という。

スプルースの相対湿度に対する平衡含水率の値を図1.5に示す。木材などに含まれるセルロース物質は，特定の相対湿度に対して一定の平衡含水率を示すが，その値は高相対湿度から低相対湿度へ移る脱着過程とその逆の吸着過程で異なる。脱着過程に対する吸着過程の含水率比は0.8～0.9くらいである。わが国年平均相対湿度の70％前後に対する平衡含水率は，図1.5から約15％と読みとれる。

図から木材は相対湿度の高いところでは多くの水分を含み，低いところでは少しの水分を含むことがわかる。したがってある量の木材を含む密閉空間は，木材のない場合に比べて湿度変化が少ない。木材のこのような作用を調質機能ということがある。コンクリートにも調質機能があるが，その値は木材の1/5程度である。

（b） 木材の密度

木材の密度（g/cm³）は，その含有水の多少によって変動するので，普通は気乾状態の木材の密度すなわち気乾密度で表す。代表的樹種の気乾密度の概略値を表1.1に示した。

バルサのように0.2を切るような小さい密度のものから，リグナムバイタのように1を超えて水に沈むような密度のものまで，木材の密度の範囲は広い。しかし，木材を構成している細胞壁とよばれる実質部分の成分は樹種によってほとんど差がないため，その密度もまた一定で約1.5 g/cm³ である。したがって密度の大きい木材は細胞壁が多く空隙が少ないのである。全乾材の密度を γ_0（g/cm³）とすると全乾材の空隙率 μ_0（％）は次式で得られる。

$$\mu_0 = \left(1 - \frac{\gamma_0}{1.5}\right) \times 100$$

このようにして算出された木材の空隙率を表1.2に示す。

* 密度が1より小さく水に浮く木材が，十分水を吸うと沈むのは，細胞壁構成成分の密度が1.5 g/cm³ と1より大きいためである。

表1.2 木材の空隙率（全乾材）*

樹　種	空隙率 (%)	全乾密度 (g/cm³)	樹　種	空隙率 (%)	全乾密度 (g/cm³)
トドマツ	76	0.38	カツラ	74	0.40
ツガ	68	0.49	ホオ	72	0.43
スギ	74	0.40	キリ	83	0.26(日本最小)
ブナ	67	0.51	イスノキ	43	0.85(日本最大)
ミズナラ	56	0.68	バルサ	94	0.10(世界最小)
ケヤキ	62	0.59	リグナムバイタ	18	1.23(世界最大)

* 平井信二，北原覚「木材理学」朝倉書店より作成

（c）木材の性質

木材の性質は，その組織・構造のところでも述べたように方向によって異なる。乾燥による長さ変化率も方向によって大きく異なる。アカマツの各方向の長さ変化率を図1.6に示す。細胞壁の大半の組織が繊維方向にほぼ沿っているので，木材の長さ変化率は繊維方向Lでは小さく，半径方向R，接線方向Tの順に大きくなる。この比は，だいたい0.5～1：5：10である。この現象を木材の収縮異方性*という。図中Vとあるのは，これらの各変化率の和である容積変化率を表す。

図1.6で注目すべきことは，繊維飽和点以下の含水率では含水率に比例して木材は膨張するが，繊維飽和点を超える含水率では，含水率の大きさにかかわらず長さ変化率は一定で木材寸法に変化のないことである。これは，繊維飽和点以下の含水率が木材の細胞壁内にある微細空隙の結合水量の多少を表すのに対し，繊維飽和点以上の含水率は空隙部の自由水量の大小を示すにすぎないことによる。

生材を横断面上に図1.7のように木取りすると，乾燥に伴う収縮異方性によって図のような狂いが生じてくる。この理由を図1.6から考えてみよう。

圧縮，引張，曲げおよびせん断などの木材の強度，またヤング係数，ポアソン比などの木材の弾性定数は，いずれもその含水率によって大きく変動する。繊維に直角方向の木材の圧縮強度と含水率の関係の例を図1.8に，また繊維に平行方向の木材のヤング係数と含水率および密度の関係の例を図1.9に示す。繊維飽和点（含水率約28％）を超える含水率では，乾燥して

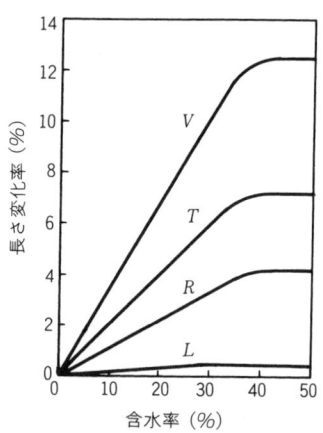

V：容積変化率
T：接線方向長さ変化率
R：半径方向長さ変化率
L：繊維方向長さ変化率

図1.6 オウシュウアカマツの長さ（容積）変化率[4]

図1.7 生材製品の木取り方法による乾燥後の形状[4]

* 方向によって性質が異なることを異方性という。

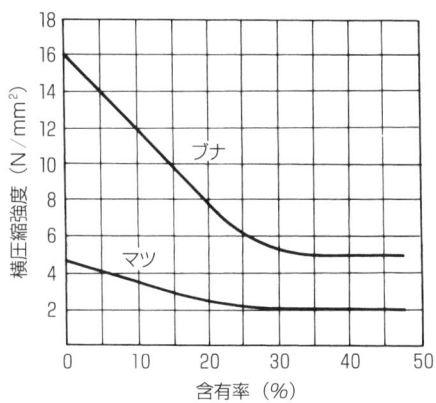

図1.8 ブナおよびマツの繊維に直角方向の強度におよぼす含水率の影響[5]

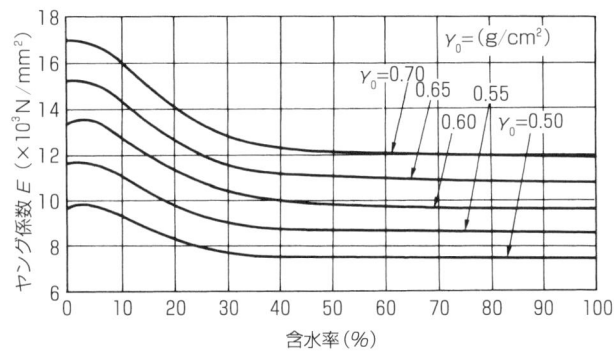

図1.9 カシワの繊維に平行方向のヤング係数におよぼす含水率と密度の影響[6]（Kollmannの研究による）

含水率が減少しても、強度やヤング係数の値に変化はないが、これ以下になると、含水率が低いほど、強度、ヤング係数が大きくなっている。

木材の強度は、加力方向が繊維方向と平行（一致）のとき最大で、垂直のとき最低となる。日本建築学会では、種々の実験結果から、加力方向と繊維方向の角度が0～10°のときの全面圧縮強度を1.0とすると、70°～90°のとき針葉樹で1/8、広葉樹で1/5とし、その中間の角度のときは、この値が直線的に変化するものと規定している。加力方向によるこの低減率は、曲げ強度についても適用できるが、引張強度においてやや厳しくなり、部分圧縮（めり込み）強度*についてやや緩和される。

* 土台に柱が取り付いたような場合の、土台に対する柱のめり込み強度のことである。

気乾状態の無等級材の繊維方向の各種強度を表1.3に示す。ここに無等級材とは、節や丸身等の欠点の程度を考慮していない木材を意味している。後でも述べるように、日本農林規格（JAS）では、欠点の程度やヤング係数の値などから、木材を等級付けしている。欠点が少なく、ヤング係数の高い木材は表1.3より高い基準強度を有すると考えられる。

気乾状態の木材の含水率が増すと強度が低下することは前に述べた。含水率1％の増加に対し、圧縮の場合4～5％、引張の場合1.5％、曲げの場合3～4％の低下をきたし、気乾状態の各種強度は、湿潤（繊維飽和点以上）になると圧縮で50％、引張で80～90％、曲げで約60％となる。

木材は、密度の大きいものほど一般に硬い。表1.1の上方にあるバルサやキリは手で押すと

表1.3 木材の繊維方向の基準強度[*]

樹　　種		圧縮	引張	曲げ	せん断
		MPa あるいは N/mm²			
針葉樹	アカマツ，クロマツおよびベイマツ	22.2	17.7	28.2	2.4
	カラマツ，ヒバ，ヒノキおよびベイヒ	20.7	16.2	26.7	2.1
	ツガおよびベイツガ	19.2	14.7	25.2	2.1
	モミ，エゾマツ，トドマツ，ベニマツ，スギ，ベイスギおよびスプルース	17.7	13.5	22.2	1.8
広葉樹	カシ	27.0	24.0	38.4	4.2
	クリ，ナラ，ブナ，ケヤキ	21.0	18.0	29.4	3.0

* 無等級材（日本農林規格に定められていない木材）の基準強度である。建設省告示第1452号（平成12年5月）より作成。

凹むほど軟らかく，下方にあるリグナムバイタ，コクタン，シタン等は硬い。同じ樹種では，木口面が最も硬く，板目面・柾目面は，それより軟らかくなる。また他の力学的性質と同様に，繊維飽和点以下の含水率では，含水率が低い木材ほど硬い。さらに硬い木材ほど耐摩耗性があるといえる。

木材は多孔質で軽いため，その熱伝導率は小さい。この値は密度が小さいほど，含水率が少ないほど小さくなる。この関係を図1.10に示す。

木材は，口火があれば200℃前後で引火し，口火がなくても330〜470℃で発火する。したがって木材は燃える材料である。しかし，大断面部材では，部材表面から2〜3 cmが燃えて炭化すると，それより内部は燃えない。

それは燃焼に必要な酸素が中まで到達できないことと，炭化した部分が断熱材となり，中の温度が上がらないためである。

このような木材の火災特性を利用した大規模な木構造が建てられつつある。

生材はキクイムシやカミキリムシに侵される。湿った木材，特に針葉樹材は，ヤマトシロアリ，イエシロアリに侵される。乾燥材もヒラタキクイムシに侵される。被害は広葉樹材に多い。

腐朽菌に侵されると，腐れが生じる。リグニンが分解されるものを白腐れ，セルロースが分解されるものを赤腐れという。腐れは，初期には変色する程度であるが，進行するにしたがい

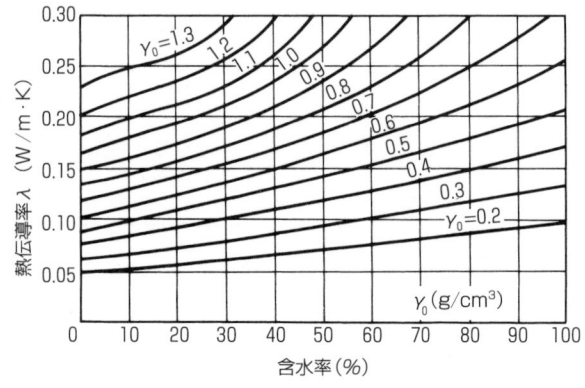

図1.10 木材の熱伝導率におよぼす含水率と密度の影響[7]
（Kollmannの研究による）

材質を著しく劣化させる。

木材に防蟻性や防腐性をもたせるものを木材保存剤という。木材保存剤については規格（JIS K 1570）を参照されたい。

(5) 製　品

建築その他一般の目に供される製材の材種は，流通と使用上の便のため厚さ，幅および形状によって，これまで表1.4のように板類，ひき割類およびひき角類の3つに区分されてきた。

最近の規格では，材の欠点の程度，ヤング係数，仕上げの有無，乾燥状態，保存処理法などによって表1.5のように区分されている。規格材にはこれらの表示が義務付けられている。こ

表1.4 製材の区分（JAS 1972年）

板類	*t＜7.5 cm* *b≧4t*	板	t＜3 cm, b≧12 cm
		小幅板	t＜3 cm, b＜12 cm
		斜面板	b≧6 cm, 横断面が台形
		厚板	t≧3 cm
ひき割類	t＜7.5 cm b＜4t	正割	横断面が正方形
		平割	横断面が長方形
ひき角類	t≧7.5 cm b≧7.5 cm	正角	横断面が正方形
		平角	横断面が長方形

＊　tは板の厚さを，bは板の幅を表す

表1.5　製材の区分（JAS 2001年より作成）

		構造耐力上主要な部分に使用するもの		
針葉樹	構造用製材	目視等級区分製材		機械等級区分製材
		節，丸身などの欠点を目視により測定し3等級に区分		ヤング係数を機械で測定し，6等級に区分
		甲種構造材	乙種構造材	
		曲げ性能を必要とする梁桁類，垂木，根太など	圧縮性能を必要とする柱，小屋束，床束など。	
		構造用 I	構造用 II	
		木口の短辺が36 mm未満および木口の短辺が36 mm以上でかつ木口の長辺が90 mm未満の材	木口の短辺が36 mm以上で，木口の長辺が90 mm以上の材	
		これらの分類区分により，建築基準法施行令で樹種ごとの基準強度が定められている		
	造作用製材	敷居，鴨居，内外壁その他の建築物の造作に使用するもの		
		造作類	壁板類	
		壁板類以外のもの	内外壁用板に使用するもの	
		等級区分　節，丸身などの欠点を目視により測定し，無節，上小節，小節の3階級に区分		
	下地用製材	建築物の屋根，床，壁などの下地		
		節，丸身など材の欠点を目視により測定し，2階級に区分		
広葉樹	製材	板類	角類	
		木口の短辺が30 mm未満および木口の短辺が30 mm以上75 mm未満で木口の長辺が木口の短辺の4倍以上の材	板類以上のもの	
		節，丸身など材の欠点を目視により測定し，特等，1等，2等の3階級に区分 標準寸法は，ブナ，カバなどの広葉樹製材と南方産広葉樹製材がある		

表1.6 各種木質材料の製法・特徴および用途

名称	概念図	製法および特徴	用途例
普通合板 (JAS)		奇数板の単板を繊維方向が互いに直交するように接着したものである。異方性が少ない，材の伸縮や狂いが少ない，接着剤の耐水性によりよいものから順に1，2，3類と分類される。	下地材 内装材 外装材 家具用材
特殊合板 (JAS)		普通合板の表面に銘木等の化粧単板を張り合わせた天然木化粧合板。普通合板の表面に樹脂含浸紙，樹脂フィルム，布，金属等をオーバーレイしたもの，表面材にプリントしたもの，塗装した特殊加工化粧合板。建築物の構造耐力上主要な部分に使用する構造用合板などがある。	内装材 家具用材 建具材 構造材
集成材 (JAS)		ひき板積層材・ひき板部材を繊維方向を互いに平行にして長さ，幅，厚さ方向に集成接着したものである。印材が得られること，欠点が分散すること，狂いが少なくなることなどの利点がある。表面に化粧単板を張ることもある。	造作材 構造用材 家具用材 運動具用材
積層材 (JAS)		単板を平行方向に接着したものである。単板積層材（LVL）ともいわれる	内装材 家具用材 構造用材
繊維板 (JAS A 5905)		繊維状にした木材に接着剤，耐水剤等を混入し，スラリー状にしたものを加圧成形したものである。密度0.35 (g/cm³) 未満のものを軟質繊維板（インシュレーションボード），0.8以上を硬質繊維板（ハードボード），その中間を半硬質繊維板（ミディアムデンシティファイバーボード，MDF）という。難燃処理をしたもの，化粧を施したものなどがある。	下地材 内装材 吸音材 家具用材
パーティクルボード (JIS A 5908)		木材の小片を接着剤と混ぜ加熱・加圧して板としたものである。表面に化粧を施したものもある。強度，遮音性などが大きい。	下地材 家具用材 キャビネット用材
フローリング (JAS)		主として板その他の木質系材料からなる床板で，さねはぎ加工，表面加工等が施してある板が，一層または二層でできている単層フローリングと三層以上の積層でできている複合フローリングがある。さらに根太の上に直接張り込むフローリングと下地床の上に張り込むフローリングブロックなどがある。	床仕上げ材

の規格基準にもとづいて，建築基準法に規定される木材の基準強度が，樹種・区分・等級ごとに建設省告示第1452号で定められているのである。本来ならこの表を掲載するべきであるが，大部となって煩雑になるため，表1.3では同告示の無等級材の基準強度を示した。各樹種の特定の状態の基準強度を正確に知るには，建築基準法施行令第89条と関連JASか，その他の資料に当たることが望ましい。

この他に枠組壁構法用構造材の規格がある。

次に各種木質材料の製法・特徴およびその用途を表1.6に示した。詳細は，JASおよびJISを参照されたい。

2. 石　材

（1）　概　説

エジプトのピラミッド，ギリシャのパルテノン，ローマのパンテオン，インドのタジマハール，インドネシアのボルブドールなど古来よりの建築文化は石材によってわれわれに伝えられたものが多い。ポルトランドセメントの発明以来，建築構造材料はコンクリートと鉄にとって代わられたが，長い間人類が好んで用いた優れた構造材料の主役であった。ポルトランドセメントの名前の由来は，ロンドンで重宝されたポルトランド島産の石材と同じ肌合いをもった人造石をつくることができる材料という商品名からきているのは，興味深い。

今日では構造材料としての利用は稀であるが，その天然材料としての独特な色調・重量感は他の材料では代えられないものであり，最近の高級化の傾向に伴って，内外装材料として使用される例が増えている。一方，このような需要の増大を支えているものに，石材の加工技術の高度化と，建築への施工技術の進歩があげられる。今日の石材は見付け面積がかなり大きいものでも厚さ数 cm の薄板であり，その薄い厚みの幅内に取付け用埋込み金物が納まるという細工が可能になっている。仕上げ加工の研磨技法の発達もある。

一般的な長・短所をあげると，
・長　所
　a．不燃性，耐久性，耐水，耐薬品性に富んでいる。
　b．圧縮強度はかなり高く，耐摩耗性に優れている。
　c．種類が豊富で，それぞれ特有の色調，光沢を有している。
・短　所
　a．引張強度は圧縮強度の 1/20〜1/40 程度であり，材質によってはもろい材料である。
　b．密度が大きく，細かい加工が難しく，大きい材を得にくい。
　c．輸入が主体であり高価である。

（2）　組織・分類

（a）　造岩鉱物

岩石は色調，硬度などの点で多様であるがその造岩鉱物は**表 2.1**に示すような限られた範囲の鉱物からなっている。石灰岩のようなほぼ単一鉱物よりなるものはむしろまれであり，多くはその構成割合や結合状態の差が性質の異なる岩石をつくる。

（b）　石理・節理

石理とは石材表面の構造組織をいう。たとえば花崗岩のように結晶質石理をもつものと，玄武岩のように非結晶質のものがある。

節理とは火成岩に特有のもので，天然に存在しているときにある割目のことである。採石に

表 2.1 造岩鉱物[8]

鉱 物 名	化 学 成 分	色	含 有 岩 石
石　　　　英	珪酸 SiO_2	無色透明または白	花崗岩，砂岩，その他すべて
長　　　　石 （正長石，斜長石）	Al, Na, Ca, K 等の珪酸化合物	白色	花崗岩，安山岩等すべての火成岩
雲　　　　母 （白雲母，黒雲母）	Al, K, Fe, Mg 等の珪酸化合物	白または黒	花崗岩その他の岩石
輝 石，角 閃 石	Al, Ca, Fe, Mg 等の珪酸化合物	黒または褐色，緑色	花崗岩，安山岩
か ん ら ん 石	Fe, Mg 等の珪酸化合物	黄緑石，黄褐色	安山岩，玄武岩
蛇　　紋　　石	Mg, Fe 等の珪酸化合物	暗緑色	蛇紋岩，蛇灰岩
方　　解　　石	炭酸石灰 $CaCO_3$	無色，白色または淡色	石灰岩，蛇紋岩
白　　雲　　石	Ca, Mg 等の珪酸化合物	白色，雑色	白雲岩，石灰岩

は節理を利用する。岩石には節理のほかに，互いに直交する3方向に最も割れやすい面がある。これを石目という。花崗岩では特に石目が明らかである。

（c）成因による分類

岩石の分類を表2.2に示す。大別すれば火成岩・水成岩・変成岩よりなる。

① 火成岩

マグマの冷却凝固によって生じる造岩鉱物の集合体であり，凝固した位置の深さによって深成岩・半深成岩・火山岩に分けられる。また，含有するシリカ質の量により酸性（60％以上），中性（52～60％），塩基性（52％以下）に分けられる。

② 水成岩

堆積岩ともいい，岩石の砕けたものや水に溶

表 2.2 岩石の分類[9]

成因による分類		例			特　　　性
		酸 性	中 性	塩 基	
火 成 岩	深 成 岩 半深成岩 火 山 岩 （噴出岩）	花 崗 岩 石英斑岩 流 紋 岩	閃 緑 岩 玢 岩 安 山 岩	斑 糲 岩 輝 緑 岩 玄 武 岩	肉眼で識別できる結晶質よりなる。 完全結晶の斑晶質よりなる。 微結晶質と玻璃質よりなるものと玻璃質のみのものとある。
水 成 岩 （堆積岩）	火山砕屑岩 風成砕屑岩 水成砕屑岩 有機沈殿岩 化学沈殿岩	凝灰岩，集塊岩 黄土，ローム 砂岩，粘土質岩，珪岩 石灰岩，珪藻土 せっこう，岩塩			火山放出物あるいは噴出物などが膠着凝結したもの。 岩石の微細粒が堆積したもの。 岩石の微粒が堆積し，膠着凝結したもの。 石灰質のものが沈殿凝結したもの。 水中に溶解した物質が沈殿堆積したもの。
変 成 岩 （変質岩）	結晶片岩 接触変質岩	片麻岩，片岩 結晶質石灰岩（大理石）			鉱物成分，組織，構造を全く変え，変質して以前の岩石と異なった性質の岩石となっているもの。 変質以前の成分は保っているが構造組織が変化しているもの。

表2.3 圧縮強さによる石材の分類（JIS A 5003）

種類	圧縮強さ（N/mm²）	参考値	
		吸水率（%）	見掛け密度（g/cm³）
硬石	49以上	5未満	約2.7〜2.5
準硬石	49〜10	5〜15	約2.5〜2
軟石	10未満	15以上	約2未満

表2.4 石材の物理的性質[8]

岩石	密度（g/cm³）	強度（N/mm²）			ヤング係数（kN/mm²）	ポアソン比	吸水率（wt%）	耐熱度（℃）	熱伝導率（W/m・K）	熱膨張率（10⁻⁶/℃）
		圧縮	曲げ	引張						
花崗岩	2.65	150	14	5.5	52	0.20	0.35	570	2.1	7.0
安山岩	2.50	100	8	4.5	—	—	2.5	1 000	1.7	8.0
凝灰岩(軟)	1.50	9	3	0.8	—	—	17.2	1 000	0.8	8.0
砂岩(軟)	2.00	45	7	2.5	17	0.19	11.0	1 000	0.8	8.0
粘板岩	2.70	70	70	—	68	—	—	1 000	—	—
大理石	2.70	120	11	5.5	77	0.27	0.30	600	2.3	7.0
石灰岩	2.70	50	—	—	31	0.25	0.5〜5.0	600	2.1	5.0
軽石(軟)	0.70	3	—	—	7	—	—	—	0.9	—

けた鉱物・動植物物質が沈澱堆積したもので層状をなす。

③ 変成岩

火成岩や水成岩が地殻変動による変成作用を受けて鉱物成分が変化した岩石をいう。変成作用が結晶化が進む作用となったものを結晶片岩, マグマとの接触で高熱作用を受けたものを接触変成岩という。

(d) 圧縮強度による分類

JIS A 5003 では圧縮強度のレベルによって表2.3のように軟石・準硬石・硬石の3段階に分類している。

(3) 性質と用途

主要石材の物理的性質を表2.4に示す。図2.1は石材の耐火性を示したものである。日本各地で産出される著名石材を石質別に示したのが表2.5である。

外国産主要石材の概要を表2.6に示す。図2.2は典型的な石材を示す。

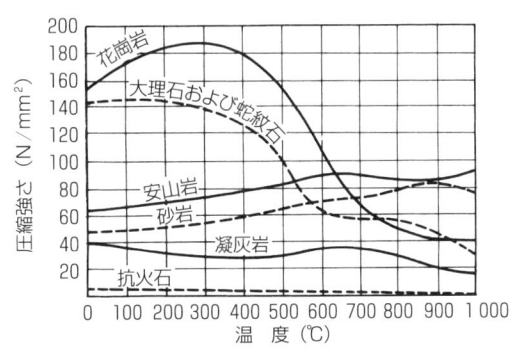

図2.1 岩石の耐火性[9]

(4) 加工・仕上げ

石材の形状としては原則的に図2.2の4種類に大別されるが, 石の種類により, よく使用される形状は決まっており, 市場品には同じ形状でも様々な寸法のものがある。また天然スレートや鉄平石のように図2.3の形状には当てはまらない薄片状のものもある。

石材の表面の仕上げを人工的に行うには用途に応じて, 図2.4のような工具を用いて行う。たとえばびしゃん叩き（びしゃんを用いて表面を叩き, 凹凸を3〜5mm程度に均す）, 小叩き（両刃で表面をこまかく叩く）などの仕上げ

表2.5 石材の産地例，特徴，用途[10]

成因	岩石名	石材と産地	特徴	用途
火成岩	花崗岩	稲田みかげ（茨城） 筑波みかげ（茨城） 甲州みかげ（山梨）	堅硬。みがけば光沢をもつ。光熱に弱い。耐摩耗性が大，色調によりさくら，さび，くろなどとよぶ。	構造用，装飾用床，階段，間知石，石垣，墓石
	安山岩	江持石（宮城） 玄武岩（京都） 鉄平石（山形，長野）	国内各地に産出。暗灰・灰白色で光沢に乏しく，耐火性あり。鉄平石は薄板状に工作できる。	砕石（コンクリート用骨材） 鉄平石は壁面・床に張付け
	石英粗面岩（軽石）	抗火石（東京） 天城軽石（静岡）	多孔性。比重小。断熱性あり。吸水性大。	軽石コンクリート用，耐熱材
水成岩	砂岩	高畑石（山形） 富田石（和歌山） 房州石（千葉）	砂粒の空隙に珪酸質分，石灰質分，酸化鉄などを充塡し，硬く凝固したもの。膠着物質の性質により硬・軟種々の幅がある。	基礎，割栗，砕石，石垣など
	凝灰岩	羽黒石（新潟） 大谷石（栃木） 豊島石（香川）	火山灰，砂岩が水中または陸上で堆積凝固したもの。砂質を20%以上含むものを砂質凝灰岩という。一般に軟らかく吸水性あり。加工しやすい。	軽微な内・外装用に適用
	粘板岩	登米スレート（宮城）	薄く層状にはがれ，吸水性小。天然スレートともいう。	屋根葺き材
変成岩	蛇紋岩	蛇紋（長野，群馬） 竹葉石（熊本）	輝緑岩や閃緑岩の割目にそって成分の一部が変化し，また新しい鉱物が混って模様をつくる。石目なし。	内壁面張付けその他の装飾
	大理石	白大理石（山口，岩手） 縞大理石（岐阜）	結晶質と層状の二種がある。サラハは斑状模様の結晶，オニックス，トラバーチンは層状。酸と火に弱い。	内装材（外装に不適）

表2.6 外国産主要石材[11]

石材名	色調	主要産地
花崗岩	小桜	韓国
	赤，茶	スウェーデン，インド，南アフリカ
	黒，青	スウェーデン，ノルウェー，ブラジル
	その他	台湾，中国
大理石	トラバーチン（虫食）	イタリア，ドイツ
	オニックス	イタリア，チュニジア，メキシコ，モロッコ
	寒水系	イタリア，ポルトガル
	蛇紋，更紗系	イタリア，ギリシャ，ポルトガル，フランス，ロシア
	遠目鏡系	イタリア，ベルギー

方法がある。現在では切断，仕上げなどをすべて機械を用いて行うのが普通であり，板石としての外装材では厚さ25 mm，内装材で厚さ20 mm程度のものが標準的となっている。このような場合は，ブロック状原石を工場内でダイヤモンド鋸や金剛砂を用いて，同時に数十枚の板材にひき，縁加工を行った後，表面仕上げを行うなど高能率で加工している。表面平滑仕上げは荒摺り，水摺り，本磨きの工程を重ねる。粗面仕上げの場合は，いったん本磨き仕上げした面に火炎噴射等の方法で機械化している。

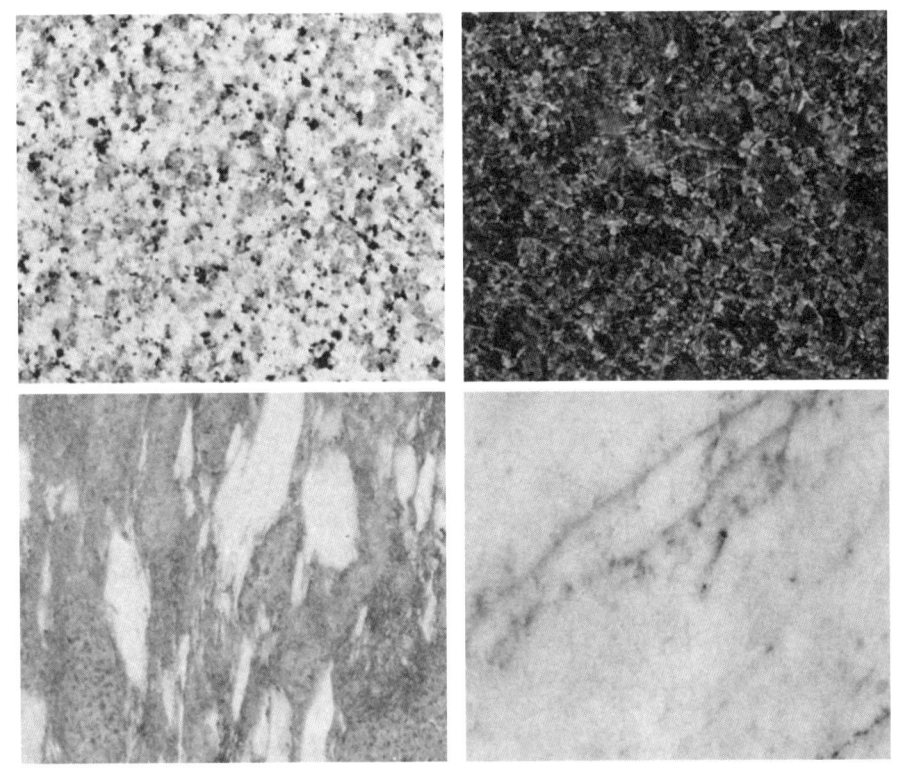

図2.2 石材のテクスチャー（関ケ原石材提供：上が花崗岩，下が大理石）

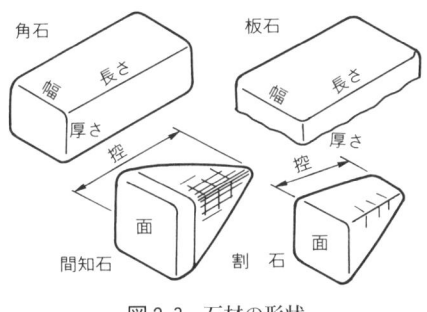

図2.3 石材の形状

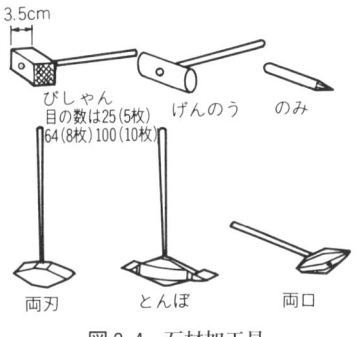

図2.4 石材加工具

（5） 人造石・その他

（a） 人造石

　大理石，蛇紋岩，花崗岩等の美しい砕石（これを種石という）と白色ポルトランドセメント，顔料を加えて硬練りして成形したものは石材に似た色調と性質を持つので人造石と称して主として壁や床仕上げ材として用いられる。表面を洗い出して種石を浮き出させたものを洗い出し，グラインダーで平滑仕上げをしたものを研ぎ出し（人研ぎ）という。また，大理石系の砕石を種石としたものをテラゾ，大理石以外のものを用い天然石材に似せたものを擬石という。

　人造石は現場仕上げとして床の仕上げ材として用いられることが多かったが，現在ではほとんどの場合が，工場成形品として壁仕上げ材に用いられる。テラゾ成形品にはテラゾブロック

(JIS A 5411) とテラゾタイル (JIS A 5415) がある。いずれも鋼メッシュ入りの硬練りモルタル板を下地として表面に大理石粒と白色セメントと顔料からなるモルタルを押し固めたものでプラント生産されている。

(b) その他の石材用途

① 石　綿

長さ1～5 cm の繊維状になった岩石でアスベスト (asbestos) ともいう。蛇紋岩またはせん岩の変成岩である。石綿は引張強さ，耐火性，耐食性に優れ，断熱，吸音，不燃の用途に吹付け材，結合材として多用されてきた。その後，有害物質として使用制限され，2005年の時点で全面使用禁止が徹底された。使用済アスベストの安全な撤去が環境対策として法令化されている。

② 岩　綿

玄武岩，安山岩，蛇紋岩，スラグ等を原料として，これらを溶融して細孔から噴出させると同時に高圧空気で吹きとばし綿状としたものである。ロックウール (rock wool) ともいう。断熱，保温，吸音性に優れ安価であるので岩綿フェルト，岩綿板，岩綿吸音板などとして用いられる。

③ パーライト

真珠岩，黒曜石を粉砕し，粒状にして焼成膨張させると内部に微細な空隙をもつ軽い（比重0.3程度）白色の粒となる。軽量骨材としてモルタル塗りやプラスタ塗りに用いられ，セメントで成形して板状製品とする。軽量，断熱，吸音，保温に優れている。

3. ガラス

(1) 概　説

　独特の材質感をもち光や視線を通しながら，確実に空間を間仕切るガラスは，現代建築になくてはならない建築材料の1つである。硬くて滑らかで透明なガラスも，加工をすれば，光を通して視線を遮る型板ガラスや摺り板ガラスになり，また鏡にもなる。熱処理をすれば高い強度が得られ，壊れても破片は尖らず粒状になり，2枚重ねると断熱性もあがる。

　ガラスは，一般に硬くてもろく割れやすく，性質に偏りがあって融通性のない材料のように思われているが，熱・音・光・視線などの多くの作用因子に対して，幅広く対応できる制御しやすい材料である。

　もう1つのガラスの特徴としては，水や大気中の空気に対する抵抗性が大きいこと，清掃が容易なことがあげられる。

　ガラスは，古代オリエントやエジプトに紀元前からすでに存在していたといわれるが，その用途は，装飾品や容器，また焼物の釉薬であり，今日のように採光用に使われたのはローマ時代になってからである。量産されて建築に利用されるようになったのは，1850年代になってからであり，国産化されるようになったのは，これより数十年後である。

　今日では高層ビルのカーテンウォールに多く採用されており，採光と開放性からさらに発展しつつある。

(2) 種　類

　ガラスは，珪酸のような酸性分，ソーダ灰のような塩基性分を含む原料を1種または2種以上混合し，1 400～1 500℃の高温で溶融し，結晶が生じないように冷却固化したものである。

　成分により数種類に分類されるが，建築用に主として使われるのは珪酸とアルカリの一種およびその他の塩基成分を主成分とした，ソーダガラス（ソーダ石灰ガラス，クラウンガラスともよばれる）とカリガラス（ボヘミアンガラスともよばれる）である。前者は板ガラス用として大量に，後者はステンドグラスとして使われる。

　ガラスの製品を，その形状によって分類したものを**表3.1**に示す。ここで板ガラス単板とは，成分，製法，熱処理，焼付などで差はあっても，形状は1枚の板であるもの，板ガラス複合とは，ガラスの中に網を入れて，破損した場合の破片の飛散防止や，火を受けたときの火炎の侵入を阻止するようにしたものや，2枚以上

表3.1　建築用ガラスの形状による分類

形　状		種　　類
板ガラス	単板	普通板ガラス，みがき板ガラス，フロート板ガラス，強化ガラス，熱線吸収板ガラス，熱線反射板ガラス，型板ガラス，色焼付ガラス
	複合	網入板ガラス，合わせガラス，複層ガラス
成形ガラス		ガラスブロック，プリズムガラス

の板ガラス中にプラスチックシートや乾燥空気を封入したものをいう。ガラスブロックやプリズムガラスは，3方向の寸法が定まった成形品であり，透過光に指向性をもたせたもので，採光用間仕切として用いられる。

（3） 性　質

（a）　物理的性質

ガラスの密度はその成分・組成によって2.2～6（g/cm³）まで変化するが，建築用板ガラスの場合2.5程度である。

強度*も，成分などによって大きく変動するが，これに加えて厚さ，熱処理，温度などによっても変化する。普通板ガラスの圧縮強度は，常温で600～1200 N/mm² でコンクリートの30～60倍，引張あるいは曲げ強度は，約50 N/mm² でコンクリートの10倍程度になる。

板ガラスは，主として溶融ガラスを溶融した錫（すず）液面上に導き，平滑に成形するフロート法で，また一部は溶融したものをロールで鉛直に引きあげて成形するフルコール法，いったんロールで鉛直に引きあげたものを水平に曲げて成形するコルバーン法で生産される。

これらの透明板ガラスの片面を珪砂，金剛砂などで不透明に摺り加工すると，光を通すが視線は通さない摺り板ガラスができる。表面に無数の細かい傷があるので，強度は透明ガラスに比べて約2/3となる。

板ガラスを軟化点近くまで加熱した後，常温の空気を均一に吹き付けて急冷してつくったガラスを強化ガラスという。急冷による熱応力のため，表面に薄い圧縮層を形成するため曲げ強度が3～5倍になる。割れたときに破片が尖らず粒状となって安全であるが，切断などの成形後の加工はできない。

硬さは，モース硬度で約6で硬いため，通常の建築材料や人体の一部が触れても傷つくことは少ない。

（b）　光学的性質

一般に物体に光が当たると一部は反射し，一部は屈折して吸収され，一部は透過する。内部に吸収されたものは，熱となってその一部は，物体の温度を上昇させ，残りは物体表面から放熱する。

屈折率，反射率，透過率などのガラスの光学的性質は，ガラスが主として採光や透視の目的で利用されるだけに，重要である。しかし，これらの性質は，組成・厚さ・熱履歴・光の波長・入射角によって変動する。

屈折率は，密度が大きいほど，波長が長いほど，入射角が大きいほど大きいが，普通板ガラスの場合，1.5前後である。

反射率は，入射角0°（垂直入射）のとき約4％，50°を超えると急増し，90°近くで全反射する。

光が厚さ3 mmの汚れのない普通板ガラスに直角に当たるさいの透過率は約90％，摺り板ガラスの場合で約85％である。ほこりが付着したり傷ついたガラスではこの値が著しく低下し，ときには障子紙の35％に近づく。

透過率は，図3.1のように厚いほど内部の吸収量が増すので小さくなるとともに，波長によっても変化する。図からわかるように，一般のガラスは0.32 μ（3200Å）以下の紫外線を透過しない。

含有する金属の種類によって可視光線の吸収率が異なるため，これらの量を制御することにより着色ガラスが得られる。

ガラスの表面を粗にしたり，凹凸をつけたり，着色して，透過した光を拡散させ，光が直接目に入らないようにやわらかい光にしたものに摺り板ガラス，型板ガラス，乳白ガラスなど

---

* メーカーのカタログ・データ集などには，設計風圧力とガラス面積，板厚などとの関連を示す設計図表が用意されている。

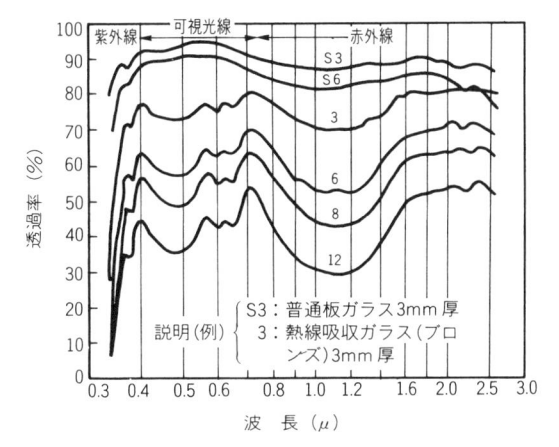

図 3.1 板ガラスの透過率曲線
(旭硝子㈱, 板ガラスデータ集)

がある。

(c) 熱的性質

比熱, 熱膨張係数は大きく, 熱伝導率が小さい。このため日射などで部分的に加熱されると, 温度差によって熱応力が発生し, いわゆる熱割れを起こすことが多い。温度差の大きくなりやすい熱線吸収板ガラスや, 網封入による欠陥がある網入板ガラスは熱割れの可能性が高い。構法上においては注意する必要がある。

ガラスは, 太陽の放射熱を吸収放熱したり, 反射したりして, 建物への影響をある程度制御することができる。フロート板ガラス, 熱線吸

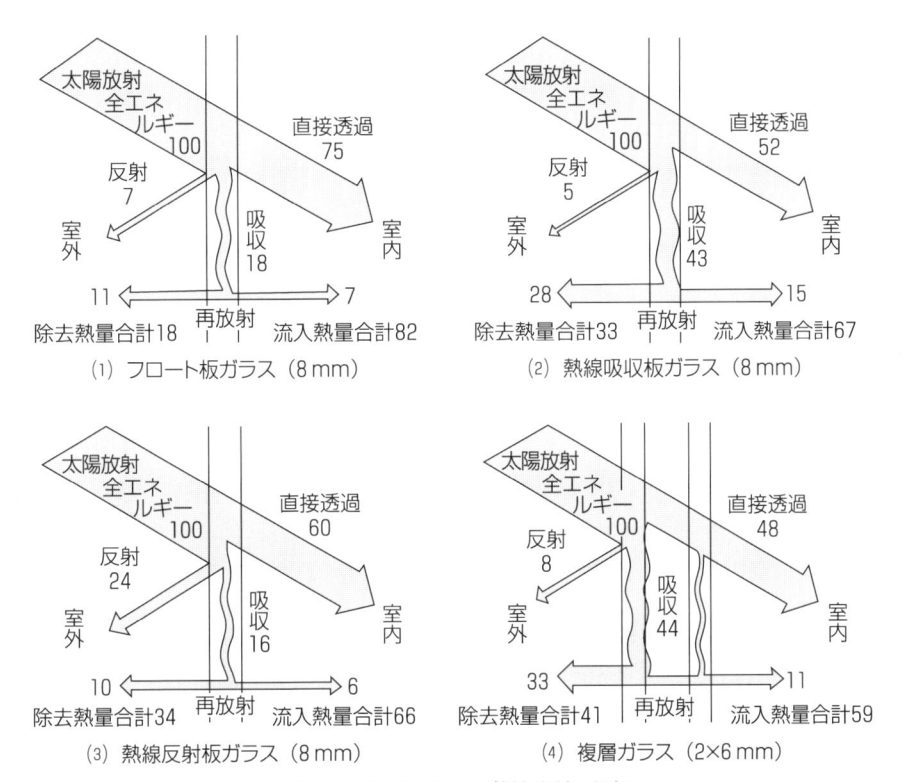

(1) フロート板ガラス (8 mm)

(2) 熱線吸収板ガラス (8 mm)

(3) 熱線反射板ガラス (8 mm)

(4) 複層ガラス (2×6 mm)

図 3.2 各種板ガラスの熱線遮断の仕組

収板ガラス，熱線反射板ガラスおよび複層ガラスの熱線遮断の仕組を図3.2に示す。

（d） 音響的性質

ガラスの遮音性能は，取付け構法によって変化するが，普通サイズのコンクリート壁などに比べると低い。図3.3にガラスの透過損失の測定例を示す。薄いものより厚いもののほうが大きい値を持つのは当然であるが，ガラスの総厚さが10 mm以下ならば，単板，合わせガラス，複層ガラスとも，その平均透過損失は30 dB以下である。

（e） 化学的性質

化学薬品の貯蔵容器に用いられるように，化学薬品に対する安定性は悪くない。ただ強酸性のフッ酸には溶解する。この性質を利用してエッチングや艶消しなどの加工が行われる。また組成にもよるが，ガラスは一般にアルカリに侵されやすい。

長時間使用すると空気中の炭酸ガスと水分により表面が風化して，くもりが生じることもあるが，一般に耐久・耐候性は十分で，半永久的である。

建築用板ガラスの一般的性質を表3.2に示す。

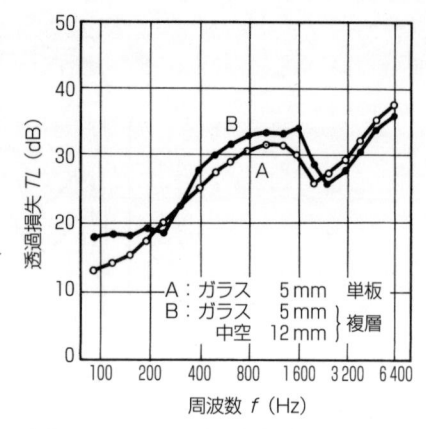

図3.3 ガラスの透過損失（旭ガラス㈱）

表3.2 建築用板ガラスの一般的性質

密　　　　度	$2.4 \sim 2.6 \, \text{g/cm}^3$
圧 縮 強 度	$6 \sim 12 \times 10^3 \, \text{N/mm}^2$
曲 げ 強 度	約 $500 \, \text{N/mm}^2$
弾 性 係 数	$7.2 \sim 7.5 \times 10^4 \, \text{N/mm}^2$
ポアソン比	$0.22 \sim 0.23$
モース硬度	$5 \sim 7$ 度
屈 折 率	$1.50 \sim 1.52$
反 射 率	約 4%（垂直入射，片面）
比　　　　熱	$0.6 \sim 1.0 \, \text{kJ/kg} \cdot \text{K}$（$0 \sim 50°\text{C}$）
熱膨張係数	$9 \times 10^{-6} / °\text{C}$（常温から$350°\text{C}$）
熱 伝 導 率	$0.78 \, \text{W/m} \cdot \text{K}$
軟 化 温 度	$720 \sim 730°\text{C}$

（4） 製　品

建築用ガラス製品の種類と特徴を，表3.3に記す。

これらはすべてガラスの光学的性質を利用した製品例である。それ以外の性質を活用したものとしてガラス繊維がある。ガラス繊維は，溶融ガラスをノズルから吹き出させたもので，その直径は$1 \sim 30 \, \mu$である。プラスチックス，セメント系材料の補強に用いられたり，ガラスウール（綿）として，不燃性の断熱材料，吸音材料として広く用いられている。

また溶融ガラスに発泡剤を加えブロック状・タイル状に成形したものに泡ガラスがある。断熱材料，音響材料として用いられている。

（5） その他

地震時に構造体の破壊以前に，ガラスが破損することがある。これは，構造体の変形が，サッシを変形させ，サッシとガラスが接触してガラスが破損する。このとき緩衝材として作用するのが，シーリング材[*1]やガスケット[*2]である。サ

[*1] サッシとガラスの間の隙間を充填する不定形の材料のことをいう。
[*2] サッシとガラスの間の隙間を充填する定形の材料のことをいう。

表3.3 建築用ガラス製品の種類と特徴[*]

名　称 (JIS 規格)	厚さ (mm)	製造方法・特徴	用　途
摺り板ガラス (R 3202)	2, 3, 5	透明なガラスの片面を珪砂・金剛砂と金属ブラシなどで不透明に摺り加工したガラスである。表面には無数の細かい傷があり、透明なガラスに比べて曲げ強度・衝撃強度は約2/3である。	光線は通すが、視線を通したくない場合
フロート板ガラス (R 3202)	2, 3, 4, 5, 6, 8, 10, 12, 15, 19	溶融金属の上にガラス素地を浮かべながら成形したガラスで、普通板ガラスに比べて高い平面精度がある。幅3 m、長さ10 m、厚さ19 mmのガラスも製造されている。	一般建築・店舗・超高層建築の外装・内装、温室、ショーケースなど
磨き板ガラス (R 3202)	3, 4, 5, 6, 8, 10, 12, 15, 19	型板ガラスと同様の製造工程を経た板ガラスを磨いて平面性をもたせたガラスであるが、現在、大半はフロート板ガラスに置き換えられている。	
型板ガラス (R 3203)	2, 4, 6	2本の水冷ロールの間に溶融状態のガラスを通過させ、ロールで彫刻された型模様をガラス面に刻んで成形するロールアウト法によって製造される。光線は通すが視線は遮る。各社に種々の型模様がある。	室内の間仕切、窓・玄関・浴室・洗面所など装飾性と視線の遮断が必要な場所
網入板ガラス 線入板ガラス (R 3204)	6.8, 10	溶融状態の板ガラス中に金属の網または線を封入したガラスで、板ガラスの一方の面に型模様のある網入型板ガラスと、板ガラスの両面を研磨して平滑にした網入磨き板ガラスがある。ガラスが割れても中に封入されている網や線が破片を支えるため火炎や火の粉の侵入を遮断し防火性に優れている。また破損しても破片が落下しにくいため飛散防止効果がある。	建築基準法で規定される延焼のおそれのある開口部。屋根・スカイライト・ベランダなど、万一ガラスが破損した場合に破片落下の危険のある場所
合わせガラス (R 3205)	4～24	2枚（特殊な場合は3枚以上）の板ガラスで樹脂の中間膜をはさみ、全面接着したガラスである。合わせガラスは地震や衝撃などで破損しても中間膜の存在によって破片が飛散しないし、衝撃物が貫通しにくい。防犯性能も高い。	飛散落下防止などの安全性を要求される場所。防犯・防弾用ガラス、ショーケース、ショーウィンドー、水槽用ガラスなど
強化ガラス (R 3206)	4, 5, 6, 8, 10, 12, 15, 19	板ガラスを軟化点（約700℃）近くまで加熱した後、常温の空気を均一に吹き付けて急冷してつくったガラスである。ガラスは引張力に弱く、圧縮力に強いが、強化ガラスではガラス表面に圧縮歪み層があるため、熱処理をしないガラスに比べて強度が高く、割れたときは破片が粒状となる。また急激な温度変化に対して強い。製品の加工ができない。	ガラスドア・ガラススクリーン、階段手すり、家具のほか、安全性が要求される間仕切など
熱線吸収板ガラス (R 3208)	3, 5, 6, 8, 10, 12, 15	通常のガラスの原料に微量のコバルト・鉄・セレンなどの金属を添加して着色した透明ガラスである。可視光線および太陽放射熱を吸収する。透明板ガラスに比べて熱割れしやすいので注意が必要である。	一般建築の外装、特に空調設備のある建物、家具、間仕切など
複層ガラス (JIS R 3209)	12～36	通常2枚（特殊な場合は3枚）の板ガラスを、専用のスペーサーを用いて一定間隔に保ち、その周囲を接着剤で密封し、内部の空気を乾燥状態に保ったガラスである。断熱性が高く、結露しにくい。	空調設備をもつ建物、寒冷地の建物、恒温・恒湿を必要とする工場・倉庫・研究所など
熱線反射板ガラス		ガラスの表面に金属酸化物の薄膜を焼き付けたガラスで、その薄膜で太陽光線を反射・吸収して、冷房負荷を軽減させるのに役立つ。	一般建築の外装
色焼付けガラス		フロート板ガラスの片面にセラミック質の塗料を高温急冷処理により色焼付けした不透明なガラスである。強化ガラスと同様な製法のため、熱処理をしないガラスより強度は高い。	一般建築のスパンドレルなどの外装、カウンター・間仕切など
鏡 (R 3202)	2, 3, 5, 6	フロート板ガラスの裏面に銀めっきをした後、銀の保護のため銅めっきを行い、塗料で裏止めしたものである。	一般建築・店舗などの内装、家具
装飾板ガラス		ガラス表面に銀めっき、無機質顔料の焼付けなどの処理、または2枚のガラスの間に装飾膜を封入した装飾用のガラスである。メーカーにより様々な種類がある。	内装用壁材、間仕切、スパンドレルなど

(つづき)

名 称 (JIS規格)	厚さ (mm)	製 造 方 法・特 徴	用 途
網入波 形ガラス		網入板ガラスと同じ菱形の金網を入れた波形ガラスで，大波と小波がある。	工場・倉庫・体育館などの外壁・屋根，アーケード
ガラス ブロック (A 5212)	80, 95, 125	透過光に指向性をもたせることができる。断熱・遮音効果が大きい。	採光・遮音・断熱などの必要な外壁・間仕切
プリズム ガラス	40, 50	塊状無空のガラス成形品で，透過光に指向性をもたせることができる。強度が大きい。	通路面・屋根面からの採光用

＊ JISおよび「内外装材チェックリスト」彰国社から作成

写真3.1 ガラスブロックとそれを外壁に使用した建物

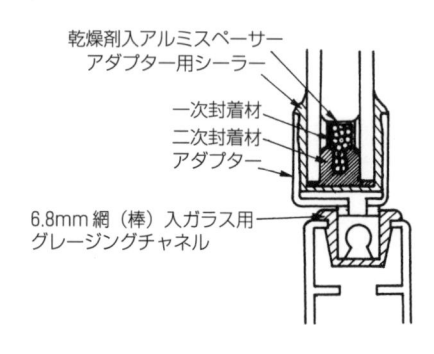

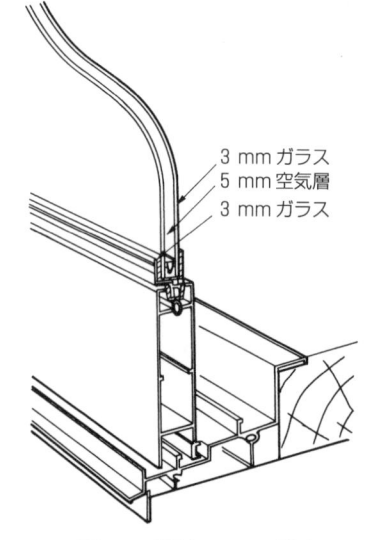

図3.4 複層ガラスの構造

ッシとガラスのクリアランスやかかり代を適正にするとか＊，両者の動きに融通性のない硬化パテをなるべく用いないようにするなどの配慮が必要である。

網入ガラス，複層ガラスなどの施工では端部処理やサッシとの取付けを入念に行い，雨水が内部に浸入しないようにする。網の発錆・膨張による錆割れや，接着部の破損を防ぐためである。

ガラスの光学的性質を利用したものは，本来の性質が十分発揮されるように，定期的な点検や清掃が必要である。

＊ JASS 17 ガラス工事，およびメーカーカタログなどを参照されたい。

4. 粘土焼成材料

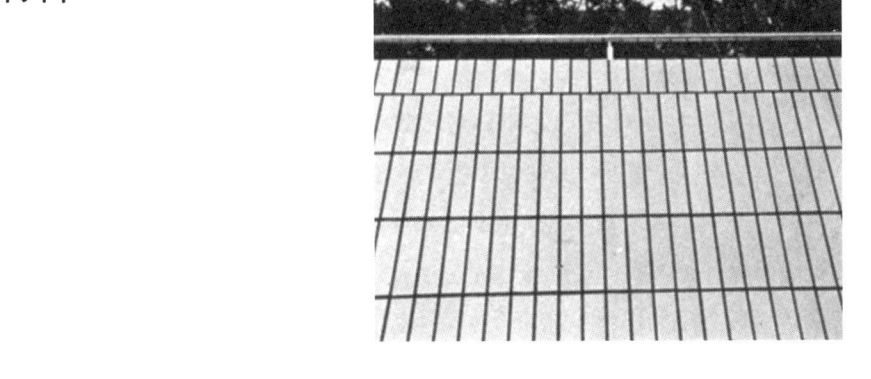

（1） 概　説

　粘土とは，岩石が風化し細かい粒子となったものであり，湿潤にすると粘って塑性的な性質を示す。塑性的とは，力を加えると変形し，力を除いてももとの形に戻らない性質をいう。土を水で練り天日で乾かした日乾（ひぼし）れんがは，紀元前8000年ごろから中近東からエジプトにかけて用いられたといわれている。しかし，ここでは成形されたものをさらに火で焼き固めて作製した土管，れんが，瓦，タイル，衛生陶器などの建築材料について述べる。最初の焼成れんがは，紀元前5000年ごろシュメール人によって使用されたといわれ，最も古い建築材料の1つである。

　後で述べるように，粘土焼成材料は，焼成温度の高い，硬く，精巧なものへと移行しつつある。しかし，造形素材としての粘土焼成品の特徴は，土のぬくもりと軟らかさにあるのであって，あまりにも生産性を重んじた乾式のものをきらう人もいる。

　小さな単位のれんが，タイル，瓦などを敷きつめたり積み上げて構成した床，壁，屋根などは，離れても近づいても，それぞれに表情がある。雨露に打たれた後の独特の趣も他の材料にはないものであり，後世に残すべき建築材料の1つであろう。

（2） 種　類

　粘土焼成材料は，その原料や焼成温度から4種類に分類される（表4.1）。

　この表からもわかるように，粘土焼成材料の生地（きじ）は，粘土の成分，成形，乾燥方法，焼成温度などの生産工程によってその性質が変わる。さらに生地表面に釉（うわぐすり）をかけて焼成したり，焼成後に施釉（せゆう）して再焼成することにより，肌の状態や耐久性が大きく変動する。

　粘土焼成材料の分類としては，れんが，タイルなどという用途・形状による分類があるが，これは（4）項にまわすことにする。

（3） 性　質

（a） 物理的性質

　表4.1の土器質の組織は最も粗く気孔率が高いので，吸水率が大きい。これより陶器質，せっ器質，磁器質というにに従い，組織は緻密に，吸水率は小さく，密度も大きいものは2.6 g/cm³くらいになる。釉を施したものは吸水率が低下する。水分が生地に浸透し凍結すると，容積が増し，剥離（はくり）やきれつによって表層が損傷することがある。この凍害の程度は気孔率の大きいものほど大である。釉がかかっていると水分の吸収がほとんどないので凍害はない。

表 4.1 粘土焼成材料の種類と生地の特性

種類	吸水性	色調	組織	強度・硬度	原料	焼成温度	製品
土器	大	有色不透明	多孔質	ぜい弱	普通粘土	790～1 000℃	れんが 土管 瓦
陶器	やや大	不透明		強	有機物を含む粘土	1 080～1 250℃	瓦, タイル テラコッタ 衛生陶器
せっ器	小	不透明	緻密	堅硬 強	良質粘土	1 000～1 350℃	れんが, 床用タイル テラコッタ 硬質瓦 陶管
磁器	最小	白色半透明	緻密 打音は金属音	堅硬 最強	良質粘土 長　石 珪　石	1 250～1 450℃	高級タイル 高級衛生陶器

(b) 化学的性質

粘土焼成材料自体の化学薬品に対する抵抗性は，他の材料に比べて一般に大きい。

(c) 力学的性質

曲げや引張強度に比べて圧縮強度が大きい。耐摩耗性は一般に大きいが，その度合は密度の大きいものが小さいものより，また内部より外部が大きい。釉を施せば，釉が摩耗するまでの耐摩耗性は著しく向上する。

(4) 製　品

(a) れんが

JISの普通れんがには，図4.1のように中実と孔あきがある。原料の調合や焼成温度によってその性質が変動する。いわゆる"れんが色"は，酸化鉄によって起こる。焼き過ぎると黒っぽく，逆に焼き足りないと，淡っぽく，吸水性が大きく，強度・耐寒性も小さくなる。

れんがの原形は，長さ210 mm，幅100 mm，厚さ60 mmの直方体である。大人なら片手で持てる寸法・形状と重さである。1種類の形のれんがだけでは，積むことができないので，図4.2に見るように，原形のれんがを何通りかに切断したものを用いる。この他，開口部，壁隅などに用いられる異形れんががある。れんがは，圧縮強度が大きく，耐火，遮音性に優れた材料であるので，一時大量に使用されたことがあるが，1923年の関東地震で耐震性に乏しいことが判明したので現在は構造材料としてほとんど用いられない。二次部材や装飾用として用いられる。

普通れんがの品質を表4.2に示す。

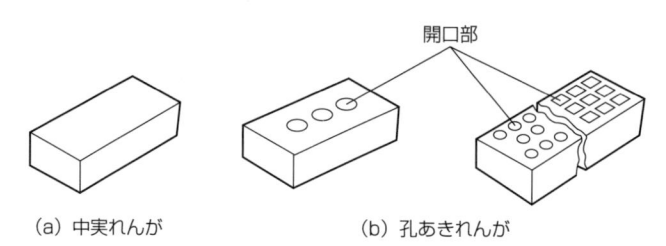

(a) 中実れんが　　(b) 孔あきれんが

図4.1　れんがの形状による分類

図4.2 切断れんがの名称（単位：mm）

表4.2 れんがの品質（JIS R 1250）

	2種	3種	4種
吸水率（％）	15以下	13以下	10以下
圧縮強さ（N/mm²）	15.0以上	20.0以上	30.0以上

(b) 粘土瓦

　形によって，和瓦と洋瓦に，焼成方法によって，釉薬瓦，いぶし瓦，無釉瓦に分類される。
　和瓦の製造技術は，6世紀に朝鮮半島を経てわが国に伝わったという。使用する屋根の部位や意匠によって，さらに地方や時代によっても，その名称や形状が異なる。図4.3に和瓦の例を示す。屋根の比較的広い面を葺く瓦として，平瓦と丸瓦を交互に並べる本瓦葺きが，寺院建築などで用いられてきた。現代では，平瓦と丸瓦をつなげて1枚にしたような桟瓦を用いた桟瓦葺きが多い。このほか，軒，袖，棟，またこれらの交点を葺くための角，隅瓦などの特殊な形状をした役物瓦がある。和瓦は，3.3m²（坪）当りの葺き枚数による寸法区分がある（JIS A 5208）。通常40〜60枚程度である。

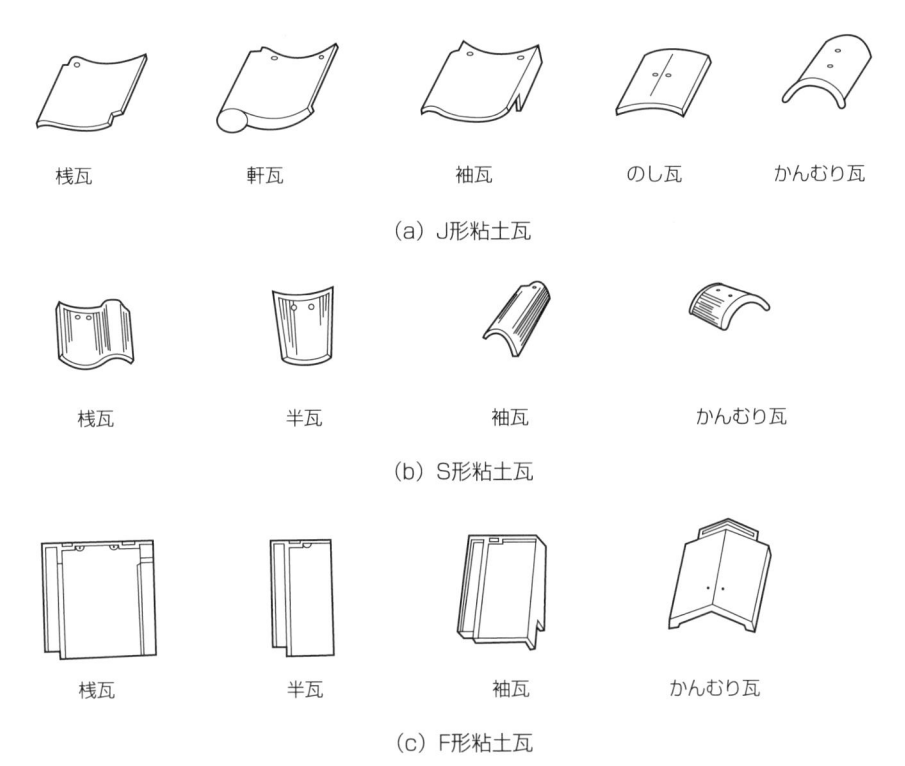

(a) J形粘土瓦

(b) S形粘土瓦

(c) F形粘土瓦

図4.3 和瓦の形状による区分（JIS A 5208）

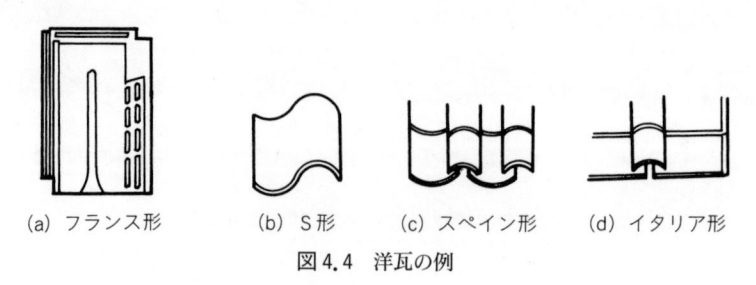

(a) フランス形　(b) S形　(c) スペイン形　(d) イタリア形

図4.4　洋瓦の例

表4.3　タイルの種類と性質（JIS A 5209）

呼び名による区分	呼び名と生地の組合せによる区分	生地の質による区分	吸水率（％）	生地の状態
内装タイル		磁器質タイル	1.0以下	生地が溶化して吸水性がほとんどなく，白色，半透明で硬い，叩けば清音を発する
外装タイル		せっ器質タイル	5.0以下	生地がほとんど溶化または半溶化して吸水性が少なく，有色，不透明で硬い
床タイル				
モザイクタイル		陶器質タイル	22.0以下	生地は溶化せずだいたい有色で多孔質，吸水性がある，叩けば濁音を発する

　洋瓦は，明治以降の洋風建築に紹介されて以来，今日に至る。図4.4に示すフランス形，S形がわが国では多く用いられている。釉薬瓦は，乾燥後に生地表面に釉を施したもので，赤，青，褐色などの色調を持ったものである。塩焼瓦は，焼成中に食塩を投入して表面に黒褐色ガラス質の被膜を形成させたものである。

　いぶし瓦は，焼成完了近くに，松葉でいぶし，その炭素を瓦の表面に固着させたものである。いぶしは表面を緻密にし吸水率を小さくする役目をする。焼成前に表面を木片で磨くと，焼成後に銀黒色の光沢を放つ。

　瓦は，耐水，耐寒，曲げ抵抗性などの品質が要求される。JIS A 5208（粘土瓦）では，寸法・形状のほか品質として，一定の方法で行われた試験により，曲げ破壊荷重が桟瓦で1500N以上，のし瓦で600N以上，吸水率が釉薬瓦で12％以下，いぶし瓦，無釉瓦で12％以下，また凍害試験で異常のないこととしている。

（c）　タイル

　ラテン語で被覆（cover）を意味するタイルは，耐火，耐水，耐久性のある美しい材料である。JISによるとタイルは，生地の質，釉の有無および呼び名の3つで分類されることになっている。

　生地の質とは，磁器質，せっ器質および陶器質の3種類であり，それぞれの性質については，表4.3に示した。

　磁器質タイルは，釉なし（無釉）で使用することが多いが，せっ器質および陶器質のものは，ほとんどくすりがけ（施釉）される。特に陶器質のものは，多孔質で吸水率も大きいので施釉される。

　呼び名は，主な用途と形状によって内装タイル，外装タイル，床タイルおよびモザイクタイルに大別される。表4.3にあるように呼び名によって，生地の材質の範囲が定まってくる。ここにモザイクタイルとは，7cm角以下のタイルであり，形も長方形以外の円形，三角形などがある。通常30cm角に表を紙張りした単位

（a）平物：正方形、長方形

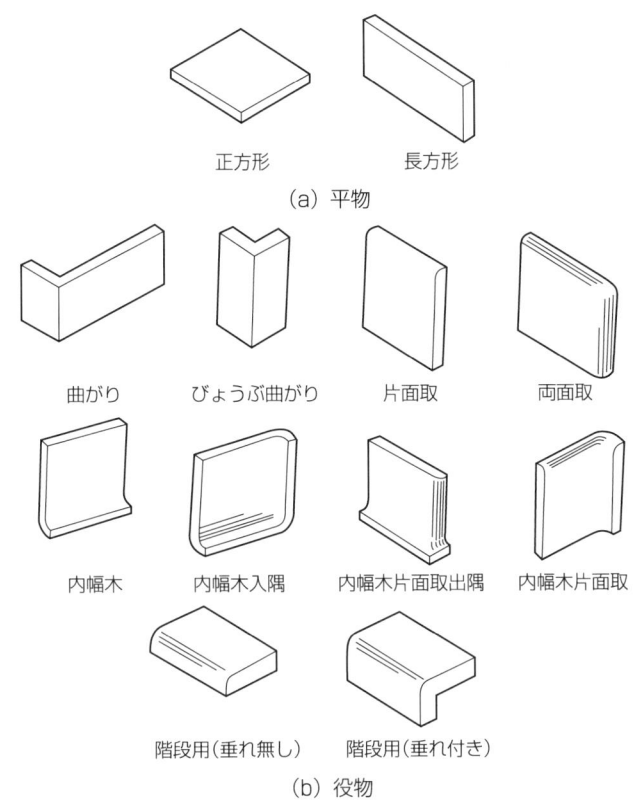

（b）役物：曲がり、びょうぶ曲がり、片面取、両面取、内幅木、内幅木入隅、内幅木片面取出隅、内幅木片面取、階段用（垂れ無し）、階段用（垂れ付き）

図4.5 タイルの形状（JIS A 5209）

で施工する。モザイクタイル以外でも，裏面にネットや孔あきのテープなどを使って多数のタイルを30 cm角に連結したユニットタイルがある。このようなものを，内装ユニットタイルなどとよぶ。またせっ器質施釉タイルのことをクリンカータイルということがある。

タイルの厚さは，内装・モザイクタイルが薄くて4～8 mm，外装で5～15 mm，そして床タイルが厚くて7～20 mmである。長辺と短辺方向の寸法もJISによって定まっているが，れんがの寸法を基準にしたものが多い。出隅，入隅用などの特殊な形状をした役物タイルもある。

タイルの形状の例を図4.5に示す。

成形法には，湿式と乾式の2法がある。前者は，寸法の大きいものや形状の複雑なものに適する。多孔質であるので，趣のある表面となる

* 設計や施工の便のため，寸法は目地を含んで定められている。

他，付着性もよい。後者は，寸法精度が良好なうえに，表面に型押しができる特徴がある。

性質については，吸水率，耐ひび割れ性，耐摩耗性，曲げ強さなどが規定されている。用途に応じて検査する必要がある。

選択にあたっては，タイル自体の品質だけでなく，構造体との付着強度，取付け工法，納まり，コストなどについて考慮しなければならない。

（d） テラコッタ

大形のタイルである。生地は，せっ器質が多いが陶器質のものもある。古くは，立体的な形状をした大形の部材を，中心部分を剥ぎ取って軽量化し，開口部，じゃ腹，パラペットなどの装飾用に用いた。現在では，規格外の大形の平形タイルの意味で用いられることが多い。JISに規定がなく，既製品もないので，注文で生産

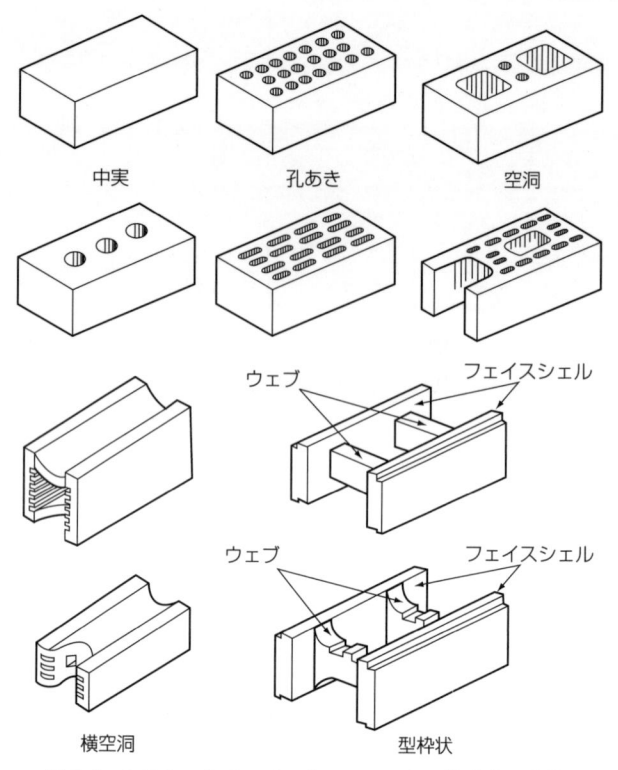

図4.6 セラミックメーソンリーユニットの基本形の形状
(JIS A 5210)

する。大形なだけに，生産管理や取付けに特別の配慮が要求される。

(e) セラミックメーソンリーユニット

れんがやコンクリートブロックと同様の図4.6のような形状をした陶器質またはせっ器質のユニットである。鉄筋で補強して壁体を構成することができる。

建築用セラミックメーソンリーユニット（JIS A 5210）では，ユニットのモデュール長さが300 mm 未満のものをセラミックれんが，300 mm 以上のものをセラミックブロックという。

用法から，外部形状の基本となる基本形ユニット，隅用，半切などの用途によって外部形状の異なる異形ユニットに，釉の有無によりくすり無しとくすり有に区分される。

目地からの吸水で凍害や白華を起こすことが

表4.4 圧縮強度および吸水率（JIS A 5210）

圧縮強さによる区分	圧縮強さ N/mm² (kgf/cm²)	吸水率 %
20	20 (204) 以上	—
30	30 (306) 以上	—
40	40 (408) 以上	14以下
50	50 (510) 以上	12以下
60	60 (612) 以上	10以下

備考　ユニットの圧縮強度は，当分の間，全断面積に対する圧縮強さで換算してもよい。
ユニットの全断面積に対する圧縮強さは，10 N/mm²（102 kgf/cm²）以上とする。

あるので注意を要する。図4.6に基本形の形状の例を，表4.4に圧縮強度による区分を示す。

(f) 衛生陶器

衛生陶器とは，大・小便器，洗浄用タンク，洗面器，流しなどの器具をいう。器具の性格から，いずれの器具も外観が美しく取付けが容易

なこと，きずやひびがなく，寸法・形状が正しいこと，表面が平滑で，液体が浸透しにくいこと，清掃のしやすいこと，耐酸・耐アルカリ性で強度があること等が要求される。この他，たとえば便器であれば，その洗浄性能などが十分満足のいくものでなければならないのはいうまでもない。これらの試験方法は規格（JIS A 5207）に定められている。

衛生陶器の生地は，高級陶土をその生地の一部が溶けるまで高温焼成したものを用いる。これを溶化素地質といい，吸水性はほとんどない。

この他，衛生陶器の中にバスタブ（浴槽）を含めることもある。バスタブはステンレス鋼板，熱硬化性プラスチックス，鋳鉄ほうろう，鋼板ほうろう，陶器，木，タイル等でつくられている。このうちほうろうは，金属の表面に特殊なガラス質の釉薬を薄く焼き付けたものである。

図4.7に各種衛生陶器の形状・寸法の例を示す。図中のA，Bなどには，規格で複数の具体的な数値が入るようになっている。

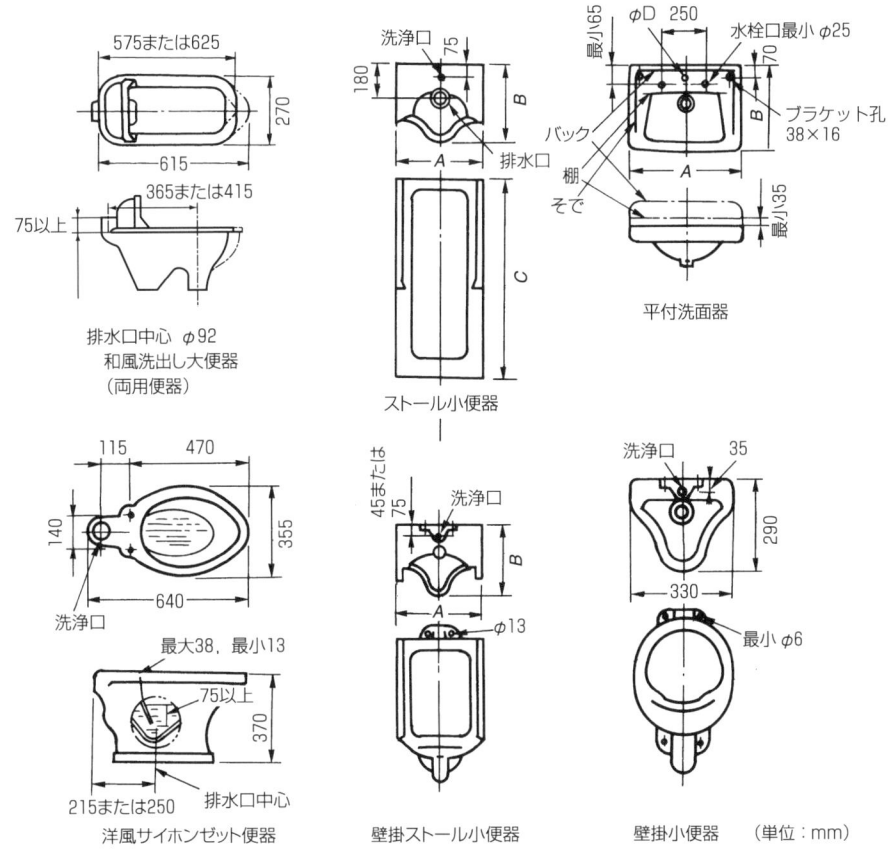

図 4.7 衛生陶器の規格例（JIS A 5207）

5. セメント・コンクリート

（1） 概　説

　今日人類が生活のために利用している工業材料の中で，コンクリートほど大量に用いられているものは他に類を見ない。わが国を例にとれば，セメント年間生産量6 000～7 000万tのほとんどを内需に当てているから，国民1人当り年間に2 m³ ほどのコンクリートを用いていることになる（セメント1 tからコンクリート6～8 t，すなわち約3 m³ が生産される）。これほど大量に用いられる材料であるから，エネルギー問題，資源問題，環境問題など社会・経済的課題と深く関わっている。

　コンクリートとはセメント・水・細骨材（砂）・粗骨材（砂利）・必要に応じて種々の混和材料を加えて練り混ぜ，セメントと水の反応によって結合した一種の複合材料であり，およそ図5.1のような構成をもっている。モルタルはコンクリートのうち粗骨材のないもの，セメントペーストはセメントと水だけを練ったものをいう。

　このようにコンクリートは一種の複合材料であるから，その材料特性は構成素材の品質およびそれらの複合の方法，つまり調合や養生の方法を含む一連の製造方法によって大きく品質に相違がある。たとえば骨材の選び方だけで，単位容量重量がおよそ 0.5～6.0 t/m³ の範囲のものを自由につくることができるし，調合や養生方法を選ぶことによって 10～200 N/mm² 程度の圧縮強度のものをつくることが容易である。このほか，セメント，骨材，混和材料の選び方，樹脂などの応用によって多種多様のコンクリートがつくられている。表5.1は種々の観点から分類したコンクリートの種類を示す。

　鉄筋コンクリート構造などに用いる普通の構造用コンクリートに対する要求性能は多くあるが，図5.2に示すように強度・耐久性・施工性（経済性）の3要素に集約することができる。この3要素をバランスよく満足させることがよいコンクリートをつくることである。

　コンクリートが他の材料に比べて特徴的な点は，建築技術者が材料の製造工程にまで関与する唯一の構造材料である点であろう。調合や製造についてはレディーミクストコンクリート産業（生コン産業）の発達によって専業化された部分が多いが，それでも構造材料としては半製品であるフレッシュコンクリート（まだ固まら

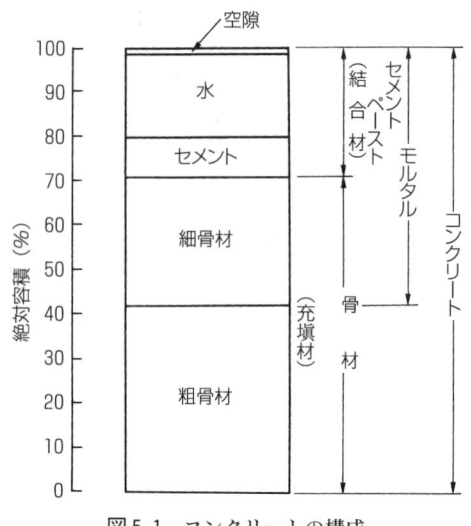

図5.1　コンクリートの構成

表5.1 コンクリートの種類

区　　分	種　　類	備　　考
密度による （骨材により）	軽量コンクリート 普通コンクリート 重量コンクリート	密度 2.0 g/cm³ 以下 密度 2.3 g/cm³ 前後 密度 3.0 g/cm³ 以上が多い
混和材料の 有無により	プレーンコンクリート AEコンクリート 膨張コンクリート	(普通コンクリート)，混和材料を用いない コンクリート AE剤を用い空気を連行させたコンクリート (無収縮コンクリート)，膨張材を添加した コンクリート
要求性能により	高流動コンクリート 高強度コンクリート 簡易コンクリート	スランプフロー50 cm以上70 cm以下のコンクリート 設計基準強度60 N/mm²以上のコンクリート 軽微な構造物に用いるコンクリート
施工時の気温 により	寒中コンクリート 暑中コンクリート	養生期間にコンクリートが凍結するおそれ のある場合に施工されるコンクリート 気温の高い暑中に施工されるコンクリート
その他の 特殊コンクリート	マスコンクリート・水密コンクリート・海水の作用を受けるコンクリート・遮へい用コンクリート・プレパックドコンクリート・プレストレストコンクリート	

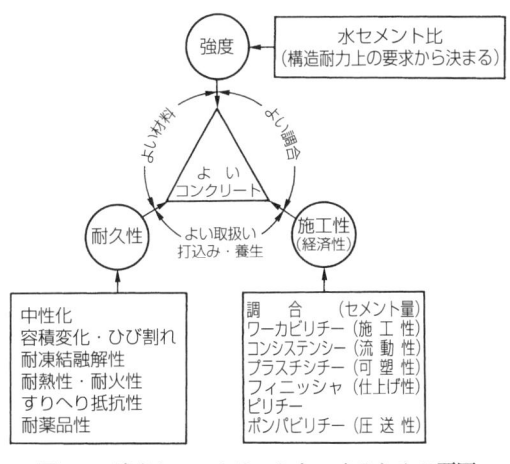

図5.2 適当なコンクリートをつくるための要因

ないコンクリート），から養生を経て固まったコンクリートとして完成した材料になるまで建設技術者の手もとで成熟する特異な材料といえる。この特性からして，建築技術者といえども，構成素材の性質から出発してコンクリートを理解することが必要である。

コンクリートの起源は紀元前200年ごろのローマ時代までさかのぼる。このころ，すでに消石灰を焼く窯が使われた記録が残っている，今日のようなセメントを用いたものはむしろ1825年のAspdinによるポルトランドセメントの発明以降である。鉄筋コンクリートとしての利用は1867年のMonierをはじめフランスの技師等の発明が出発点とされている。わが国ではじめてセメントの生産が開始されたのは1872年（明治5年）であり，1903年にはスパン7.28 mの山科疎水橋が最初のRC構造の建造物として完成している。1923年（大正12年）の関東大震災によって，耐震性と耐火性が評価され鉄筋コンクリート構造は飛躍的に普及することになった。

第二次大戦後のわが国の復興と経済成長を支えた鋼とコンクリートの役割は特筆されるが，昭和35年以降のコンクリートの急速な需要拡大期での主なコンクリート技術の進歩としては，レディーミクストコンクリートの普及，現場内のコンクリート運搬手段としてのポンプ工法の普及，各種化学混和剤の発達などがあげられる。これらの技術は多量のコンクリートを短時間で打設することを可能にして経済効果を極度にあげることを可能とした。その反面，コンクリートの品質については軟練りコンクリートの乱用によって進歩がなく，コンクリートの耐久性に問題のある多くのストックを持つ事態に至っている。特に1980年代から顕在化した海砂使用による塩害，セメント中のアルカリ金属

と反応する反応性骨材の出現による劣化が社会問題となった。現在はその反省期にありコンクリートの耐久性に大きな関心が持たれるようになっている。コンクリート技術としては耐久性確保を可能とするレベルに向上している。次にコンクリートの長所・短所を簡単にまとめてみる。

・長　所
　a．形状や寸法に制限がなく，造形の自由度が大きい。
　b．部材や構造物を一体的につくることができる。
　c．耐久性，耐火性に優れ，維持費を低減できる。
　d．安価で大量に供給できる。
　e．施工に高度の技術と熟練工を必要としない。
　f．鋼材との組合せによって鉄筋コンクリートやプレストレストコンクリートのような優れた構造法を生む。

・短　所
　a．比強度が小さい。したがって耐震性能を与えるために比較的大断面を要す。
　b．圧縮強度に比して引張強度が小さいので，鋼材等での補強を要す。
　c．破壊までのひずみ能力が少ない。したがって，構造物としての変形能力に限界がある。
　d．乾燥収縮を生じる。したがって構造物にひび割れが生じる。
　e．取りこわし，再使用が容易ではない。
　f．強度を得るまでに日数を要す。したがって，工期短縮に限界がある。
　g．現場での品質管理が重要である。

(2) セメント

(a) セメントの種類

セメントという言葉は物質と物質を結合させる性質をもつ材料の総称であるが，少し狭い意味で使う場合には無材質の結合材を指す。この意味でのセメントは次の2種類に分けられる。

$$\text{セメント} \begin{cases} \text{気硬性セメント} \\ \text{(non-hydraulic cement)} \\ \text{水硬性セメント} \\ \text{(hydraulic cement)} \end{cases}$$

気硬性セメントとは水と反応して硬化するが硬化物が水中で安定でないもの（たとえば，焼せっこう，$CaSO_4 \cdot \frac{1}{2} H_2O \rightarrow CaSO_4 \cdot 2H_2O$），または水以外の物質と反応して硬化するため，水中では硬化しないで空気中だけでしか使えない，石灰，$Ca(OH)_2 \rightarrow CaCO_3$などをいう。

これに対して水硬性セメントは水と反応することによって硬化し，しかも硬化物が水中でも安定であるから空気中でも水中でも用いることができる。現在普通にセメントといえば水硬性セメントのことを指している。水硬化セメントの種類は非常に多いが，そのうちでJISに規定されているものは次のとおりである。

①ポルトランドセメント（JIS R 5210）
　├ 普通ポルトランドセメント
　├ 早強ポルトランドセメント
　├ 超早強ポルトランドセメント
　├ 中庸熱ポルトランドセメント
　├ 低熱ポルトランドセメント
　└ 耐硫酸塩ポルトランドセメント

②混合セメント
　├ 高炉セメント（A，B，C種）（JIS R 5211）
　├ シリカセメント（A，B，C種）（JIS R 5212）
　└ フライアッシュセメント（A，B，C種）（JIS R 5213）

③エコセメント（JIS R 5214）

JISには規定されていないが，特殊な性能をもつセメントで市販されているものに次のようなものがある。

④特殊セメント
- （速硬性）……アルミナセメント，超速硬セメント
- （耐酸性）……耐酸セメント
- （耐高温性）……油井セメント
- （意匠性）……白色ポルトランドセメント
- （超微粉末性）……コロイドセメント
- （膨張性）……膨張性セメント

上記のセメントを目的に応じて使い分けるのであるが，わが国では普通ポルトランドセメントの使用量がほぼ70％を占めている。

(b) セメントの製法

ポルトランドセメントの主原料は石灰石（CaOの原料），粘土（Al_2O_3，SiO_2の原料），珪石（SiO_2の補足），鉱滓（Fe_2O_3の原料）などの原料を乾燥のうえ，適当な割合に調合し，微粒砕した後，約1 450℃の温度まで焼成してクリンカーを得る。クリンカーに緩結剤としてのせっこう（$CaSO_4 \cdot 2H_2O$）を加え微粉砕したものがセメントである。図5.3に製造工程を示す。

セメントの製造はエネルギー多消費型であるので，古タイヤの燃料としての利用等の改善が進んでいる。また，主成分であるCaO，Al_2O_3，SiO_2を他の産業副産物に代替する技術開発が行われている。その典型的な製品がエコセメントであり，家庭より排出されるゴミを原料中に大量に用いてつくる。

(c) セメントの化学組成と水和反応

セメントの主な組成は珪酸三カルシウム（3

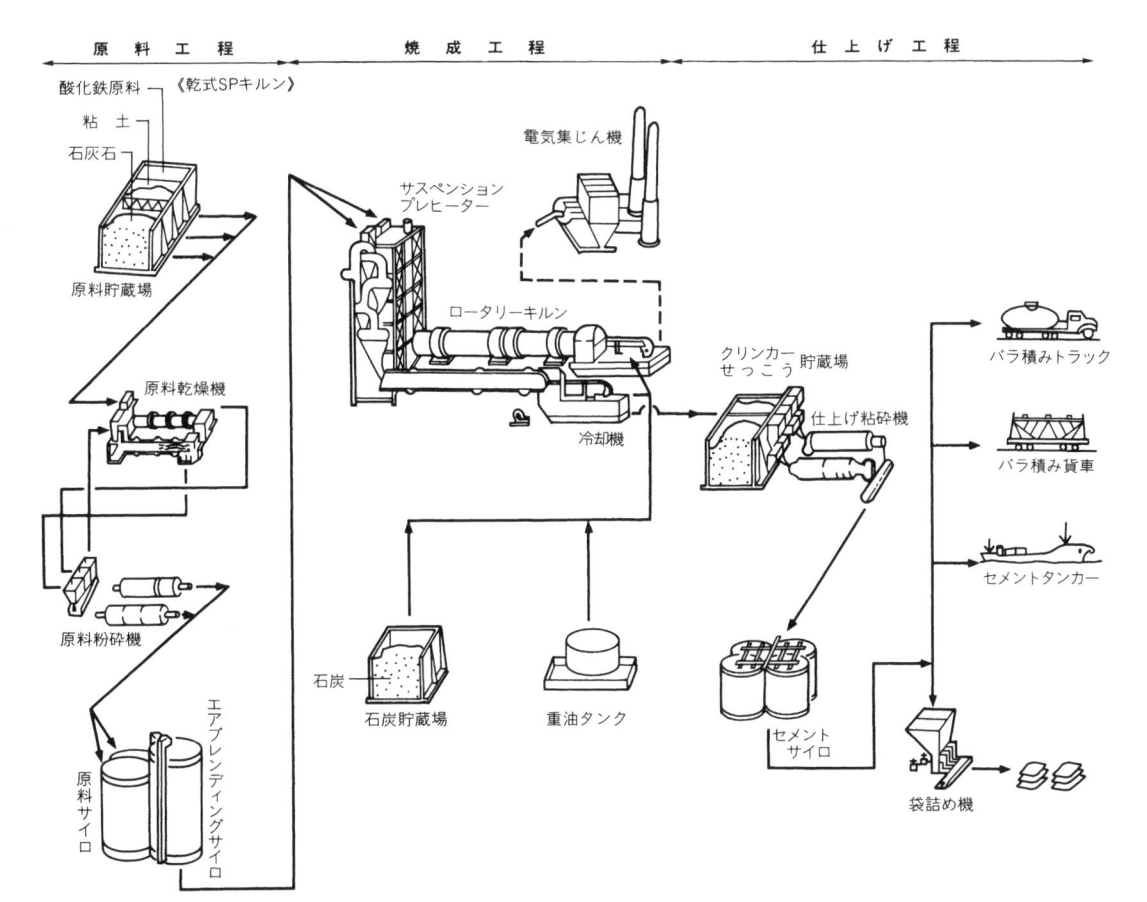

図5.3 セメントの製造工程

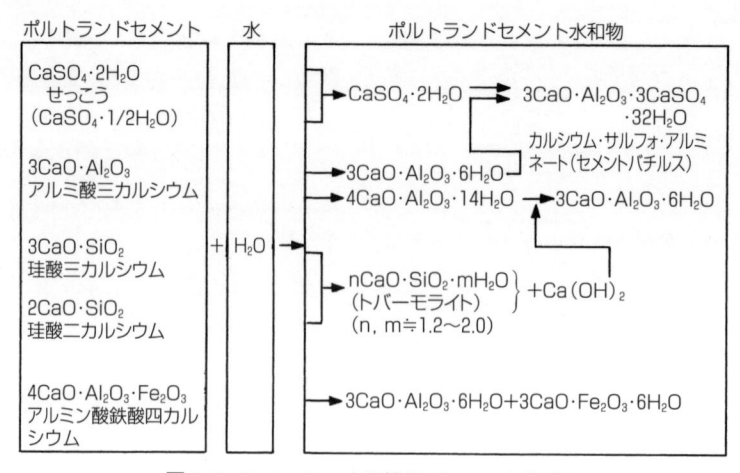

図5.4 セメントの水和機構（セメント協会）

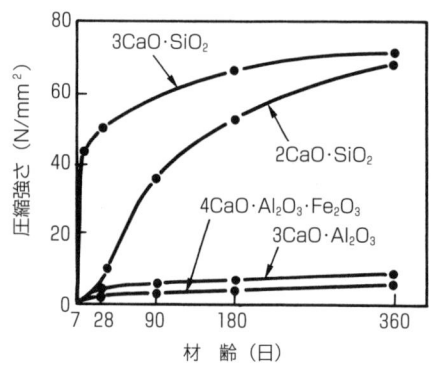

図5.5 各セメント成分の強度発現（セメント協会）

$CaO \cdot SiO_2 : C_3S$），珪酸二カルシウム（$2CaO \cdot SiO_2 : C_2S$），アルミン酸三カルシウム（$3CaO \cdot Al_2O_3 : C_3A$），アルミン酸鉄酸四カルシウム（$4CaO \cdot Al_2O_3 \cdot Fe_2O_3 : C_4AF$）などであり，それぞれ水と反応して図5.4のような水和生成物をつくり，強度を発現するが，各組成によって図5.5，または表5.2に示すような特徴がある。たとえば早強，超早強セメントでは早期強度を大きくするためにC_3Sを多くし，中庸熱セメントではC_3A，C_3Sが少ないので水和熱や短期強度が低下する。また耐硫酸塩セメントではC_3Aを低位に制限する。

（d） 凝結と硬化

セメントの水和反応で図5.4に示されているような水和物（C-S-H）が生成される。C_3Aはもっとも急速に水和して$3CaO \cdot Al_2O_3 \cdot 6H_2O$となり，せっこうがないと急激にこわばる瞬結を起こす。せっこうが溶液中に存在すると，これがC_3Aと反応して，不溶性のカルシウムサルフォアルミネートを生じて沈澱する。せっこうが消費されつくし，C_3Aだけの水和が始まり，C_3Sの水和反応も急速に進み，セメント粒子周辺に水和物（C-S-H）が析出して粒子間相互を結合し，外力を加えても流動しない凝結状態となる。さらに時間が経過するとゲ

表5.2 化合物の特性と含有比率（セメント協会）

鉱 物	主な化合物	化合物の特性の相対的比較					各セメントの化合物含有比率（％）の例			
		早期強度	長期強度	水和熱	化学抵抗性	乾燥収縮	普通	早強	超早強	中庸熱
エーライト	C_3S	大	大	中	中	中	52	65	67	41
ビーライト	C_2S	小	大	小	やや大	小	24	10	5	34
アルミネート相	C_3A	大	小	大	小	大	9	8	9	6
フェライト相	C_4AF	小	小	小	大	小	9	9	8	13

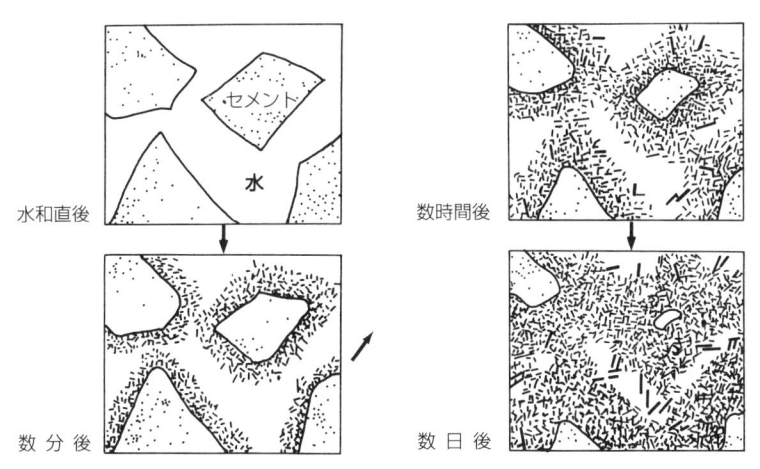

図5.6 セメントの水和過程（セメント協会）

ルの生成が増大してセメント粒子間が埋められて硬化が進み，強度が発現する。図5.6はこの経過を模式的に説明している。

(e) 硬化セメントペーストの内部構造

水和反応したセメントペーストは未水和セメント粒子，水和物（セメントゲル），ゲル水，自由水および空隙からなる。セメント水和物はセメント成分とそれに化学的に結合した水（結合水）とを含んでいる。この結合水は水和が完全に行われた状態でセメント重量の約25％であり，この結合水の容積は当初のそれの約75％になるといわれている。水和物ゲルの表面に表面力によって強固に吸着している水を一般にゲル水という。これは化学的に結合した水とは区別され，また流動性をもった水とも異なりゲル表面に固着して動かず，固体に近い状態であり通常の相対湿度の変化による乾燥にも関与しない水である。このゲル水は完全水和のときセメント重量の約15％といわれている。

以上によりポルトランドセメントが完全に水和をするのに必要な水量はセメント重量に対して結合水25％，ゲル水15％の合計40％である。また，完全水和の場合，1 cm^3 のセメントは水和によって約 2.1 cm^3 となる。この体積増加の性質のため，セメントペースト中の毛細管空隙（キャピラリー）は充填され，空隙率は低下し強度が増加する。

結合水，ゲル水以外の水は自由水またはキャピラリー水とよばれ，外力の作用によって自由に活動し，通常の乾燥で移動する流体としての水である。自由水は $Ca(OH)_2$ で飽和されているので，セメントペーストは強アルカリ性を保っており鉄筋の防錆に役立っている。

(f) 水和熱

ポルトランドセメントは水和反応に伴い発熱する。これを水和熱という。この発熱量はセメントの種類，水セメント比，粉末度などによって異なるが，完全に水和すると 525 J/g 程度の発熱がありその2/3程度は材齢7日までに発生する。水和熱が蓄積されやすいマスコンクリートでは熱応力によって，ひび割れが発生する可能性を増し，また，夏季ではコンクリート温度上昇が加速されて水和が不完全となるので，セメントの種類の選定と調合上の対策が必要である。冬期の工事では，水和熱によるコンクリートの温度上昇は気温による冷却によって相殺されるので，適当な水和反応の進行に役立つ効果がある。

(g) 乾燥収縮

硬化したセメントペーストを乾燥させると，セメントゲルの周囲にある微細な毛細管の中のキャピラリー水が蒸発または拡散するとき毛細管張力が作用して硬化体が収縮する。セメントペーストの乾燥収縮はかなり大きいが骨材の割合が大きくなるほど減少する。しかしコンクリート構造物のひび割れの原因となり，水硬性セメントの宿命的な欠点としてあげられる。収縮を防止する目的で，逆に膨張性のセメントを利用する場合がある。

膨張の機構は下記に示すようにカルシウムスルフォアルミネート CSA の水和反応による針状結晶生成によるもの，および石灰の水和時の膨張によるものがある。

CSA系：$3\,CaO \cdot 3\,Al_2O_3 \cdot CaSO_4$
$+ 8\,CaSO_4 + 6\,CaO + 96\,H_2O$
$\rightarrow 3(3\,CaO \cdot Al_2O_3 \cdot 3\,CaSO_4$
$\cdot 32\,H_2O)$

石灰系：$CaO + H_2O \rightarrow Ca(OH)_2$

水の表面張力の低下による効果を利用した収縮低減用混和剤も開発されている。

(h) セメントの物理的性質

各種セメントの物理試験結果の一例を**表5.3**に示す。

セメントの強度試験はモルタルについて行う。用いる砂は ISO 基準に適合する標準砂とよばれる細砂である。セメント：砂＝1：3，水セメント比＝50％のモルタルを用い $4 \times 4 \times 16\,cm$ の供試体を $20 \pm 1\,°C$ の水中で養生し，所定の材齢で圧縮強度を試験する。この圧縮試験は曲げ試験後の1/2切片を用い $4 \times 4\,cm$ の載荷板を当てて試験する，いわば部分圧縮強度である。

物理的性質としては，圧縮，強度以外に比表面積，凝結時間，安定性などの値が規格化されている。ポルトランドセメントの密度は種類にかかわらず，$3.15\,g/cm^3$ としてよい。比表面積は粉末度を表しているが，**表5.3**のように早強性のものほど比表面積を高くして，水と接触する表面積を増し，水和反応を早く生じさせるようになっている。凝結時間は水和反応の進行度を表現する指標である。安定性とはセメント硬化中に容積が膨張し，ひび割れや反りなどを生じる程度をいう。

(i) 特性と用途

① 普通ポルトランドセメント（JIS R 5210）

建築・土木構造物，二次製品などあらゆる分野で広く用いられ，全セメント生産量の約70％を占める。

② 早強ポルトランドセメント（JIS R 5210）

化学組成のうち C_3S を60％以上に保ち，粉末度を高くしたもの。普通セメントに比べ，1

表5.3 各種セメントの物理的性質の一例（セメント協会）

セメントの種類		密度 (g/cm³)	粉末度		凝結			圧縮強さ (N/mm²)					水和熱 (J/g)	
			比表面積 (cm²/g)	網ふるい 90 μm 残分 (%)	水量 (%)	始発 (h-min)	終結 (h-min)	1日	3日	7日	28日	91日	7日	28日
ポルトランドセメント	普通	3.15	3410	0.6	27.9	2-16	3-13	—	28.0	43.1	61.3	—	—	—
	早強	3.13	4680	0.1	30.6	1-52	2-48	27.7	47.5	56.6	67.9	—	—	—
	中庸熱	3.32	3220	0.5	27.1	3-02	4-07	—	21.6	30.3	56.8	—	267	322
	低熱	3.21	3470	0.1	27.4	3-30	4-42	—	16.2	25.3	49.0	79.1	226	275
高炉セメント	B種	3.05	3970	0.3	29.3	2-47	3-58	—	21.2	35.1	62.0	—	—	—
フライアッシュセメント	B種	2.95	3500	0.4	28.6	3-01	4-16	—	26.1	39.3	60.6	—	—	—
エコセメント	普通	3.18	4100	0.1	28.5	2-21	3-29	—	24.9	35.2	52.4	—	—	—

日強度は3倍，3日強度は2倍程度で型枠を早くはずすことができて，特に二次製品向きに，また冬期施工用に適当である。

③ 超早強ポルトランドセメント（JIS R 5210）

C_3A を多く，C_2S を少なくして，粉末度をさらに高めたもので，1日強度は早強セメントの3日強度と同等である。緊急工事，寒中工事に適する。

④ 中庸熱ポルトランドセメント（JIS R 5210）

水和熱を少なくするため C_3S と C_3A を少なくし C_2S を多くしたセメントである。ダムなどのマスコンクリート用として用いられるが，化学抵抗性（耐硫酸塩性，耐酸性）が高いことも特色である。

⑤ 低熱ポルトランドセメント（JIS R 5210）

C_2S を40％以上として，初期強度と水和熱は小さいが長期強度を大きくしたもので，高強度コンクリートや高流動コンクリートに用いる。

⑥ 耐硫酸塩ポルトランドセメント（JIS R 5210）

C_3A の含有量を4％以下に押え土壌中の硫酸塩，海水のように硫酸塩を含んだ水に対して抵抗性を高めたセメントで，海洋構造物，工場排水施設などに用いられる。

⑦ 白色ポルトランドセメント

Fe_2O_3 の量をごく少量に押え純白なセメントにしたもので，顔料を加えると任意の色が得られる。塗装用，装飾用として用いられる。

⑧ 高炉セメント（JIS R 5211）

ポルトランドセメントに高炉水砕スラグ粉末を混合したもの。高炉水砕スラグはアルカリ性刺激により水硬性を示す。耐食性，低熱性，耐熱性，水密性などに優れ，省資源の方向にも合致するので利用が拡大している。

⑨ シリカセメント（JIS R 5212）

シリカ質混和剤（ポゾラン）を混合したセメントで，ポゾラン反応〔SiO_2 と $Ca(OH)_2$ とが結合して不溶性水和物を生成する反応〕により水密性，耐久性，化学抵抗性に富む。

⑩ フライアッシュセメント（JIS R 5213）

中空球状の微粉炭の灰分であるフライアッシュを混合したセメントで，コンクリートの流動性を増し，水和熱が低く乾燥収縮量も少ない。ダム工事に多く利用される。

⑪ エコセメント（JIS R 5214）

都市ゴミを焼却したさいの灰を主原料とし下水汚泥などを加えて製造する資源リサイクル型のセメントで，製品1tにつきこれらの廃棄物を500kg以上使用する。塩化物イオン量が他のセメントより多くなる。

（3） 水

コンクリートの練り混ぜに用いる水は飲料に適するものであれば問題なく使用できる。水道水の利用できない場合には河川水，湖沼水，地下水などが用いられるが，河水には工場排水に含まれる各種物質，家庭排水中の洗剤が入る可能性があり，地下水にも特別の成分が溶解していたりするから注意を要する。浮遊物質は2 g/l 以下，溶解性蒸発残留分は1 g/l 以下，塩化物イオン量200 ppm 以下であれば使用可能とされている。レディーミクストコンクリートの洗浄排水から骨材を分離した残りの懸濁水（スラッジ水という）を練り混ぜ水として再使用する場合は水質管理が重要である。

海水の使用は，特に鉄筋コンクリート工事用の場合は厳禁されている。

（4） 骨材

（a） 骨材性質一般

骨材（aggregates）とはコンクリートまたはモルタル製造時にセメントペーストに加える砂・砂利・砕石等の総称である。骨材は粒径によって細骨材（fine aggregates）と粗骨材

(coarse aggregates) に分ける。細骨材は一般に 10 mm ふるいを全部通り，5 mm ふるいを重量で 90％以上通過する骨材をいい，粗骨材とは 5 mm ふるいに重量で 90％以上とどまる骨材をいう。

骨材の種類として次のように分けられる。

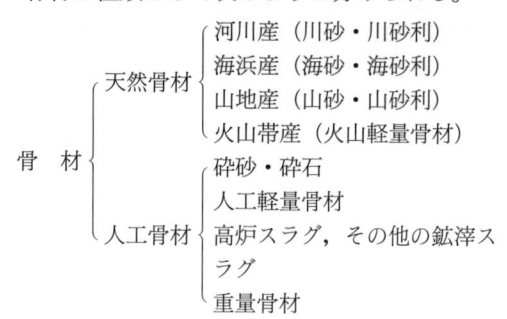

骨材 ┬ 天然骨材 ┬ 河川産（川砂・川砂利）
　　　│　　　　├ 海浜産（海砂・海砂利）
　　　│　　　　├ 山地産（山砂・山砂利）
　　　│　　　　└ 火山帯産（火山軽量骨材）
　　　└ 人工骨材 ┬ 砕砂・砕石
　　　　　　　　├ 人工軽量骨材
　　　　　　　　├ 高炉スラグ，その他の鉱滓スラグ
　　　　　　　　└ 重量骨材

骨材はコンクリートの容積の 70％以上を占める材料であるから，骨材品質によって，その骨材を用いてつくられたコンクリートの性質が著しく影響を受ける。たとえば骨材の種類を選ぶことによって，比重が 0.5〜5.0 の範囲のコンクリートが容易に得られる。また，特殊な性能をもったコンクリート，たとえば軽量コンクリート，断熱コンクリート，放射線遮へい用コンクリート，耐火構造用コンクリートなどを必要とする場合は，それに適した骨材を選ぶことによって得られる。まだ固まらないコンクリートの性質も，骨材の性質に大きく左右される。少ないセメントペースト量で打設しやすいコンクリートをつくるためには骨材の粒形・粒度が適当であることが必要である。

日本建築学会の「鉄筋コンクリート工事標準仕様書」(JASS 5) では"骨材は有害量のごみ・土・有機不純物などを含まず，所要の耐火性・耐久性を有するもの"とその一般的性質を規定している。

骨材に望ましい性質を通覧すると表 5.4 のとおりである。

(b) 石質と強度・耐久性・耐火性

骨材に適している岩石は安山岩，玄武岩，石灰岩，花崗岩，砂岩，はん岩などである。片麻岩，粘板岩などは硬いが，形状が扁平でコンクリート用には適さない。表 2.3 は JIS A 5003「石材」に示されている石材の物理的性質による分類であるが，構造用コンクリートの骨材としては表 2.3 の硬石の範囲にあるものが望ましい。軟質砂岩，凝灰岩，火山れきなど準硬石・軟石の多くは比重 2.5 以下で死石と俗称され，その混入によってコンクリート強度に低下をもたらす可能性がある。

粗骨材の強度試験方法としてはイギリス規格 BS-812 のように，円筒容器に骨材を詰めて，これをプランジャーで圧縮して破砕の程度で表現するものがある。構造用軽量コンクリート骨材（JIS A 5002）では，コンクリートの圧縮強度によって骨材の圧縮強度を評価している。

骨材中のシリカ質鉱物がセメントなどのアルカリ成分（Na^+，Ka^+）と化学的に反応して体積膨張を生じ，コンクリート表面にポップアウトと称する欠落を生じさせたり，重大なひび割れを生じさせたりする事故が米国，デンマークなどで古くからよく知られている。この反応をアルカリ骨材反応という。わが国でも 1980 年代からこの実例が多数報告されるようになった。図 5.7 はこの実例である。

コンクリートの耐火性は骨材自体の耐火性に依存することは自明であるが，骨材の耐火特性

表 5.4 骨材に望ましい性質

項　目	望ましい性質
強　度	コンクリート中の硬化したセメントペーストの強度以上の強度
原石の種類	節理のある水成岩，変成岩が大半を占めるものは不適当
有機不純物	水和反応に影響を与える量を含まない
塩　分	骨材重量の 0.04％以下
粒　形	扁平なもの，細長いもの，角の鋭角的なものは不適当
粒　度	細粗粒径がまんべんなく分布しているもの
泥　分	骨材重量の 3％以下
安定性	化学作用（特にアルカリ骨材反応を起こさない），凍結融解などに対して安定

図5.7 アルカリ骨材反応の実例

は石質によって特徴がある。図2.1に示すように花崗岩は結晶組成の膨張差によって500〜600℃で急激に強度低下を生じるため，耐火性を要する場合は用いないほうがよい。

（c） 密度，吸水率，単位容積質量

骨材の密度は石質と風化の程度によって決まる骨材固有の性質であり，天然骨材では，2.5〜2.7 g/cm³の範囲である。一般に密度の大きい骨材は組織が緻密で空隙も少なく，強度・吸水性・耐久性・安定性などの点で優れているので，密度の値は骨材の性能を表すよい指標である。この一例を図5.8に示す。

後に述べるように，コンクリートの性質はコンクリート中に含まれる水の量によって大きく影響される。したがって使用する骨材の水分を正確に知っておく必要がある。乾燥した骨材を用いると，練り混ぜに用いた水の一部は骨材に吸収され，濡れた骨材に用いると，骨材表面についた水がコンクリート中に放出される。骨材の吸水状態を表現するために図5.9のような状態を定義している。表乾状態はコンクリート製造時に骨材からの水の出入りがない状態であるから，基準状態とされている。したがって，密度などの値も特にことわらない場合は表乾状態の密度を示す。図5.9で示すように絶乾状態から表乾状態になるまでに吸水される水量を吸水量といい，通常24時間浸水における吸水量について絶乾状態の骨材重量の百分率で表した値を吸水率という。同様に表面水量の表乾状態の骨材重量に対する百分率を表面水率という。普通骨材の吸水率は細骨材で1〜4％，粗骨材で0.5〜3％程度である。

骨材の単位容積質量とは，容器に骨材を詰めたときの1ℓ当りの質量（kg）をいい，骨材の密度・粒度・粒形・吸水状態・詰め方によって異なる。容器内で骨材粒が占める体積百分率を実績率，骨材間の空隙の占める体積百分率を空隙率という。

空隙率をv，実績率をd，骨材密度をρ (t/m³)，単位容積質量をw (t/m³)とすれば，

$$d(\%) = \frac{w}{\rho} \times 100$$

$$v(\%) = \left(1 - \frac{w}{\rho}\right) \times 100 = 100 - d$$

となり，実績率が大きいほどコンクリートの一定容積を得るのにセメントペーストが少なくて

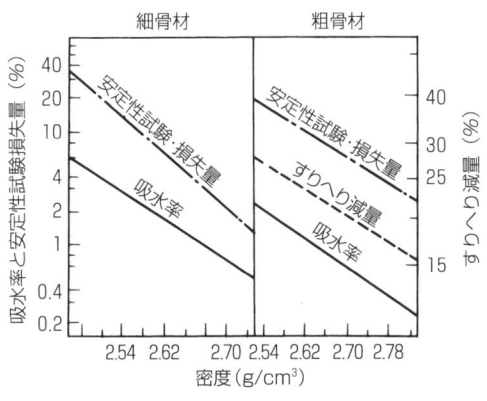

図5.8 骨材の密度と吸水率，安定性，すりへり減量との関係[12]

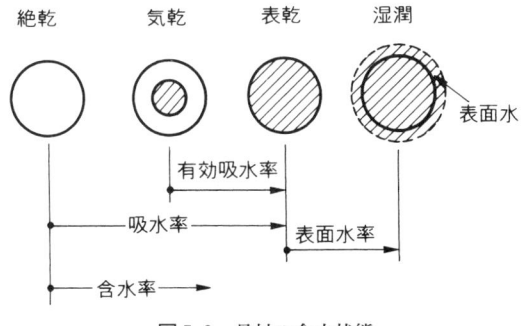

図5.9 骨材の含水状態

済み，すべてに性能のよいコンクリートが得られる。

（d） 最大寸法，粒形および粒度

図5.10に示すように粗骨材の最大寸法が大きいほど，所要の品質のコンクリートを得るために要する単位水量，セメント量ともに減少して経済的となる。しかし，施工面からの制約で最大寸法は制限される。すなわち，構造物の部材断面寸法，鉄筋間隔，ポンプなどの施工機械などから寸法が決められる。建築構造物では大部分が25 mmまたは20 mm以内の最大粒径のものが用いられる。

骨材粒の形状は丸みをもった球形に近いものが望ましい。細長いもの扁平なものは折損しやすく，空隙率が大きくなり，コンクリート中の単位水量の増加を招き適当でない。

骨材の粒度（grading）とは，骨材の大小粒が混合している程度をいう。粒度はふるい分け試験（sieve analysis test）によって求めその結果を図5.11のように粒度曲線（grading curve）で表現する。図5.11はJASS 5で示している粒度の上下限を表しており，この幅の中へ入るものを用いる。図5.11に記入したF.M.は，骨材の粒度を数値として示す1つの方法としての粗粒率（F. M.：fineness modulus）の略記号である。F.M.は80，40，20，10，5，2.5，1.2，0.6，0.3，0.15 mmの10枚のふるいの各ふるいに止るものの全重量に対する百分率の総和を100で割った値である。表5.5

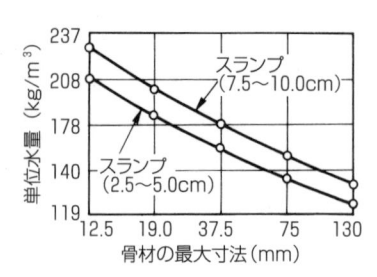

図5.10 普通コンクリートの単位水量におよぼす骨材寸法の影響[13]

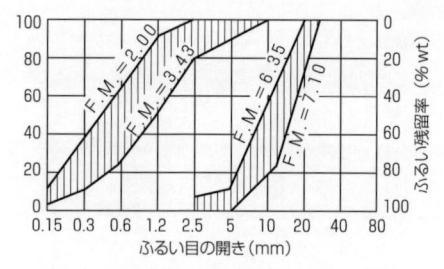

図5.11 細骨材と粗骨材（25 mm以下）の標準的な粒度範囲およびF. M.

表5.5 粗粒率の計算

ふるい目 (mm)	各ふるいに残留するものの重量百分率 r (%)	
	粗骨材	細骨材
80	0	0
40	5	0
20	65	0
10	90	0
5	98	4
2.5	100	15
1.2	100	37
0.6	100	62
0.3	100	84
0.15	100	98
粗粒率 $\Sigma r/100$	7.58	3.00

に計算例を示す。

（e） 含有不純物

骨材中の不純物としては，ごみ・シルト・粘土などの微細物質・雲母質・泥炭質・腐食土などの有機物および化学塩類などがあげられ，一般にコンクリート強度・耐久性・安定性などに有害である。

海砂の塩分含有量は採取場所，深さなどによって異なるが，およそ0.1〜0.3％程度である。コンクリート中に塩分が多量に含有していることは鉄筋コンクリート構造の鉄筋などの鋼材に錆を生じさせる要因となるので，含有量を制限する必要がある。JASS 5では0.04％以下としている。

以上の諸要因を考慮して，JASS 5では粗骨材と細骨材の品質を表5.6のように規定してい

表5.6 普通骨材の品質規定（JASS 5）

種類	絶乾密度 (g/cm³)	吸水率 (%)	粘土塊量 (%)	微粒分量試験によって失われる量 (%)	有利不純物	塩化物 (NaClとして) (%)
砂利	2.5以上	3.0以下	0.2以下	1.0以下	—	—
砂	2.5以上	3.5以下	1.0以下	3.0以下	標準色より濃くない	0.04以下

る。

(f) 各種骨材

① 砕石

コンクリート用粗骨材の中で砕石を含まないものはむしろ例外的であり，広く砕石が利用されている。砕石は川砂利と比較して角ばっており表面が粗いので，川砂利を用いた場合と同じ調合ならコンクリートのワーカビリチーは悪くなる。しかしモルタルとの付着性を増すので，強度は砕石のほうが大きくなる。砕石の粒形は実績率で表されるが，JIS A 5005「コンクリート用砕石」では，最大寸法20 mmの場合では実績率を55%以上としている。

最近では細骨材にも砕砂を用いる場合が増えている。砕砂を用いるとコンクリートの単位水量が増大するので，AE減水剤を有効に利用する必要がある。

② 人工軽量骨材

構造用の市販品は膨張けつ岩のものが大半であり，細骨材の密度は$1.6 \sim 1.7 \mathrm{g/cm^3}$，粗骨材の密度は$1.25 \sim 1.35 \mathrm{g/cm^3}$であり，吸水率は10%程度の高級な品質のものである。非造粒型は原石を破砕してそのまま焼成したものであり，造粒型は原料を微粉砕した後，水で造粒してから焼成するもので，粒形は真球に近い。人工軽量骨材の製造はセメントの製法とほとんど同様のため，エネルギー価格の高騰によりコスト高となり，超高層建物での床構造等，特に軽量化が有効な場合にしか用いられない。さらに軽量化した骨材の開発が進んでいる。

③ 高炉スラグ骨材，その他の鉱滓スラグ骨材

高炉スラグ骨材は高炉から出るスラグを空気中で除冷して砕いたものであり，粗骨材として多用されるが，最近では細骨材としても用いられるようになった。冷却時の速度により，密度が変動するが密度$2.4 \sim 2.6 \mathrm{g/cm^3}$程度のものが造られている。表5.7はJIS A 5011による分類を示す。高炉スラグは骨材としての用途以外にも水さいとして高炉セメント用に，ロックウールとして断熱用になど，広く応用が開発されている副産物である。その他のスラグ骨材としてフェロニッケルスラグ骨材，銅スラグ骨材等がある。

④ 重量骨材

放射線遮へい用コンクリートには重量骨材を用いる。重量骨材は鉄（密度$7 \sim 8 \mathrm{g/cm^3}$），鉄鉱石（$4 \sim 5 \mathrm{g/cm^3}$），重晶石（$4 \sim 5 \mathrm{g/cm^3}$）などが用いられる。

⑤ 再生骨材

高度成長期に建設された多数のコンクリート構造物が解体される時期を迎え，コンクリート塊の再利用が社会的要求となっている。コンクリート塊のままでは性能上用途が限られるので，破砕加工してコンクリート用骨材としての再利用が促進されている。砕く工程をていねいに重ねるほどもとの骨材と近い品質のものが得

表5.7 高炉スラグ粗骨材の分類（JIS A 5011-1）

区分	絶乾密度(g/cm³)	吸水率(%)	単位容積質量 (kg/l)
L	2.2以上	6.0以下	1.25以上
N	2.4以上	4.0以下	1.35以上

られるようになるから，加工に要するコストと骨材の品質とのバランスが重要となる。

（5） 混和材料

コンクリートの製造にセメント・水・骨材に加えて第四番目の成分である混和材料を広く用いるようになったことは最近のコンクリート工学の進歩の中で特筆すべきことである。混和材料のうち，使用量が比較的多くその容積を無視できないものを混和材，容積を無視できるものを混和剤という。

① AE剤（air entraining agent）

AE剤は界面活性剤の一種であり，起泡性に優れたものである。AE剤によって連行された空気をエントレインドエア（entrained air），気泡を連用されたコンクリートをAEコンクリートという。エントレインドエアは20〜200 μ の微小な泡のため，フレッシュコンクリートの流動性をよくし，固まったコンクリートの凍結融解に対する抵抗性を増大させる。

② 減水剤（water reducing agent）

減水剤はセメント粒子に作用して，コンクリート練り混ぜ時に粒子を分散させる効果を与えるものである。セメント粒子が分散すると粒子間に水が浸透し，セメントペーストの軟度を増し，水和反応を生じるセメント粒子の表面積を増すから，強度発現もよくなる。減水剤にはAE効果をも与えるAE減水剤が多く，この場合の減水効果はより著しくなり，同じ軟度を与えるのに要する単位水量を10〜15％程度減少させることができる。また減水剤にはコンクリート凝結時間を促進したり（促進型減水剤），遅延したり（遅延型減水剤）するものもある。高強度や高流動など高性能コンクリート（high performance concrete）の最近の急速な発展は減水剤などの化学混和剤の高性能化によるところが大きい。

③ 促進剤（accelerater）

促進剤はセメントの水和反応を促進させるもので，その代表的なものは塩化カルシウムである。たとえば冬期の硬化促進，工場生産における脱型材齢の短縮に利用する。

④ 遅延剤（retarder）

遅延剤はセメントの水和反応を遅らせるもので，凝結時間を長くする。暑中コンクリートの施工，運搬に長時間を要する施工に有効に用いられる。

⑤ 防水剤（water-proofing agent）

モルタル，コンクリートの吸水性，透水性を減じる目的で用いるもので，塩化カルシウム系，珪酸ソーダ系，高分子エマルジョン系など多種類のものがある。コンクリート中の空隙を塞ぎ，組織を緻密にすることを狙ったものである。

⑥ 発泡剤（gas-foaming agent）

アルミニウムや亜鉛などの粉末をコンクリートに入れると水酸化物と反応して水素ガスを発生する。コンクリート中に多量の気泡を発生させて，比重の低減，断熱性の向上を計る場合に用いる。ALCの製造はこの方法によっている。

⑦ 防錆剤（corrosion-inhibiting agent, inhibitor）

海砂を利用する場合等，コンクリート中に塩分が含まれる場合の鋼材の防錆に用いるもので，亜硝酸ナトリウム，安息香酸ナトリウムなどを成分としている。

⑧ ポゾラン（pozzolan）

活性シリカ質の微粉で，コンクリート中の水酸化カルシウムと反応して不溶性化合物を生成するものをいう。長期強度を強大させ，水密

性・化学抵抗性が向上する。高強度コンクリートの製造に用いられるシリカヒュームは金属シリコン等を製造する場合の副産物として得られる超微粒子であり，ポゾラン物質の1つである。ヒューム（煙）とよばれるようにミクロ以下の微粒子であるので通常は水に懸濁させたスラリーとして利用する。

⑨ **フライアッシュ（fly ash）**

火力発電所などの粉炭燃焼ボイラーからの廃ガス中に含まれる灰の微粒子を集塵機で集めたものである。ポゾランの一種であるが粒子の形状が球形をしており，ボールベアリングの効果を発揮して減水効果が発揮される。

⑩ **高炉スラグ微粉末（blast furnace slag）**

溶融高炉スラグを炉底から排出する場合に冷水等で急冷すると小さな砂粒状になり，ガラス質を呈する。急冷塩基性高炉スラグ（水さい）といい潜在水硬性を持ち，粉砕して高炉セメントの原料となる。

(6) まだ固まらないコンクリートの性質

(a) ワーカビリチー（workability）

まだ固まらないコンクリートは運搬・打込み・締固め・仕上げが容易で，しかも材料が分離したり，過度の浮き水が生じたりすることなく，適当な軟らかさと組成をもっていることが望まれる。このような性質を満たすコンクリートをワーカブルなコンクリートという。また，この望ましい性質の程度をワーカビリチーという。このほか，まだ固まらないコンクリートの性質を表現する用語として次のものがある。

① **コンシステンシー（consistency）**

主として水量の多少によって決まる軟らかさの程度

② **プラスチシチー（plasticity）**

容易に型に詰めることができ，型を取り去るとゆっくり型を変えるが，くずれたり，分離したりしないこと（簡単にいえば"ねばっこさ"のこと）

③ **フィニッシャビリチー（finishability）**

仕上げの容易さの程度

(b) ワーカビリチーの測定法

ワーカビリチーの内容には，変形に対する抵抗性，流動し始めるときの力，流動後の変形速度，材料分離に対する抵抗性などを含んでいる。これらの諸性質を迅速かつ適確に測定できる試験法はまだない。しかし，コンクリートのワーカビリチーはコンシステンシーに左右される傾向が強いので，一般にはコンシステンシーを測定して，その結果から判断している。現在実用化されている測定法はスランプ試験，スランプフロー試験，締固め係数試験などがあるが，その簡便さからスランプ試験が圧倒的に広く用いられている。

① **スランプ試験（slump test），スランプフロー試験（slump-flow test）**

JIS A 1101に規定されている方法で図5.12に説明されている。高さ30 cmのスランプコーンの中に3層に分けて突き棒で各25回突かれたコンクリートからコーンをとりさった場合のコンクリートの上面の下がりをcmで表した値をスランプという。スランプは3〜18 cm程度の範囲でかなりコンシステンシーの差を判別できるが，この範囲以外では分解能が悪い。スランプ試験でコンクリートの拡がりを測った値をスランプフローとよび，流動性を表す指標として用いられる。50〜70 cmの範囲が標準的である。フローが50 cmに達する時間，フローが停止するまでの時間も流動性判定に活用される。

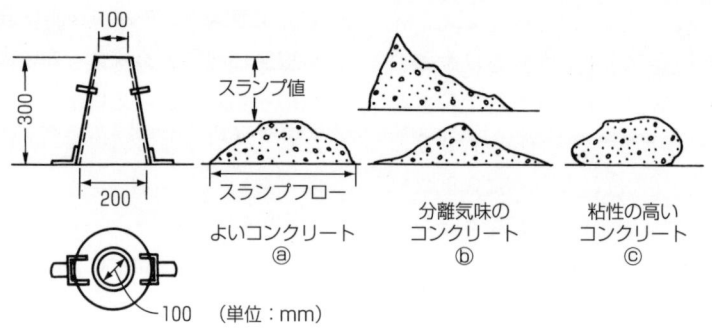

図5.12 コンクリートのスランプ試験，スランプフロー試験

② 締固め係数試験
（compacting factor test）

図5.13のように容器AからB，BからCへとコンクリートを落下させて，容器Cを満たしたコンクリートの重量（w）を測定する。次に容器Cの中にコンクリートを十分締め固めて詰めた場合の重量（W）を測定する。締固め係数 $C.F.=w/W$ を求める。スランプの差が生じない硬練りの場合の指標として有効である。

(c) 材料の分離

材料の分離（segregation）とは，コンクリートが振動や重力などの外力を受けて，コンクリート中の材料が比重の大小，粒子の形・大きさの差，液状と粒状の差などによって，構成成分が分離することをいう。分離が著しいと，硬化後のコンクリートに「す」や「豆板」と称する骨材が塊状に固まった隙間の多い欠陥部（ジャンカ）ができる。水分の多すぎるコンクリート，セメント分の過少なコンクリート，細骨材の少ない（特に0.3mm以下の微粒子の少ない）コンクリートは分離を起こしやすい。またコンクリート打設時に過度にバイブレーターをかけたときにも図5.14のように分離する。

(d) ブリージング，沈下，レイタンス

コンクリートを打ち込んだ後しばらく時間を置くと，固体粒子は沈下（settlement）し，水が上昇してコンクリート表面に浮き出てくる。この現象をブリージング（bleeding）という。ブリージングも一種の分離であり，ブリージン

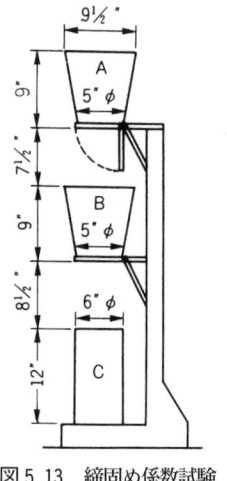

図5.13 締固め係数試験装置(BS 1881)

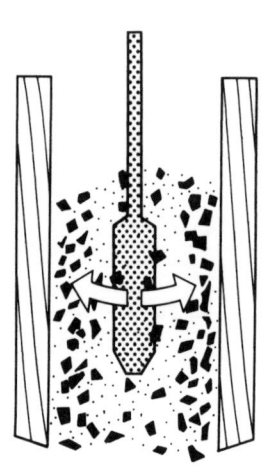

図5.14 バイブレーターによる分離

グが多いと上部のコンクリートが多孔質となり，強度・剛性・耐久性・水密性を減じる。また図5.15のように骨材下面や水平鉄筋の下面に空隙を生じ，水平鉄筋に沿ってかぶり部分のコンクリートが割れた状態になる。これを沈みひび割れという。ブリージングは打込み後数時間で停まり，水分が蒸発したり再びコンクリートに吸収されてしまうので，その直後に表面を叩く（これをタンピングtampingという）と沈みひび割れはなくなる。適度のブリージングはフィニッシャビリチーに不可欠であるが，ブリージングは混和剤の利用によって，かなり少なくすることができる。

ブリージングにはセメント中の微粒子や他の不純物が溶け込んでいるから，ブリージングがひくと跡に白い層が残る。これをレイタンス（laitance）といい，打継ぎ面が不連続となり欠陥部となる。凝結が始まる前であれば，打継ぎ面を貫くようにバイブレーターをかければ不連続面はなくなる。

夏期で風が強い日などでブリージング水の蒸発速度が早く，まだ固まらないコンクリート表面部から水分が蒸発すると，表面に網状のひび割れが発生する。これをプラスチック収縮クラック（plastic shrinkage crack）という。

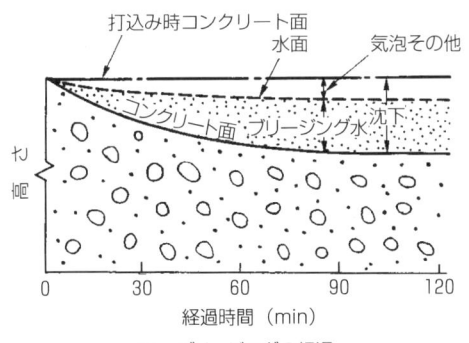

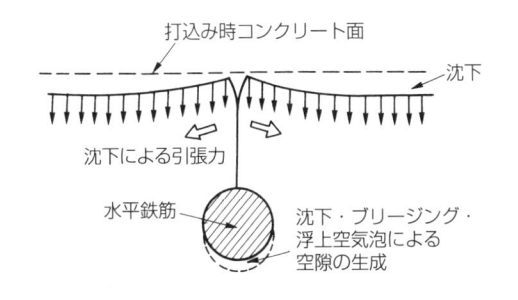

(7) 固まったコンクリートの性質

(a) 概説

コンクリートの強度には圧縮・引張・曲げ・せん断の各強度があるが，単に強度といえば圧縮強度を指す。これは圧縮強度が他の強度に比べて著しく大きいこと，試験法が容易であること，圧縮強度がわかれば他の強度はおよそ推定できることなどの理由によっている。また，圧縮強度がわかれば，骨材種類に応じて，弾性係数や応力-ひずみ曲線の概要を推定することができる。

コンクリート圧縮強度といえば一般に材齢28日における強度をいうが，材齢以外に強度に影響を与える要因は極めて多い。これらの要因をまとめると次のようになる。

① 材料の品質：セメント，骨材，水，混和材料の品質
② 調　合：水セメント比，セメント量，水量，細粗骨材比，混和材料の量
③ 施工方法：練り混ぜ法，打込み法，締固め法
④ 養生方法：温度の履歴，湿度の履歴
⑤ 材　齢：（養生方法と相関がある）
⑥ 載荷方法：供試体の形状・寸法，載荷速度

固まったコンクリートの品質のうち圧縮強度が最も重要な指標であるが，強度だけが品質のすべてを代表するわけではない。たとえば，凍結融解・中性化・塩分・その他の化学物質などに対する抵抗性も固まったコンクリートに要求される重要な性能である。これらを総括して耐久性（durability）とよばれる場合が多い。ま

図 5.15　コンクリートの沈下とひび割れ[14)]

た，各種の容器構造物では高温・低温に対する性能，火災の場合の耐火性も固まったコンクリートに要求される性能である。

(b) 強度原則

コンクリートの強度は前項(a)で述べたように多くの要因によって左右されるが，このうち，調合以外の条件，すなわち，同一の材料を用い，施工方法・養生・材齢・試験法を一定とした場合のコンクリート強度を支配する法則を強度原則（strength theory）といっており，古くから多くの研究者によって様々な表現で提唱されている。このうちの代表的なものは水セメント比説（water cement ratio theory）と空隙比説（void ratio theory）である。これらの説は枝葉末節を大胆に無視した簡明さのために長く重宝されている。

① 水セメント比説

1919年にD. A. Abramsが提唱した説で今日まで広く用いられている。すなわち「堅硬な骨材を用いたコンクリートで，ワーカビリチーが適当であれば，コンクリートの強度は水とセメントの比によって決まる」とするものである。この説の概念を図に示したのが，図5.16である。セメント：砂：砂利の比の異なる3種類のコンクリートに一定量の水を徐々に加えていくと，図5.16のような強度と水セメント比の関係が得られる。図中の点線の部分はワーカビリチーが不十分な範囲であり，この部分を除いた共通部分（実線部分）で水セメント比説が成立する。もし，締固め方法を変えてワーカビリチーの不足の部分を十分に締め固めると図5.17のように，水セメント比説の成立する範囲が拡がる。Abramsはこの実線部分を次式で表現した。

$$Fc = A/B^{w/c} \quad \cdots\cdots\cdots\cdots\cdots (5.1)$$

F_c：圧縮強度，w/c：水セメント比，A，B：使用材料によって決まる係数である。

水セメント比説に立脚した実用式は数多く提示されている。

コンクリートの生産は，その地方で有効に利用できる骨材資源を活用して所要の品質を得るように調合を調節して行うのが正しいから，最近のように骨材品質に地方性が明確になると，一般性のある水セメント比決定式は定義できない。実際に使用する材料を用いて，"試し練り"を数回行い，工事ごとに実用関係式を決定するのが妥当な方法である。この場合，水セメント比の代わりにセメント水比と強度の関係をプロットするとほぼ直線状になることを利用すれば便利である。セメント水比と強度の関係を，わざわざセメント水比説という場合があり，次式の直線関係として1925年にI. Lyseが提唱した。

$$Fc = a + b(c/w) \quad \cdots\cdots\cdots\cdots (5.2)$$

② 空隙比説

1921年にA. N. Talbotが提唱したもので，「圧縮強度は空隙セメント比によって決まる」とする説である。空隙にはワーカビリチー不足

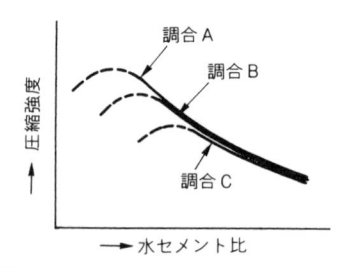

図5.16 水セメント比説（調合の影響）

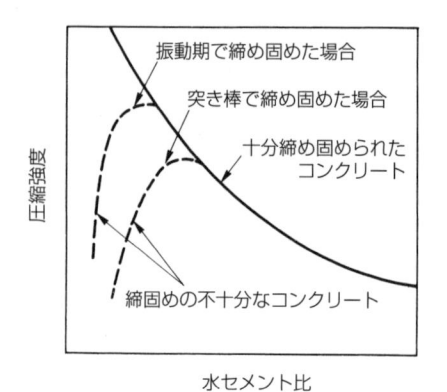

図5.17 水セメント比説（締固めの影響）

のためエントラップトエア（entrapped air）や，AE剤によるエントレインドエア（entrained air）のように最初から空気泡として存在する空隙と，セメントと反応しない余剰水が蒸発して生じる空隙からなると考えると，水セメント比説より機構的な説明と思われるが，実用的に不便であるのであまり利用されない。

$$Fc = A \times \left(1 + \frac{v}{c}\right)^{-0.25} \quad \cdots\cdots\cdots (5.3)$$

Aは実験定数，vは単位容積当りの空隙，cは単位容積当りのセメントの絶対容積である。

③ ゲル空隙比説

1946年にT. C. Powersが提唱したもので，現状では最も進歩した理論式である。w/c 一定でも，強度は水和の程度に依存するし，水和反応を行う温度によっても変わる。前述の2説ではこれを説明できない。そこで，水和生成物（セメントゲル）が本来占めることができる空隙のうちで，どの程度を占めているか，すなわちゲル空隙比（gel space ratio）で強度を表現しようとするものである。

$$\text{ゲル空隙比} = \frac{\text{水和セメントペーストの容積}}{\text{セメントの容積} + \text{毛細空隙の容積}}$$

1 cm³ のセメントは水和して 2.06 cm³ のセメントゲルとなるからゲル空隙比を x とすると

$$x = \frac{2.06 c v_c a}{c v_c a + w_0} \quad \cdots\cdots\cdots\cdots\cdots (5.4)$$

となる。
（c はセメントの質量，v_c はセメントの単位質量当り容積，w_0 は練り混ぜ水の容積，a は水和済みのセメントの比率である）

Powersによると，コンクリート強度は x^3 に比例し，材齢や配合とは無関係に成立する。A cm³ の空気量があれば

$$x = \frac{2.06 c v_c a}{c v_c a + w_0 + A} \quad \cdots\cdots\cdots (5.5)$$

となる。

(c) 圧縮試験法と強度

金属のような結晶性材料と違って，コンクリートの強度は試験法の影響を強くうける。というより強度は試験法を定めてはじめて定義される一種の約束のような数値で，コンクリートの材料特性としての破壊との関連性は不明確である。たとえば，同じコンクリートを用いて $\phi 15 \times 30$ cm のシリンダー供試体と20 cmの立方体供試体を同じように製作して圧縮強度を求めると立方体のほうが15％程度高い強度となる。また，このシリンダーの端面と試験機加圧板との間にシリコングリースを塗る（摩擦を減じる初歩的な方法）と，塗らないものより確実に強度が低下する。また試験時に供試体が乾いているほうが濡れている場合より10～20％高い強度となる。このようにコンクリートの強度を論じる場合には必ず試験法を吟味しなければならない。特に言及されない場合は標準試験法と考えてよい。

標準的な供試体の作り方はJIS A 1132に，圧縮試験方法はJIS A 1108に規定されている。その概要を示すと，

1）**供試体形状・寸法**：直径の2倍の高さをもつ円柱形とし，直径は粗骨材の最大寸法の3倍以上かつ10 cm以上の範囲で選んでよい。標準径10, 12.5, 15 cmのうち，建築分野では $\phi 10 \times 20$ 円柱形を用いる場合がほとんどである。

2）**打込み**：突き棒または内部振動機を用いて所定の締固めを行う。

3）**キャッピング**：円柱形の上面を軸に垂直な平面に仕上げる。キャッピングはできるだけ薄くするのがよく，2 mm以内とされている。キャッピングはセメントペースト（$w/c=27～30％$）を用いて，型枠取りはずし以前に行う場合と，イオウと鉱物質の粉末を用いて，取りはずし後に行う場合がある。未処理端面を研磨する方法やゴムパットと鋼製キャップをかぶせるアンボンドキャッピング法も用いられ

る。

4）**脱型時期および養生**：脱型は打設後 24 時間以上 48 時間以内を原則とする。脱型後すぐ 20±2℃の温度で湿潤状態（水中・湿砂中・飽和湿気中）で試験直前まで養生する。供試体打込みから標準養生開始までの温湿環境が，圧縮強度などの性能に与える影響が大きいことが軽視される傾向がある。

5）**圧縮試験**：所定の養生を終わった直後に試験する。試験機の加圧板と供試体の端面は直接接触させて，介在物を入れない。荷重速度毎秒 $0.6±0.4\,N/mm^2$ を標準とする。コンクリートの圧縮強度は同じ形状でも供試体の寸法が小さくなるほど強度が大きくなり，円柱形でも高さ／直径の比が小さくなるほど強度が大きくなる。また載荷速度の増加に伴って強度が増加する。

(d) **施工方法と強度**

練り混ぜに要する時間はコンクリートの調合やミキサーの性能によって異なるが，一般に 3 分間程度で十分であり，長時間練り続ける場合を除いて，練り混ぜ時間はコンクリートの品質にあまり影響を与えない。

コンクリートを練り混ぜ後，放置したものを水を加えずに練り返して打ち込むと打込み可能なワーカビリチーを保っているかぎり一般に強度は高くなる。軟練りコンクリート，硬練りコンクリートのいずれに対しても振動機を用いて締め固めることによって密実なコンクリートが得られる。しかし軟練りの場合は振動時間が長すぎると分離を生じ，強度低下の原因となる。

(e) **養生方法および材齢と強度**

養生（curing）とはコンクリート打設後，水和反応が支障なく進行するように，適当な温度と十分な湿度をコンクリートに一様に与え，有害な作用がコンクリートに生じないように保護することである。養生方法は種々の方法が考えられるが，打設後数日から 1 週間は必ず湿潤養生を行って水分が急激に逸散しないようにするのが常識である。

外気温が低い場合や，工場生産で脱型時間を短縮する場合には，水和反応を促進するために高温養生を行う。高温養生には蒸気養生・温水養生・電熱養生などが実用化されている。100℃以上の高温を与えるために高圧蒸気養生（オートクレーブ養生）を行う方法が二次製品の生産に広く応用されている。

図 5.18 は湿潤養生を種々の材齢で中止して気中放置した場合の強度の変化を示す例である。乾燥開始の初期の強度の増大と，乾燥した場合の長期材齢での強度の伸びなやみ，またはわずかの減退傾向が特徴である。図 5.19 は

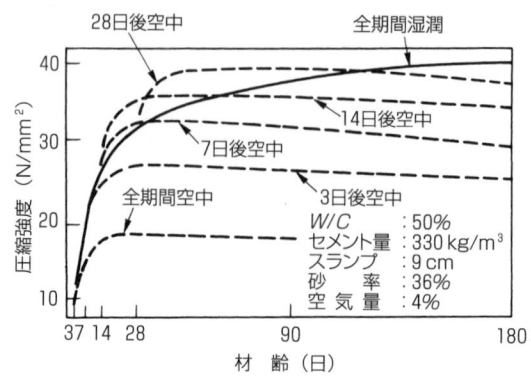

図 5.18 湿潤養生コンクリートを気中乾燥させた場合の影響[15]

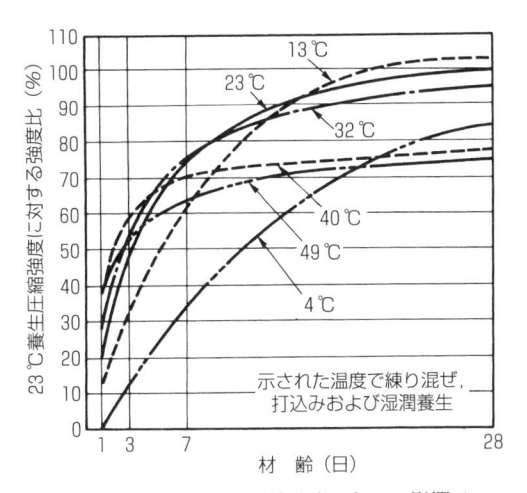

図 5.19 養生温度の圧縮強度に与える影響[16]

種々の温度で湿潤養生を行った場合の強度に与える影響を示す一例である。高温になるほど特に初期材齢での強度発現が著しいが，長期材齢では強度増進は期待できないことが特徴的である。

養生温度と発現強度の関係を表現する考え方として積算温度（maturity）方式がよく知られている。ある材齢 n（日）までの積算温度 M（°C・日）は次式で与えられる。

$$M = \sum_{i=1}^{n}(10 + T_i) \quad\quad (5.6)$$

（T_i：材齢 i におけるコンクリートの日平均養生温度°C）

同じ M 値を与えると同じ強度が発現されるという考え方であり，たとえば標準養生 28 日材齢では $M = (20+10) \times 28 = 840$ °C日となり，養生温度 5 °Cの場合には同じ強度に達するためには同一 M 値を与える材齢として 56 日が必要となる。M 値と圧縮強度との関係式としては，

$$F_c = \alpha \log_{10} M + \beta \quad\quad (5.7)$$

とすることが提案されている。積算温度の考え方は非常に便利に利用できるが，適用可能な限度については明確になっていない。

（f）圧縮強度以外の諸強度

① 引張強度

コンクリートの引張強度は圧縮強度に比べて極めて小さく，およそ圧縮強度の 1/10～1/14 である。鉄筋コンクリート部材の曲げに対する設計ではコンクリートの引張強度を無視して計算するのが普通である。しかし鉄筋コンクリート部材中で引張強度以内の引張応力が有効に働いて，はじめて部材の性能が得られているのであって，引張強度が不要なわけではない。

引張強度の試験法には，JIS A 1113 に規定されている割裂引張強度試験法（splitting tensile strength test）が一般に用いられている。図 5.20 のように円柱の母線に沿う線荷重を与え，弾性学から導かれる次式によって引張強度 F_t を求める。

$$F_t = \frac{2P}{\pi dl} \quad\quad (5.8)$$

（P：破壊時の最大荷重，d，l は円柱形供試体のそれぞれ直径と高さ）

割裂試験で求めた引張強度は直接引張試験より求めた値よりやや大きいといわれる。これは直接引張が最弱面で破壊するのに対して，割裂では破壊面を強制するのが原因の1つである。一方，割裂試験では引張方向と直交する方向（線荷重を結ぶ方向）に圧縮応力が生じているが，この影響はむしろ引張強度を低下させる作用をする。母線方向に一様な応力状態を仮定しているので，加圧板の曲げ剛性が大きいことと，直径の 2 倍以下のなるべく短い高さの円筒形の供試体であることが信頼性のある結果を得るために大切である。$\phi 15 \times 20$ cm の供試体が

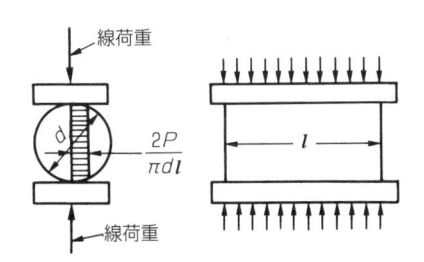

図 5.20 引張強度試験方法（JIS A 1113）

② 曲げ強度

曲げ強度（moduslus of rupture）とは曲げ試験における最大曲げモーメントを断面の断面係数で割った値をいう。これは，曲げ応力の断面内分布を破壊時においても断面中央高さを中立軸とする弾性分布と仮定して算定した縁応力度である。実際にはコンクリートの引張側の塑性変形のために図5.21のような応力分布をするので，曲げ強度は引張強度の1.5～2.0倍の値になる。

JIS A 1106による曲げ試験法では供試体（$15\times15\times53$，または$10\times10\times40$ cm）に3等分点載荷を行い，次の式によって曲げ強度σ_bを算定する。

$$\sigma_b = \frac{M}{Z} \quad (Z=\frac{bh^2}{6}, \ b：幅, \ h：高さ) \qquad (5.9)$$

曲げ強度は道路関係のコンクリートの品質指標として一般に用いられる。

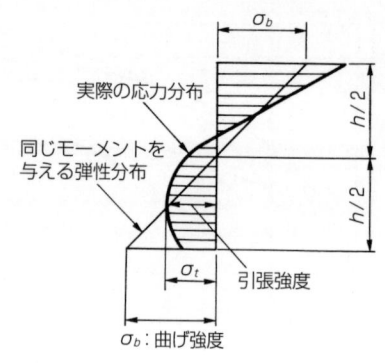

図5.21 曲げ強度と断面内応力分布

③ せん断強度

コンクリートがいわゆる直接せん断を受けてせん断面に沿って破壊する場合の強度をせん断強度と定義する場合が多い。図5.22の(a)，(b)のような試験法が代表的なものである。この直接せん断強度は$1/4\sim1/2 F_c$程度となるが試験法によって強度も著しく異なる傾向がある。真のせん断強度（何が真かは不明だが上述の滑り面を強制した直接せん断強度に対して真のせん断強度という）としては図5.22の(c)のように中空円筒のねじり試験法によって求められる強度をいう場合がある。また図5.23のように，Mohr-Coulonの破壊説にもとづいて，せん断強度τ_sを算定する場合もある。

$$\tau_s = \sqrt{\sigma_c \sigma_t}/2 \qquad (5.10)$$

と与えられる。

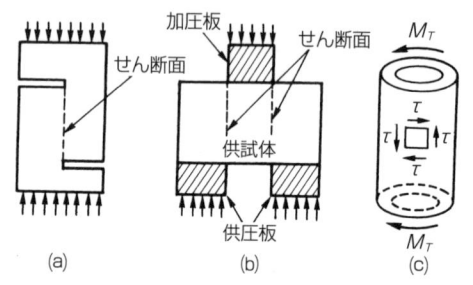

図5.22 せん断試験〔(a), (b)：直接せん断，(c)純せん断〕

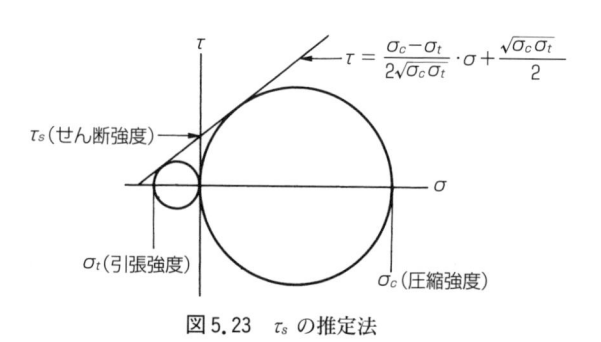

図5.23 τ_sの推定法

④ 付着強度

鉄筋コンクリート構造は鉄筋とコンクリートが一体となって荷重に抵抗する構造であり鉄筋からコンクリートへ，コンクリートから鉄筋へと力の移行がスムーズに行われることがポイントである。このためには付着強度（bond strength）が必要であり，異形鉄筋が用いられる。

付着強度は鉄筋とコンクリートの境界面が破壊される場合と，付着応力によってコンクリートへ伝達された力で，鉄筋周囲のコンクリートが破壊される場合がある。丸鋼では前者の場

合，異形鉄筋では後者の場合が一般的である。付着強度は主に鉄筋周囲のコンクリートに与えられる応力状態によって大きく異なるので，単一の試験法で一般的な結果を得ることが困難であり，標準的な試験法の規格はわが国にはない。一般によく用いられる試験法を図5.24に示す。これらの試験法では鉄筋に加わる最大引張力を埋め込まれた鉄筋表面積 πdl で割った平均付着応力を付着強度 τ_B とするのが普通である。

$$\tau_B = \frac{P_s}{\pi dl} = \frac{d}{4l}\sigma_s \quad \cdots\cdots\cdots\cdots (5.11)$$

（l：鉄筋の埋込み長さ，d：鉄筋径，σ_s：付着によって伝えられる鉄筋最大応力度）

⑤ 支圧強度

支圧強度（bearing strength）は載荷される面積が局所的に限られた場合のコンクリートの圧縮強度をいう。図5.25のように局部載荷荷重 P を支圧面積 A' で割って支圧強度 σ_c' と定義する。支圧強度 σ_c' は支承面積 A（図5.25で底面積 ab）と支圧面積 A'（図5.25で $a'b'$）の比，および供試体の高さ h によって変化するが，一般に下式のような形で整理される場合が多い。

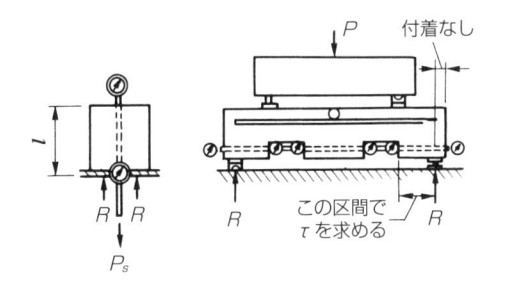

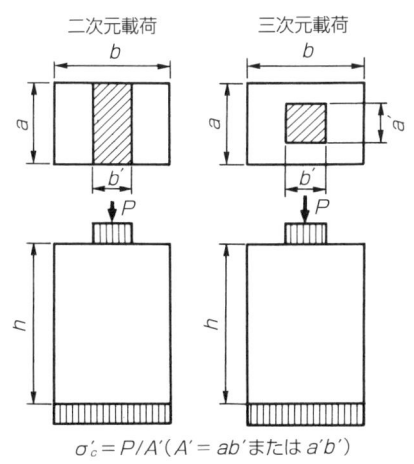

$$\sigma_c'/F_c = \alpha^n \sqrt{A/A'} \quad \cdots\cdots\cdots\cdots (5.12)$$

（α，n は実験常数で $\alpha = 0.7 \sim 1.0$，$n = 2 \sim 3$ である）

⑥ 疲労強度，クリープ限界

コンクリートは他の材料と同様に一定応力振幅を繰り返して与えると，通常の圧縮強度より低い応力で破壊に至る。これを疲労強度（fatigue strength）という。疲労強度は繰返し回数に応じて与えられるもので，コンクリートは特に繰返し回数を増すほど疲労強度は低下して疲労限度（この限度以下なら回数を増しても破壊に至らない限界）はないといわれている。200万回の繰返しに耐える疲労強度は静的強度の50～55％程度である。

一定の高応力を持続して与えると，コンクリートは時間の経過とともに変形を増し，ついには破壊に至る。一定応力を低く設定すると変形の進行も止まり，破壊に至らない限度がある。これをクリープ破壊限度とよび，コンクリートでは静的強度の70～80％である。

（g） 組合せ応力下の強度

実際の構造物では，1軸圧縮とか引張のような単純な応力状態にあることはまれであり，2軸方向また3軸方向の直応力およびせん断応力を受ける。いかなる応力状態も3軸方向の主応力の組合せとして表現できるが，多くの研究にかかわらず，コンクリートの多軸強度を一般的に表現できる破壊則はまだ確立されていない。

第3の主応力を0とした2軸応力状態での組合せ応力下の強度の一例を図5.26に示す。図5.26によると，2軸方向から等圧縮応力を受

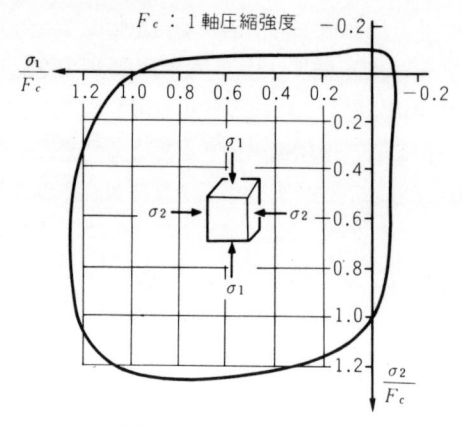

図 5.26　2 軸圧縮強度[17]

ける場合は静的強度の 1.16 倍となり，最も高い強度となる組合せでは静的強度の 1.27 倍となる。組合せ応力下の強度は**図 5.26** のような主応力の組合せではなく，直応力とせん断応力の組合せで表現することもできる。この表現をとった場合が**図 5.27** であり，包絡線に接するモール円が破壊する応力の組合せを与える。この表現をモールの破壊説という。**図 5.28** は 1 方向の軸応力とせん断応力度の組合せとして 2 軸応力下の強度を表現したものである。せん断応力度の作用によって 1 軸圧縮強度より低い圧

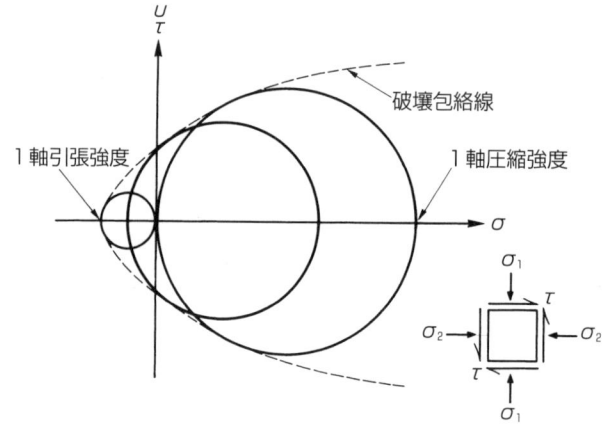

図 5.27　モールの破壊説

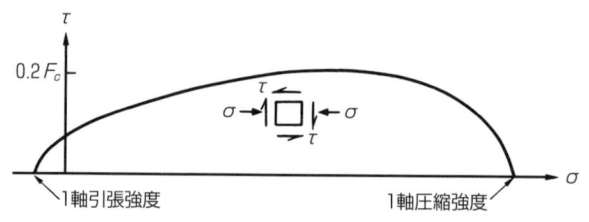

図 5.28　直応力とせん断の組合せによる破壊条件[18]

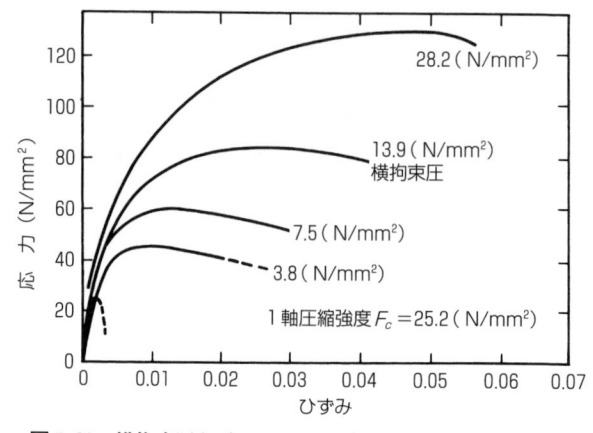

図 5.29　横拘束圧を受けたシリンダーの応力-ひずみ曲線[19]

縮応力で破壊に至る。

3軸圧縮応力下ではコンクリートも1軸圧縮強度よりかなり強度が増加し，破壊までに発揮されるひずみ能力も大きくなる。これを利用して，たとえば鉄筋コンクリート柱に密なスパイラル筋を配置してコンクリートに横応力を与えて部材の性能を高める。このように軸方向と直交した方向のコンクリートのひずみを拘束して3軸応力状態効果によってコンクリートの性能を向上させる手法を横拘束（confinement）といい，耐震設計上重要な手法である。図5.29は横拘束下での軸方向の応力-ひずみ曲線を示した一例である。

（h） コンクリートの応力-ひずみ曲線

コンクリートの圧縮応力下での応力-ひずみ曲線を素材であるセメントペーストと骨材の応力-ひずみ曲線と一緒に描いた概念図を図5.30に示す。図5.30に示すように，コンクリートの応力-ひずみ曲線は低応力時ではほぼ弾性的であるが，素材が弾性を示す範囲であるにもかかわらず，圧縮強度の0.3〜0.4程度の応力レベルに至ると明確に弾性から離脱していることがわかる。その後の応力増加に伴って次第に塑性ひずみを増し，ペーストの破壊時のひずみより小さいひずみ範囲で最大応力に達する。このような性質は素材と素材の間の境界面の性質を考慮することによって説明されている。

コンクリート中には応力を加える前から，微細な内部ひび割れが特に大きい骨材の下側に存在しているが，このマイクロクラックは応力が$0.3F_c$程度まではほとんど成長しない。これを超えると，まず骨材とモルタル（またはペースト）の界面にクラック（bond crack）を生じ，$0.7〜0.9F_c$程度までこのクラックが成長していく。次の限界$0.7〜0.9F_c$に至ると，このクラックはモルタルの中へと進展し，ついには互いに連結して破壊面を形成する。このマイクロクラックの成長が上述の応力-ひずみ曲線の非線形性の原因と説明されている。第1の限界応力は弾性からの離脱，第2の限界応力はクリープ破壊限界を与えると説明されている。

コンクリート構造物の設計ではコンクリートを弾性と仮定して計算する場合が多いので，与えられた応力-ひずみ曲線から弾性係数（modulus of elasticity）を決めることを必要とするケースがしばしばある。このような場合には図5.31に示す主として3通りの弾性係数の定義が考えられ，利用目的に応じて使い分ける。すなわち，初弾性係数 $E_i=\tan\alpha_i$，割線弾性係数（secant modulus）$E_c=\sigma_a/\varepsilon_a$ および接

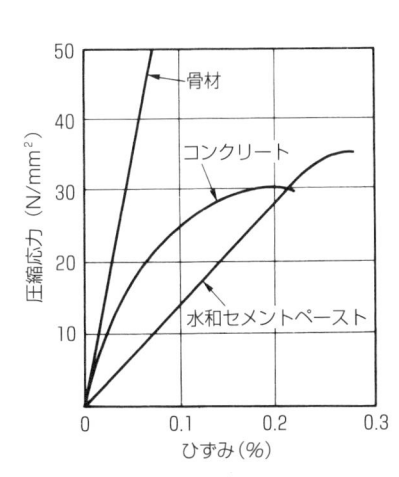

図5.30 骨材・ペースト・コンクリートの応力-ひずみ曲線

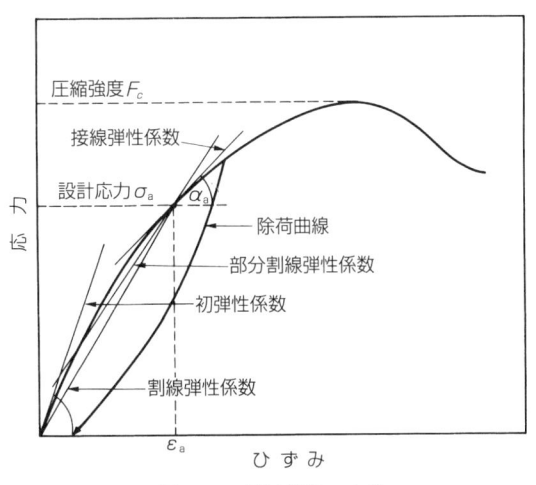

図5.31 弾性係数の定義

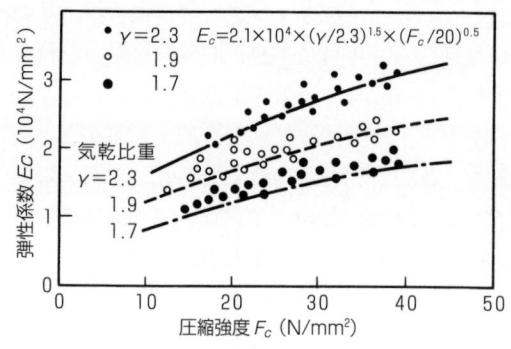

図5.32 圧縮強度比重と弾性係数
(小阪・奥島, 材料 No.157, 1966年より)

密度が大きいほど大きくなり, その関係は実用上次式で表現されることが多い. (5.13)式と実験結果の対応を図5.32に示す.

$$E_c = 2.1 \times 10^4 \times (\gamma/2.3)^{1.5} \times (F_c/200)^{0.5} \text{ N/mm}^2 \quad \cdots\cdots (5.13)$$

(γはコンクリートの気乾比重である)

1軸圧縮応力下の軸方向ひずみ, 横ひずみおよび体積ひずみの変化は図5.33のようになる. 破壊近くでは内部ひび割れの発達によって, 見かけ上体積が増加する方向に変わる. コンクリートのポアソン比 (Poisson's ratio) は弾性係数と同様に使用材料, 強度, 応力レベルによって異なるが, 一般に低応力レベルでは1/5〜1/7, 破壊応力近くでは1/2〜1/4の値が用いられる.

線弾性係数 $E_t = \tan\alpha_t$ である. 通常, 最も多く用いられるのが E_c であるが, E_c は応力の大きさに依存するので, 1/3, 1/2F_c に応ずる点の割線弾性係数を採る場合が多い. まれには曲線上の2点間を結んだ直線の勾配である部分割線弾性係数 (chord modulus) が用いられる.

弾性係数は圧縮強度 F_c が大きいほど, また地震荷重下の構造物の変形を計算する場合などではコンクリートが高応力の繰返し荷重を受けたときの応力-ひずみ曲線を知っておく必要がある. 図5.34は実験結果の一例であり, こ

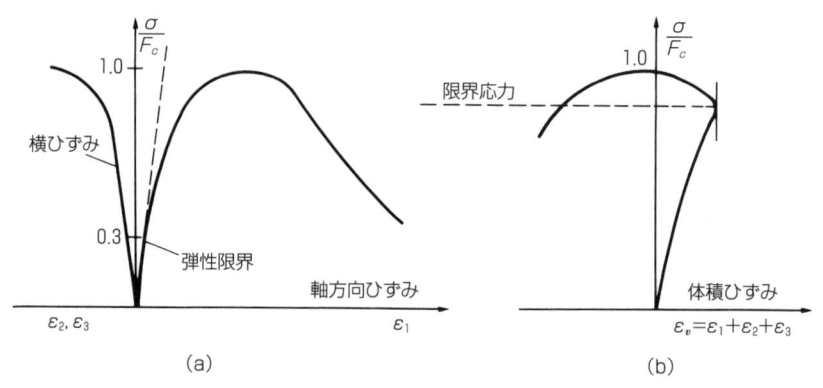

図5.33 軸方向ひずみ, 横ひずみ, 体積ひずみの変化

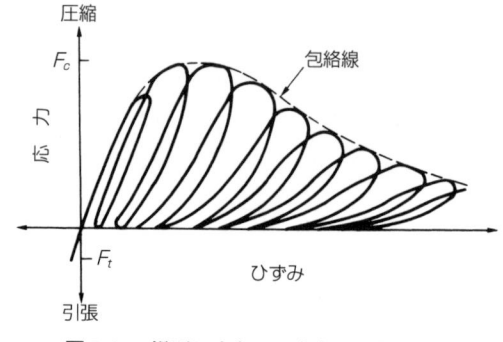

図5.34 繰返し応力Fの応力-ひずみ曲線

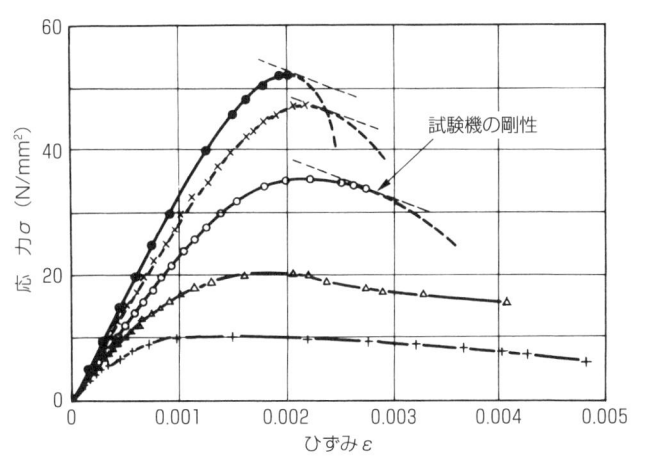

図5.35 コンクリートの応力-ひずみ曲線の一例

のような結果から，計算に利用できるようなモデル化が多く提案されている。図5.35はコンクリート強度の変化が応力-ひずみ曲線の形状に与える影響を示した実験結果の一例である。

(i) クリープ，収縮

一定応力を持続して与えたとき，時間の経過とともにひずみが進行する現象をクリープ（creep）という。コンクリートは木材とともに常温下でクリープの大きい代表的な材料である。図5.36はクリープ現象を説明したもので，持続応力がクリープ破壊限界以下の場合には時間の経過とともにクリープ速度は次第に減少し，実用上クリープが終了したとみなせるときのクリープひずみを終局クリープという。コンクリートでは2～3年で終局状態に近くなり，そのときのクリープひずみは弾性ひずみの数倍

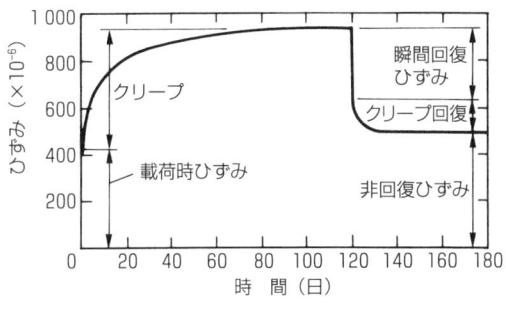

図5.36 クリープ，クリープ回復

に達する。持続荷重をある時点で取り除くと，瞬間的に弾性ひずみが回復し，その後時間とともにひずみがやや回復する。これをクリープ回復（creep recovery）という。

実験結果によると応力レベルが$1/2F_c$以下ではクリープひずみは応力または弾性ひずみに比例すると考えてよい。この性質にもとづいてクリープの大きさを次のように，クリープ係数φ，または比クリープcで表現すると便利である。

クリープ係数（creep coefficient）φ：

$$\varphi = \frac{\varepsilon_{cr}}{\varepsilon_e} \quad \cdots\cdots\cdots\cdots (5.14)$$

比クリープ（specific creep）c：

$$c = \frac{\varepsilon_{cr}}{\varepsilon_e E_c} \quad \cdots\cdots\cdots\cdots (5.15)$$

（ε_{cr}はクリープひずみ，ε_eは弾性ひずみを表す）

クリープはコンクリートの調合，温度特に湿度で代表される環境条件，部材の大きさと形状，（容積と表面積の比），応力を与えるときの材齢に著しく依存する。

コンクリートが内部に含む水分を蒸発によって失うと収縮する。これを乾燥収縮（drying shrinkage）とよび，コンクリートを特徴付ける性質である。乾燥収縮を阻止するような拘束が存在すると，拘束引張応力を生じ，コンクリ

ートのひび割れの主要な原因となる。乾燥収縮は最終的（2〜3年後）には $5 \sim 10 \times 10^{-4}$ 程度にも達する。乾燥収縮の大きさに影響を与える要因はクリープと共通のものが多く，クリープの大きいものは，乾燥収縮も大きいと考えてよい。一般にコンクリートの単位水量が多いほど，環境の湿度が低いほど，部材が小さく，表面積が大きいほど，大きい収縮量を生じる。

(j) その他の性質

① 熱的性質

コンクリートの熱膨張係数は常温の範囲では $1 \times 10^{-5}/℃$ 前後であり，使用骨材によってその値は多少異なるが，設計上は鉄筋の熱膨張係数と等しい上記の値を採用している。マスコンクリートではセメントの水和熱によって環境温度より 20〜50℃ の温度上昇を生じる場合がある。温度上昇時の弱材齢では弾性係数が小さく，クリープも大きいので，拘束があっても膨張による拘束圧縮応力は小さいが，その後の温度降下時には水和反応の進行によって弾性係数は大きくなり，収縮による拘束引張応力が成長してひび割れが生じやすい。コンクリート部材の内部と表面との温度差によっても変形の差が生じるので，外部からの変形拘束がなくても，たとえば表面温度が内部より低下すると，表面近くにだけひび割れが発生する。これを自己拘束（または内部拘束）ひび割れという。

コンクリート構造は耐火性であるといわれるが，コンクリートが高温にさらされると，変質して強度低下を生じる。100℃ までは加熱とともに膨張するが，それ以上になると収縮に転じ，260℃ になるとセメントとの結合水が失われて強度が低下する。500℃ に達すると加熱前の強度の約 40％ の強度になり，700℃ を超えるとさらに強度低下が著しく冷却後も強度が回復しない。火災などで高温を受けたコンクリートは冷却後の色調の変化によって，履歴した温度が推定できる。この性質を建物の火災調査に利用する。そこで各種コンクリートの熱的性質を**表 5.8** に示す。

② 水密性

コンクリートは本質的に多孔質で，水に接すると吸水し，水圧が作用すると透水する。

吸水や透水は地下構造や水工構造物にとって好ましくない性質であるばかりでなく，透気性にもつながるのでコンクリートの耐久性を減じる要因となる。コンクリートの透水係数（coefficient of permeability）は水セメント比が 55％ を超えると急激に大きくなり，単位水量が大きくスランプが大きいほど増大する。さらに弱材齢における乾燥は著しく透水係数を増大させる。したがってコンクリートの耐久性も含めた総合的な品質指標として，強度と並んで透水係数が重要な意味を持っているが，測定が容易でないので通常あまり評価されない。

③ 気象作用に対する耐久性

気象作用に対するコンクリートの耐久性は凍結融解作用，炭酸ガスによる中性化，乾湿の繰返し作用，温度変化，流水の作用などによって損われるが，一般的に体積変化が少なく，水密性の高いコンクリートほど耐久性が大きい。

凍結融解作用（freezing and thawing）による劣化はコンクリート中の水分の一部が凍結すると体積膨張によって内部圧力を発生して微細

表 5.8 コンクリートの熱特性

コンクリートの種類	密度 (t/m³)	熱膨張係数 (1/K)〔常温〕	熱伝導係数 (W/m·K)	比熱 (kJ/kg·K)
普通コンクリート	2.2〜2.4	$(10 \sim 13) \times 10^{-6}$	1.5〜3.0	0.8〜1.2
軽量コンクリート（人工軽量骨材）	1.3〜1.7	$(5 \sim 10) \times 10^{-6}$	0.5〜1.0	1.4〜2.0

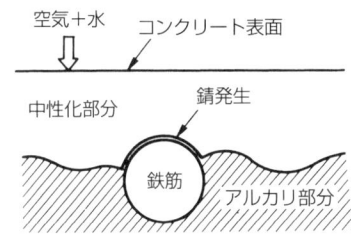

図5.37 表面より中性化したコンクリート断面の模型[14]

なひび割れを発生させ，これが繰り返されると損傷が著しくなる。寒冷地のパラペットや庇など断面の薄い部材の隅角部でよく見られる劣化である。AEコンクリートのように空気泡が連行されると著しく抵抗性を増す。

炭酸ガスによるコンクリートの中性化（carbonation）はコンクリートのアルカリ性（pH 12程度）による鋼の防錆作用を損うので，耐久性を減ずる大きな要因である。空気中にさらされたコンクリートは，表面から侵入する炭酸ガスが遊離石灰 CaO を炭酸カルシウム $CaCO_3$ に変えることによって表面から徐々に中性化される。図5.37のように中性化部分が鉄筋位置に至れば鉄筋保護の条件が崩れ，錆を発生する条件を与える。中性化速度に影響を与える要因としては，水セメント比，セメント量，AE剤や減水剤の使用，骨材の種類などがあげられる。建築物では屋外より屋内にある表面のほうが乾燥状態にある場合が多いので，屋内面ほど中性化の進行が早い。適切な混和剤を使用し，小さい w/c のコンクリートを密実に打設するのが中性化を遅くするのに有効である。

コンクリートが流水にさらされると，CaOが溶け出し，長年月の間にはしだいに浸食される。CO_2 が溶けている水の場合は特に著しい。

④ 薬品類，海水の作用に対する耐久性

硫酸・塩酸・硝酸などの無機酸はセメント水和物中の石灰・珪酸・アルミナなどを溶解するので，コンクリートは激しく浸食されて崩壊する。酢酸・乳酸などの有機酸は無機酸に比べて浸食性は弱い。

Na・Mg・Caの硫酸塩はセメント中の $Ca(OH)_2$，C_3A と反応して膨張性の生成物エトリンガイトをつくりコンクリートを崩壊させる。海水によるコンクリートの浸食は主として海水中に含まれる硫酸塩の作用によるものである。このため C_3A の含有量の少ない耐硫酸塩セメントを海洋構造物に用いる。

鉱油はコンクリートにほとんど害を与えない。植物性および動物性の油は，空気中の酸素によって脂肪酸を生成し，コンクリート中の石灰と化合して有機酸の塩類を生じるのでコンクリート表面が侵食される。コンクリート表面にオイルペイントを塗ることは厳禁である。

(k) コンクリートの調合設計

コンクリートに要求される様々な性能を満たすようにコンクリートの各材料の使用割合を決定することを調合設計（mix design）という。調合設計を決める主要な性能はワーカビリチー，強度，耐久性である。

調合設計の一般的な手順は次のとおりである。まず，所要の強度および耐久性が得られるように水セメント比と単位セメント量を選び，次いで所要のワーカビリチーが得られる条件下でできるだけ水量が少なくなるように細骨材率（全骨材容積に対する砂の容積の比率）を決める。地方によって骨材品質が多様であり，減水剤等の表面活性剤の選択も多様であるので，所要の性能に対して標準的な調合例は示し得ないのが実状である。したがって工事に用いる材料によって試し練りを行い，調合が適当かどうかを実証するのが原則である。

所要の強度要求を満たすためには，構造設計時に想定している強度（設計基準強度）を下回る確率があまり大きくならないように調合設計時の目標強度（調合強度）を設定しなければならない。この強度の割増し係数 K をどのように決定するかは，各国で独自の判断をしている。この関係を示したのが図5.38である。コンク

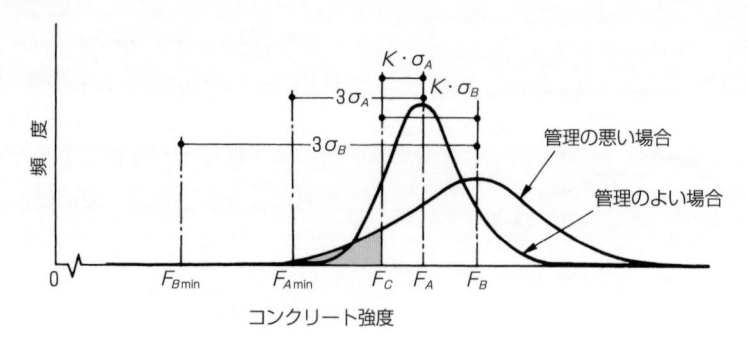

F_C：設計基準強度
F_A, $F_{A\,min}$, σ_A：ばらつきが小さいコンクリートの，それぞれ調合強度，コンクリート強度の最小限界値，標準偏差
F_B, $F_{B\,min}$, σ_B：ばらつきが大きいコンクリートの，それぞれ調合強度，コンクリート強度の最小限界値，標準偏差

図 5.38 設計基準強度と調合強度の関係

リートの強度のばらつきの大きい悪い品質管理の場合は当然割増し強度を大きく設定しなければならない。設計基準強度 F_c を下回る確率（不良率）を 5％として K を決めるのが一般的である。

日本建築学会「標準仕様書」（JASS 5）では，コンクリート構造物の耐久性はじめ基本的性能を確保するため，調合に関して常用するコンクリートに対して次のように規定している。

① 単位水量は 185 kg/m³ 以下とする。
② 水セメント比の最大値は 65％とする。
③ 空気量は 4.5％を標準とする。
④ 塩化物量は塩素イオン量として 0.30 kg/m³ 以下とする。

これらの条件を満たしたうえで，スランプ，強度について調合設計する。

6. 鉄　鋼

（1）　概　説

　地球上に産出する元素の約4/5は金属元素であるが，そのうちで人間生活に最もよく利用されているのは鉄である。鋼は鉄と少量の炭素（0.03～1.7％）や他の金属元素との合金の総称である。鋼は全世界で年間約10億t（2004年度）生産されていて，日本はそのうちの約1億tを生産している。したがって，毎年人類1人当り約150kg以上の鋼を利用していることになる。日本の生産高のうち約30％は輸出され，内需の約25％は建設用である。鉄が今日これほどまでに広く用いられるのは，それなりの理由がある。その主なものは，

① 鉄の鉱物資源が豊富であること。
② 強度，および延性が大きいこと。
③ 製造，成形，加工が容易で多くの成形・加工法が応用できること。
④ 接合が容易であること。
⑤ 他材料との複合が容易であること。

などがあげられる。これらの要件がそろって満たされていることが鉄の特色である。とりわけ③と⑤の条件が重要であり，たとえば石器文化や青銅文化を支えた石や青銅は機械加工や鋳造しか成形方法がないのに対して，鉄鋼は，これら以外に圧延，引抜き，鍛造等の多くの成形法を駆使できる。さらに，他の金属元素との金属学的複合で多様な性質を付加することができるし，異種材料との複合で，たとえば鉄筋コンクリートという複合材料を生み出すことができる。この成形と複合の点ではプラスチックスも同様な要件をかなり備えていると見ることができる。この意味で，鋼とプラスチックスはコンクリートとともに建築材料の主役の座を今後とも担っていくものと思われる。

　鉄鋼をはじめ金属材料は高温で軟化し，また酸化しやすいことも使用上の制約として留意しなければならない。しかし，この性質は同時に自然界におけるリサイクル性を備えている要件として重要である。

（2）　製　法

　図6.1に鋼材の製品が生産されるまでの一貫製造工程の一般的な例を示す。

　原料である鉄鉱石（鉄の酸化物が主成分で珪酸，アルミナなどの岩石類不純物を含んでいる）に燃料兼還元剤であるコークスと，石灰石などの不純物の溶剤を適当な割合で配合し，高炉の炉頂から装入する。炉の下方にある羽口から約1200℃の熱風を吹き込んでコークスを燃焼させ，発生した約2000℃のCOガスで鉄鉱石の酸素を除く。還元された鉄鉱石は溶けて炉底に溜り，不純物は石灰石に溶け込んで取り除かれる。こうしてできた鉄を銑鉄，不純物と結びついた溶融石灰石を高炉スラグという。高炉スラグはコンクリート用骨材，セメント原料，地盤埋立材として利用される。ここまでの工程を製銑という。

　銑鉄は4％程度の炭素を含み，このままでは

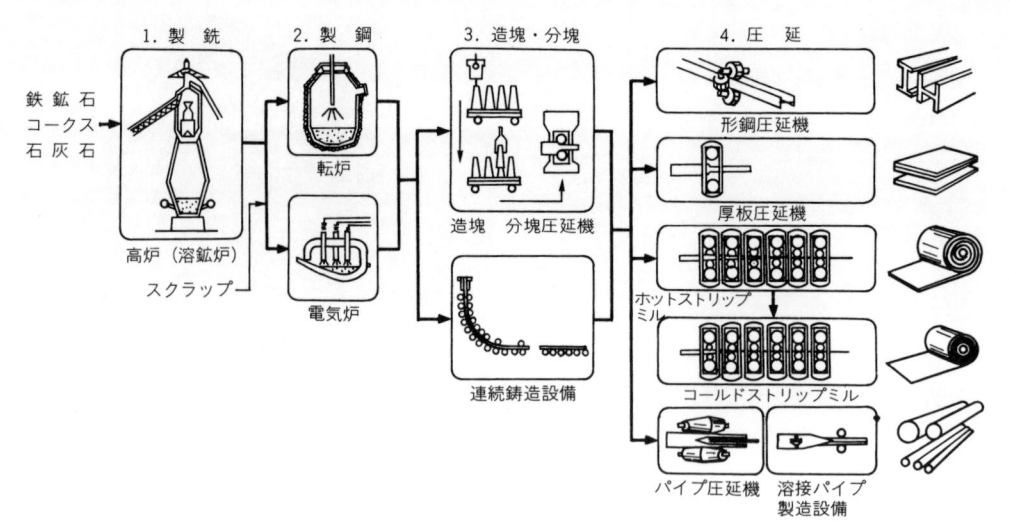

図6.1　銑鋼一貫製鉄所の鋼材製造工程[20]

もろいので鋼材にならない。この炭素を酸化して除去し，圧延や鍛造に適したねばりのある鋼をつくる工程を製鋼という。製鋼法としては，わが国では純酸素上吹転炉が広く用いられている。この方法は溶銑とスクラップを炉口から装入後，純酸素ガスを上方から吹き付けて溶銑中のSi，C，Mn，Pなどの不純物を酸化除去すると同時に反応熱で精練を行う。最後に脱酸調整，成分調整を行い鋼ができあがる。脱酸の程度によってキルド鋼（強脱酸），リムド鋼（軽脱酸），セミキルド鋼（中間脱酸）に分けられる。

電気炉法は主として鋼屑を原料として製鋼され，成分調整が容易にできるので，合金鋼，特殊鋼の製造に不可欠な方法である。鉄筋などの小型棒鋼やH型鋼などの型鋼のような建設用鋼材は，その経済性のゆえに電気炉で製造されるものが大部分を占める。

転炉や電気炉などで精練された溶鋼は圧延できるサイズになるまで造塊・分塊する工程に入るか，最近ではこの工程を連続して行うことのできる連続鋳造法が大部分を占めるようになった。

圧延工程は鋼片を最終的に鋼材の形状に成形圧延し，同時に鋳造組織を破壊して強靱性を与える。

圧延には鋼片を加熱して押し延ばす熱間圧延と熱間圧延後に常温で行う冷間圧延がある。熱間圧延は一般に鋼の再結晶温度以上の温度（約1 000～1 300℃）で行うので加工ひずみはあまり残らず，強度はあまり増進しないが靱性を増す。冷間圧延は大きな加工ひずみと繊維組織を鋼に与えるから，強度を著しく増大するが靱性を減じる。

圧延工程ラインに続いて，材質特性を整えるために熱処理設備がついている場合がある。鋼材に加熱・冷却の操作を適当に与えることにより，鋼材中の残留応力の除去，粒子の微粒化などを行うことを熱処理という。熱処理には，その目的に応じて，焼ならし（normalizing），焼なまし（annealing），焼入れ（quenching），焼もどし（tempering）などの方法がある。

（3）　鋼の種類

鋼の生産量の大半を占めるのが炭素鋼で構造用鋼材として広く用いられている。炭素鋼（普通鋼ともいう）は鉄と炭素との合金であるが，他の元素，たとえばSi，Mn，P，Sなどが含まれている。炭素鋼の炭素は少量の含有量の変

6. 鉄 鋼

表6.1 普通鋼の分類

種別	C (%)	降伏点 (N/mm²)	引張強度 (N/mm²)	伸び (%)	硬度 (H_B)
特別極軟鋼	<0.08	180〜280	320〜360	30〜40	95〜100
極軟鋼	0.08〜0.12	200〜290	360〜420	30〜40	80〜120
軟鋼	0.12〜0.20	220〜300	380〜480	24〜36	100〜130
半軟鋼	0.20〜0.30	240〜360	440〜550	22〜32	112〜145
半硬鋼	0.30〜0.40	300〜400	500〜600	17〜30	140〜170
硬鋼	0.40〜0.50	340〜460	580〜700	14〜26	160〜200
最硬鋼	0.50〜0.80	360〜470	650〜1000	11〜20	180〜235

化で鋼の性質を著しく変化させるが,その他の元素の影響は炭素に比べて少ない。炭素量を増すと強度は向上するがもろくなり,溶接性を害する。したがって建築に通常用いる鋼材の炭素量は0.3%以下に押えられている。表6.1は炭素鋼の分類を示す。

炭素以外の元素,たとえばCr,Ni,Mo,Mn,Vなどを添加して炭素鋼では得られない特別な性質を与えたものを合金鋼または特殊鋼という。炭素鋼(0.1%C以下)にCrとNiを添加した代表的なステンレス鋼である18%Cr-8%Ni鋼,Moを添加した耐熱鋼,Cu,Crなどを添加した耐候性鋼などがその例である。

形状の複雑な建築用器具では鋳鉄を用いる例がある。遊離炭素を多く含む鼠鋳鉄と,少ない白鋳鉄があるが,建築用は鼠鋳鉄が多い。鼠鋳鉄はCを3.3〜3.6%,Siを2.0%含有しており,もろくて,引張強度が小さい。たとえばラジエタ,手すり,窓格子など強度を要しないところに用いる。鋳鉄を特殊な炉に入れて焼なましすると可鍛鋳鉄と称し鋼に似た性質を出す。たとえばジベル,ガス管,継手,錠前,建築金物類に用いる。また鋳鋼と称しての鋼の性質に似た鋳造品がある。鋼構造の柱脚などに応用する。

建築関係に主として構造用に用いられる鋼材のうち主要なものに対しては表6.2に示す規格がある。鋼材の形状としては図6.2に示す種類

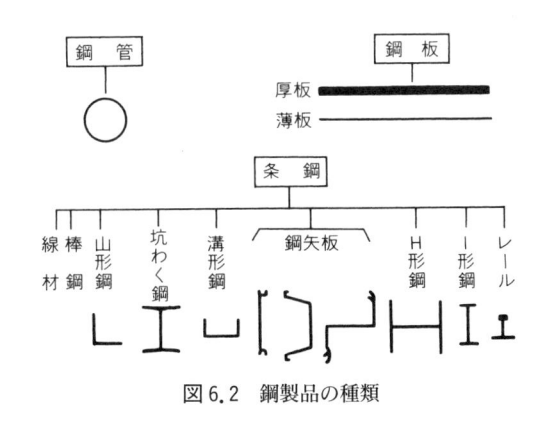

表6.2 土木,建築に関係の深いJIS鋼材

区分		規格番号	規格名称
普通鋼圧延鋼材	構造用	G 3101	一般構造用圧延鋼材 (SS)
		G 3106	溶接構造用圧延鋼材 (SM)
		G 3136	建築構造用圧延鋼材 (SN)
		G 3109	PC鋼棒 (SBPR)
		G 3112	RC用棒鋼 (SR, SD)
		G 3350	一般構造用軽量形鋼 (SSC)
	形状寸法	G 3191	熱間圧延棒鋼とバーインコイルの形状,寸法および重量並びにその許容差
		G 3192	熱間圧延形鋼の形状,寸法,重量およびその許容差
		G 3193	熱間圧延鋼板および鋼帯の形状,寸法,重量およびその許容差
		G 3194	熱間圧延平鋼の形状,寸法,重量並びにその許容差
	一般加工用	G 3351-65	エキスパンドメタル (XG, XS)
		G 3352-77	デックプレート (SDP)
鋼管	構造用その他	G 3444	一般構造用炭素鋼管 (STK)
		G 3466	一般構造用角形鋼管 (STKR)
線材およびその二次製品		G 3536	PC鋼線およびPC鋼より線 (SWPR, SWDD)
		G 3551	溶接金網および鉄筋格子 (WFP, WFC, WFR, WFI)
		G 3552	亀甲金網 (HX)
		G 3553	クリンプ金網 (CR)

図6.2 鋼製品の種類

がある。

（4） 鋼の基本的性質

（a） 炭素鋼の組成と性質

常温では純鉄は図 6.3(a) に示す体心立方格子（α鉄という）の配列となっている。これを加熱して 910℃になると原子配列が(b)のような面心立方格子（γ鉄という）に変わる。さらに温度を上げると 1 410℃で γ鉄はまた体心立方格子をもつ δ鉄となる。このような結晶構造が変わる現象を変態といい，その温度を変態温度または変態点という。変態によって体積が変わる現象を図 6.3 によって理解することができる。Fe 結晶の中に C が含まれる場合にはこれらの変態温度は C の含有量によって変化する。図 6.4 は Fe-C 系平衡状態図とよばれ，炭素鋼の組織の温度による変態を示したものの一部を簡略化したものである。723℃以下の温度の炭素鋼は純鉄と炭素が鉄の一部と化合してできた炭化鉄との合金からなっている。α鉄に C が固溶した相をフェライト（α-相），γ鉄に C が固溶している状態をオーステナイト（γ-相）とよび，炭化鉄の組織をセメンタイトという。炭素量が 0.80％の鋼の組織はフェライトとセメンタイトの2相が交互に並んだ組織である共析晶をなしている。この組織をパーライトという。炭素量が 0.80 以下の鋼組織はフェライトとパーライトよりなり亜共析鋼という。炭素量が 0.80％を超える鋼組織はセメンタイトとパーライトからなり過共析鋼という。図 6.4 の A_1 線より上側 723℃以上に熱するとパーライトは炭素量と無関係にオーステナイトに変わる。Acm 線はセメンタイトがオーステナイトに変わる温度を示し，A_3 線はフェライトがオーステナイトに変わる温度を示し，ともに炭素量によって変態温度が変わることを示している。鋼の熱処理を行う場合にはこの変態図にもとづいて

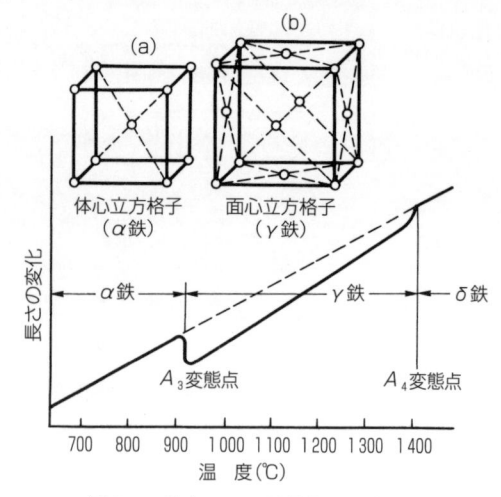

図 6.3 温度による結晶格子の変化[21]

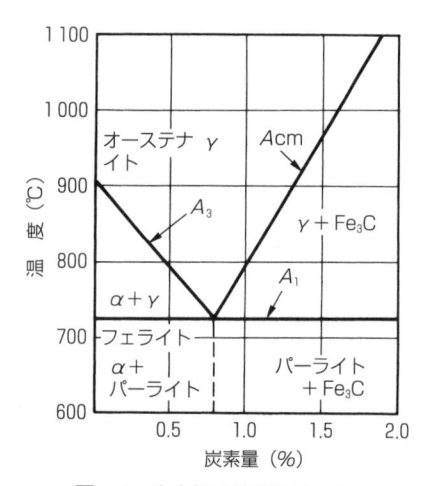

図 6.4 炭素鋼の状態図の一部

処理温度を決める。

（b） 鋼の物理的性質

普通鋼の物理的性質を示す諸定数を表 6.3 に示す。

（c） 鋼の応力-ひずみ曲線

鋼材の力学的性質は各種の試験法によって調べることができるが，その中で一様な静的引張力を与える引張試験は最も基本的であり重要な試験である。鋼材の引張試験の方法は JIS Z 2241 に規定されており，JIS Z 2201 に規定さ

表 6.3　普通鋼の諸定数

弾性係数(N/mm²)	1.9〜2.2×10⁵	融　点（℃）	1 425〜1 528
ポアソン数	3	電気抵抗(Ωmm²/m)	0.100〜0.180
密　度（g/cm³）	7.86	熱伝導率(W/m・K)	45
比熱（kJ/kg・K）	0.48	熱膨張係数*(/℃)	10.4〜11.5×10⁻⁶

＊　20〜100℃の範囲における値

れた試験片を用いて試験するのが原則である。鋼材の引張試験を行って，原断面積に対する応力とひずみの関係を描くと，一般に**図 6.5**に示すような関係が得られる。鋼材の力学的性質の概要を知るためには，次の3つの値を知ることが最小限必要である。

降伏点　　　$\sigma_y = \dfrac{降伏点荷重}{原断面積}$

引張強度　　$\sigma_B = \dfrac{最大荷重}{原断面積}$

伸び　　　　$\delta = \dfrac{破断後の突合せ標点間伸び}{原標点距離}$

弾性範囲の勾配である弾性係数も重要な物性であるが，これは金属固有の物性であり，鋼では強度にかかわらず210 000 N/mm²という値をもつことを知っておくことが必要である。

比例限界 σ_P はフックの法則が成立する最大限度の応力，弾性限界 σ_E は荷重除荷後に残留ひずみが残らない範囲の最大限度の応力をいうが，これらの値はひずみ測定の感度に大きく依存するので工学的にはあまり重要でない。

図 6.5(a)の熱間圧延軟鋼の場合には降伏点Yに達すると荷重は増加しないで，ひずみのみが急激に増大し始め，Y′までひずみが進む。YからY′までの部分を降伏の踊り場という。この間の最小応力度は下部降伏点 σ_{yl}，Yに応じる応力度はこの間の最大応力度であり上部降伏点 σ_{yu} として区別する場合があるが，一般に σ_{yu} は荷重速度などによって影響されて不安定であるので σ_{yl} を降伏点応力として代表させる場合が多い。現象的にはY点は試験片の試験区間の一部で塑性すべり（リューダースしま）が発生し始める点であり，以後のひずみの進展は**図 6.6**に示されるような特色がある。すなわち，ある範囲で塑性すべりが生じると，そこではひずみはY′点に応じるひずみ ε_h まで進行しており，他の部分ではY点に応じるひずみ ε_y にとどまっている。Y点からY′点までの変化は，塑性すべりが全長に伝播していく過程に対応している。

一方，高炭素鋼や合金鋼の場合，または軟鋼でも冷間加工を行ったものは，**図 6.5**(b)のような明確な降伏点が現れない。除荷したときの永久ひずみが0.2％となる応力を（実際には単調に引張った応力-ひずみ曲線について，0.2％

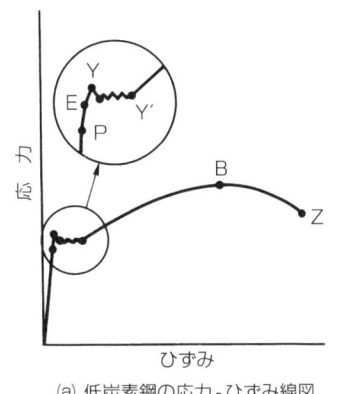

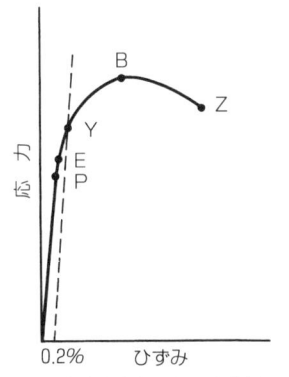

(a) 低炭素鋼の応力-ひずみ線図

(b) 高炭素鋼または合金鋼の応力-ひずみ線図

図 6.5　鋼材の応力-ひずみ曲線（引張試験）

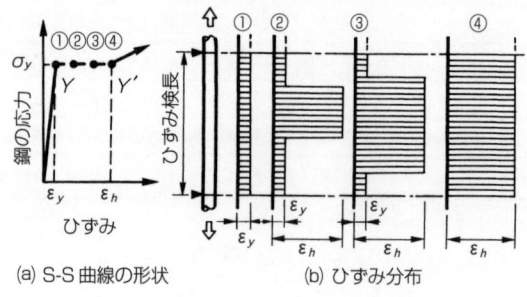

図6.6 軟鋼降伏時のひずみの進展特性

(a) S-S曲線の形状
(b) ひずみ分布

のひずみ軸上の点から初期の弾性勾配をもつ直線を引いて応力-ひずみ曲線と交わった点の応力を）0.2％オフセット降伏点といい，降伏点に相当する値として取り扱っている（JISなどではこれを簡単に耐力と称している）．

図6.5のY′点以降は再び荷重が増大するが，この領域をひずみ硬化域という．ひずみ硬化域では，弾性域と同様に全長にわたって一様にひずみが増大する特性がある（図6.6）．最大応力 σ_B に達すると試験区間のどこかの1カ所で断面が縮小し始め，そのくびれた位置で破断する．したがって最大荷重点Bより低い荷重Zで破断するが，破断点の本当の応力は断面が縮小しているので，そのときの断面積で求めた応力，すなわち真応力は非常に高い．この様子を図6.7に示す．先に示した応力，すなわち原面積で除した応力を工学的応力というが，通常は応力といえば工学的応力を指す（ひずみについては真ひずみと工学的ひずみが定義されるが説明は省略する）．破断面の断面への原断面積からの縮小率を絞りという．

$$絞り \quad \varphi = \frac{原断面積 - 破断面の断面積}{原断面積}$$

絞りは後述する伸びと同様に鋼材の靱性の程度を表現する尺度となる．炭素量の多い硬い鋼とか鋳鉄では絞りを生じない．この破断面の差異を図6.8に示す．この破断面の様子から金属材料の破壊のメカニズムを調べ，材料の性質を究明する手法をフラクトグラフィといっている．

σ_y/σ_B の比を降伏比といって，これも鋼の性質を表現する指標となる．硬くてもろいものほど降伏比は1.0に近づく．軟鋼では0.6〜0.7程度の値となる．すなわち $\sigma_B \fallingdotseq 1.5\sigma_y$ であることを示す．図6.9は各種の鋼材の降伏比を示したものである．降伏比が過大でなく，高強度の鋼材が建築構造用鋼材の開発目標の1つとなっている．

破断後の破断位置を含んだ突合せ伸びのこと

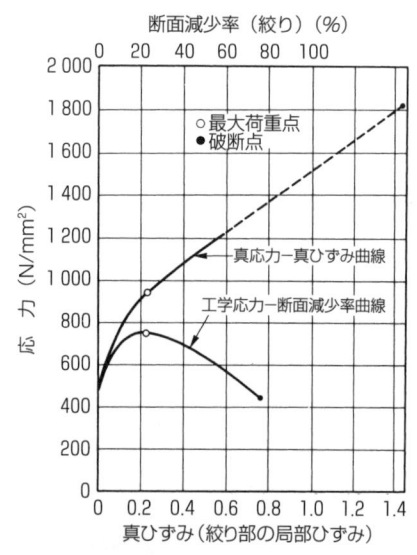

図6.7 鋼材の絞り部の真応力-真ひずみ曲線[22]

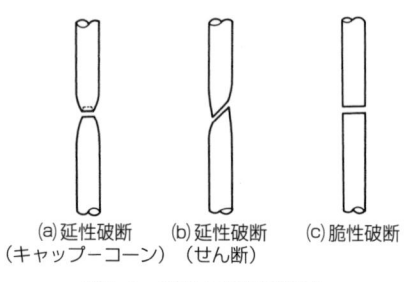

(a) 延性破断 (キャップ-コーン)
(b) 延性破断 (せん断)
(c) 脆性破断

図6.8 鋼棒の引張破断面

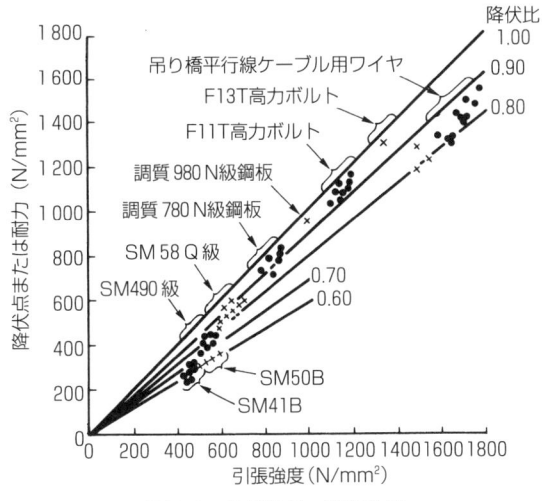

図 6.9 各種鋼材の降伏比[23]

を単に伸びという。この値は伸びを測る標点間距離の大きさと標点と破断位置との位置関係に著しく影響される。引張試験で破断した後の供試体の残留ひずみは，最大応力 σ_B までの一様なひずみと，σ_B 以後破断応力 σ_Z までに生じる破断位置の両側の局部的なひずみに大別される。図 6.10 はこれを図示したものである。局部ひずみの生じる区間は供試体の断面積の平方根に比例する（円断面では直径に比例する）ことが経験的に知られているので，標点間距離を直径に比例した値に選ぶと，径の差の影響をなくすことができて合理的な指標になる。JIS で丸鋼の標点間距離をたとえば直径の 8 倍（2 号試験片，直径 25 mm 未満の場合）としているのはこのためである。また図 6.10 において標点間の伸びはこの曲線の積分になるから，標点間を l_2 にとる場合は l_1 にとる場合より伸びが小さくなることがわかる。したがって，JIS では，もし破断位置が標点間の外側 1/4 の範囲にあれば，測定値を修正するよう定めている。

(d) 圧縮強度，せん断強度

鋼材の圧縮強度を厳密に求めることは困難である。延性のある鋼材の極短性の圧縮試験をすると，図 6.11 のように降伏点までは引張の場合と同じと考えてよいが，降伏後さらに荷重を増大させると，試験片の断面積が増大して圧縮破壊は起こらない。

鋼材のせん断強度も直接試験によって求めることは難しく，一般に延性材料に対して適用できるとされている破壊についての仮説を用いて引張強度 σ_B から間接的にせん断強度 τ_B を推定する方法をとっている。その例をあげると次のようなものがある。

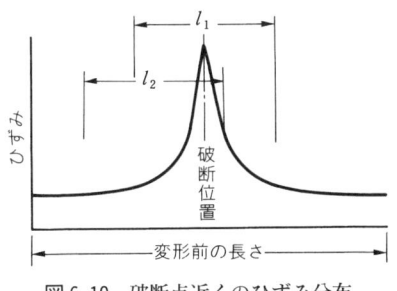

図 6.10 破断点近くのひずみ分布

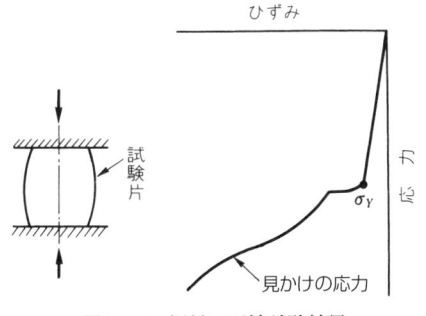

図 6.11 鋼材の圧縮試験結果

a. 最大ひずみ説　　　　　　$\tau_B = 0.77\,\sigma_B$
b. 最大ひずみエネルギー説　$\tau_B = 0.62\,\sigma_B$
c. せん断ひずみエネルギー説　$\tau_B = 0.58\,\sigma_B$
d. 最大せん断応力度説　　　$\tau_B = 0.5\,\sigma_B$

このうちで，せん断ひずみエネルギー説による場合が多い。

(e) 繰返し荷重下の応力-ひずみ曲線

鋼材にひずみ硬化域まで荷重を与えてからいったん除荷し，再び荷重を加えると図 6.12 に示すように，A0 にほぼ平行な直線 BC に沿って下がり，CDE に沿って再載荷される。したがって，いったん塑性変形を与えた鋼材は，処女材の場合よりも降伏点が高くなったことになる。さらに塑性加工後時間を置くと D′ 点まで降伏点が上昇する（これを時効効果という）。このような特性を利用して軟鋼に常温下で塑性変形を与え降伏点を向上させる加工を冷間加工と称し広く応用されている。塑性加工は引張に限らず，捩りでもよいし，冷間圧延加工をすることは引張加工をすることと同じである。このような冷間加工は伸びの低下を伴う。ドイツで多用される捩り鉄筋や，薄鋼板を冷間加工して成形する軽量形鋼は身近な冷間加工の応用例である。

図 6.13 のように，一方向に塑性変形を A 点まで与えたのち除荷し，さらに逆方向に載荷すると，最初から反対方向に載荷したときの降伏点よりかなり低い応力で弾性から逸脱した塑性変形を示し，AB のような履歴を示す。この現象をバウシンガー効果と称する。再び最初の方向に載荷すると，この方向でも低応力で塑性変形を生じ，正負の繰返し荷重によって紡垂型のループを描く。このような特性は構造物の大地震の下での正負繰返し荷重下での大変形を解析する場合に必ず考慮しなければならない。

(f) 疲労強度

材料に低応力の繰返し荷重が多数回載荷されると，静的な荷重下での強度より非常に低い応力で破壊する。これが疲労破壊であり，繰返し

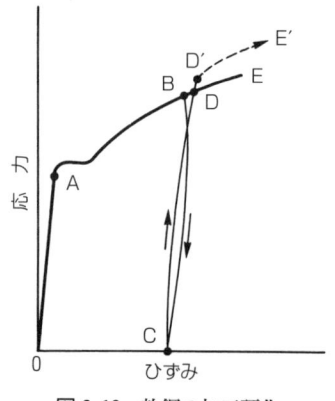

図 6.12　軟鋼の加工硬化

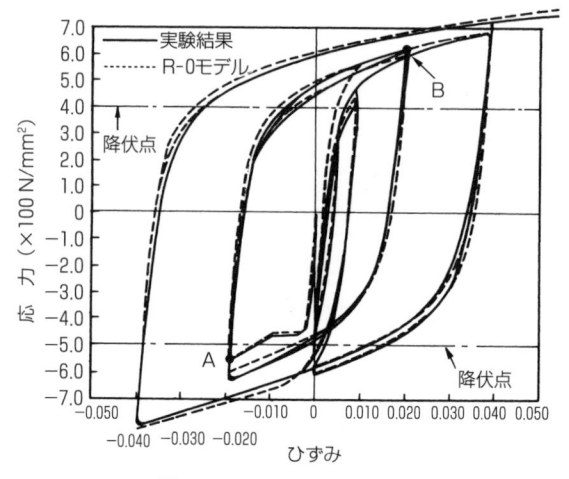

図 6.13　バウシンガー効果

図 6.14　S-N 曲線

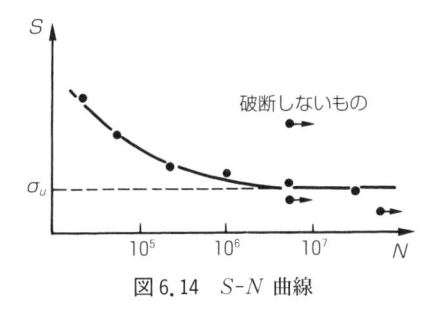

応力の上限値を疲労強度という。部材のある位置に欠損部（ノッチ）があって，局部的に大きな集中応力を生じるような場合には疲労強度は極端に低下する。これをノッチ効果といっており，ノッチ効果は鋼の材質によっても著しく異なる。

鋼材の基本的な疲労強度を知るには通常理想的な片振引張試験が行われることが多い。このような疲労試験の結果は図 6.14 のように上限応力 S と疲労破壊に至るまでの繰返し数 N の関係を表示する S-N 曲線で表現される。N は対数目盛を用いる場合が多い。これを Wöhler 曲線という。多数回繰り返しても破壊しない限度を疲労限度 σ_u という。疲労限度を工学的に定義するために，$N=2\times 10^6$ を採るのが普通である。疲労限度は平滑材より切欠き材が，磨き材より黒皮材が，丸鋼より異形鉄筋が低い値を示すことは明白である。

（g）低・高温下の性質

一般に，鋼材の引張強度や降伏点は常温より温度が低下するに従って増加するが，伸びや絞りのような変形能力は減少する。図 6.15 は軟鋼の静的引張特性の低温下での変化を示したものである。このような低温時の性質は LNG タンクに用いる場合に考慮することが必要である。図 6.15 のように極低温下では σ_Y/σ_B 比が 1 に近づき，伸びは低下してもろい破壊を示すようになる。これを低温脆性という。

鋼材の力学的性質は高温時にも著しく変化する。図 6.16 はその一例である。概していえば 400℃の常温時の降伏点，引張強度は顕著な低下を示し始める。これは火災時の耐火被覆の設計の目標として重要である。一方，いったん高

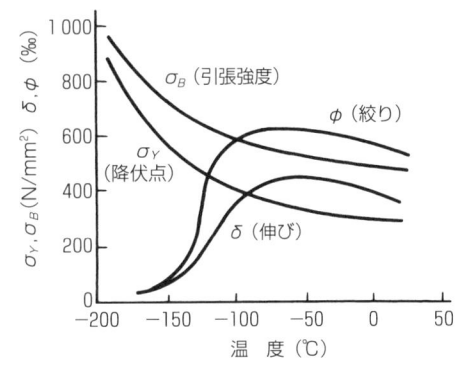

図 6.15　軟鋼の低温における機械的性質[23]

(a) 400 および 520 N/mm²級鋼の高温における引張強度，耐力

(b) 400 および 520 N/mm²級鋼の高温における伸び，絞り

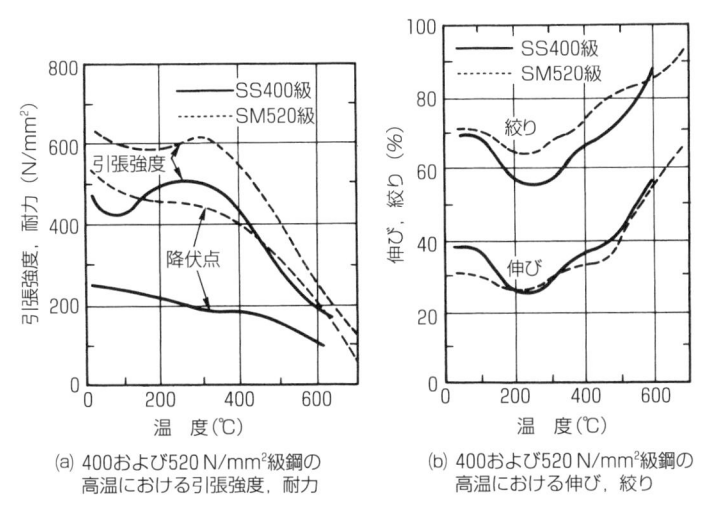

図 6.16　鋼材の高温特性[23]

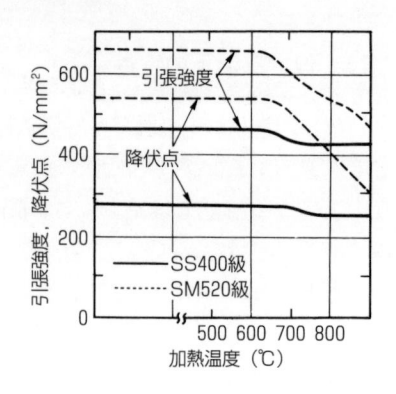

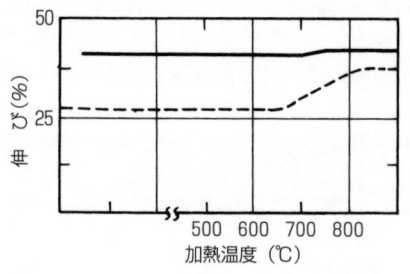

図6.17 400および520 N/mm² 級鋼を各温度で1時間加熱したのちの常温での引張性質[23]

温にさらされたのち，常温に戻ったときの残存する強度等は図6.17のように600℃程度までは影響がない。高温で熱処理した鋼材，冷間加工した鋼材では，加工前の材質に戻ると考えてよいから，結果として著しい熱影響を受ける。

建築物の火災時には空気温度が1 000℃以上になることが多いので，鋼材の高温強度を向上させた耐火鋼が開発された。従来の鋼材では350℃に加熱されると降伏点が常温規格値の2/3程度になってしまうのに対して，耐火鋼は600℃においても2/3以上の降伏耐力を保証している。耐火鋼ではCr, Mo, Nb, V等の合金元素を添加する方法を採っている。可燃物量にもとづく火災性状予測技術の進歩と並行して，耐火鋼を無耐火被覆で使用する実例が増加している。

(h) 鋼材の腐食

鋼材のFeは本来化学的に不安定であり，より安定したFeO, Fe_2O_3 などの酸化鉄になろうとする。これが錆である。鉄の発錆には必ず空気中の酸素と水の供給がなければならない。逆に鉄の防食は酸素と水を遮断することだと考えてよい。

鋼材の腐食は電気化学的な反応によるもので，鋼の表面に水がつくなどして電解質の媒体に覆われると局部電池作用が形成される。これを腐食電池という。この腐食の機構は図6.18のように説明される。すなわち

陽極反応 $Fe \rightarrow Fe^{2+} + 2e^-$
陰極反応 $\frac{1}{2}O_2 + H_2O + 2e^- \rightarrow 2OH^-$ $\rightarrow Fe(OH)_2$

この反応によって陽極部分で鋼が腐食して，$Fe(OH)_2$ となり，さらに酸化されて $Fe(OH)_3$ となって赤錆となる。

腐食反応の進行は，媒体中での溶存酸素濃度，pH，温度，溶存イオンなどの影響を受ける。したがって建築物に用いられた鋼材にとって注意を要する腐食環境の例としては，塩素イオン濃度の高く高温多湿な海岸，温泉地帯，亜硫酸ガス濃度の高い地域，酸性土壌に接する部分，下水設備，海砂を用いたコンクリート中などがあげられる。

コンクリート中ではコンクリートの高アルカリ性のために，鋼材の表面で Fe_2O_3 の不動態皮膜が形成され，上記の電気化学反応が停止する。しかしコンクリートの炭酸化によってpH値が11.5以下になったり，高アルカリ性を保持していても塩分含有量が多いと腐食反応は進行し得る。

鋼材の表面には熱間圧延時に生じた黒錆 Fe_3O_4 が形成されていて，内部をある程度保護している。

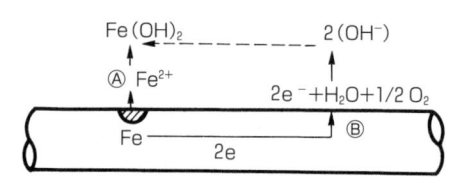

図6.18 鋼材の腐食反応機構

（5） 常用する構造用鋼材

建築にはあらゆる部分で多種多様の鋼材が用いられる。建築構造用のほとんどの鋼材は，棒鋼，H形鋼，形鋼，鋼板で占められている。これらの構造用鋼材の大部分が JIS G 3112 鉄筋コンクリート用棒鋼で規格される SD 材，JIS G 3101 一般構造用圧延鋼材の SS 材，JIS G 3106 溶接構造用圧延鋼材の SM 材である。表6.4 および表6.5 はこれらの鋼材規格の大要を示したものである。表6.5 の SN 材は溶接性を向上させ，高い耐震性能を求められる建築構造用圧延鋼材 JIS G 3136 として規格化されたものである。鋼材の規格品を購入した場合はミルシートとよぶ品質証明書が添付されている。その一例を表6.6 に示す。図6.19 は常用する鉄筋の応力-ひずみ曲線の実例である。熱間圧

表6.4 鉄筋コンクリート用棒鋼の機械的性質（JIS G 3112）

種類の記号	降伏点または0.2%耐力 N/mm²	引張強さ N/mm²	引張試験片	伸び %	曲げ性 曲げ角度	曲げ性 内側半径	
SR 235	235以上	380〜520	2 号	20以上	180°		公称直径の1.5倍
			3 号	24以上			
SR 295	295以上	440〜600	2 号	18以上	180°	径16 mm 以下	公称直径の1.5倍
			3 号	20以上		径16 mm を超えるもの	公称直径の2倍
SD 295 A	295以上	440〜600	2号に準じるもの	16以上	180°	D 16以下	公称直径の1.5倍
			3号に準じるもの	18以上		D 16を超えるもの	公称直径の2倍
SD 295 B	295〜390	440以上	2号に準じるもの	16以上	180°	D 16以下	公称直径の1.5倍
			3号に準じるもの	18以上		D 16を超えるもの	公称直径の2倍
SD 345	345〜440	490以上	2号に準じるもの	18以上	180°	D 16以下	公称直径の1.5倍
						D 16を超え D 41以下	公称直径の2倍
			3号に準じるもの	20以上		D 51	公称直径2.5倍
SD 390	390〜510	560以上	2号に準じるもの	16以上	180°		公称直径の2.5倍
			3号に準じるもの	18以上			
SD 490	490〜625	620以上	2号に準じるもの	12以上	90°	D 25以下	公称直径の2.5倍
			3号に準じるもの	14以上		D 25を超えるもの	公称直径の3倍

表6.5 構造用圧延鋼材の機械的性質（JISより抜すい）

区分	JIS規格	種類の記号	厚さ 下限/上限	降伏点または耐力 N/mm² 下限/上限 厚さ6 mm以上12 mm未満	厚さ12 mm超16 mm未満	厚さ16 mm	厚さ16 mm超40 mm以下	厚さ40 mm超100 mm以下	引張強さ N/mm² 下限/上限	降伏比 % 上限 厚さ6 mm以上12 mm未満	厚さ12 mm超16 mm未満	厚さ16 mm	厚さ16 mm超	伸び % 下限 厚さ6 mm以上16 mm以下 1A号	厚さ16 mm超50 mm以下 1A号	厚さ40 mm超 4号	シャルピー衝撃試験吸収エネルギーJ 下部[0℃] 3個の平均値	Z方向引張試験絞り % 下限 個々の試験値
400N級鋼	G 3101	SS400	—	245/		235/	215/		400/510	—	—	—	—	17	21	23	—	—
	G 3106	SM400A	/100	245/		235/	215/		400/510	—	—	—	—	18	22	24	—	—
		SM400B	/100	245/		235/	215/		400/510	—	—	—	—	18	22	24	27[3]	—
	G 3136	SN400A	6/100	235/			215/		400/510	—	—	—	—	17	21	23	—	—
		SN400B	6/100	235/	235/355[1]	235/355	215/335		400/510	—	80[2]	80[2]	80	18	22	24	27[3]	—
		SN400C	16/100			235/355[1]	235/355	215/335	400/510	—		80[2]	80	18	22	24	27[3]	25	15
490N級鋼	G 3106	SM490A	/100			325/	315/	295/	490/610	—	—	—	—	17	21	23	—	—
		SM490B	/100			325/	315/	295/	490/610	—	—	—	—	17	21	23	27[3]	—
	G 3136	SN490B	6/100	325/		325/445[1]	325/445	295/415	490/610	—	80[2]	80[2]	80	17	21	23	27[3]	—
		SN490C	16/100			325/445[1]	325/445	295/415	490/610	—		80[2]	80	17	21	23	27[3]	25	15

*1) ウェブ厚が9 mm以下のH形鋼は，降伏点または耐力の上限は適用しない。
*2) ウェブ厚が9 mm以下のH形鋼は，降伏比の上限を85%とする。
*3) 厚さ12 mmを超える鋼材に適用し，3個の試験片の平均値とする。

表6.6 ミルシートの例

鋼材検査証明書
(MILL SHEET)

契約番号 (CONTRACT No.)	MOX309		証明番号 (SHEET No.)	100			発行年月日 (DATE OF ISSUE)		05-10-01
注文者 (SUPPLIER)	×××××××××		店部課コード (SECTION CODE)	×××			注文者照合番号 (REFERENCE No.)		×××××
需要家 (CUSTOMER)	○○○○○○○○○								
品名 (COMMODITY)	DEFORMED BAR								
品種 (SPECIFICATION)	ZZZZZ ＊SD 345＊						会社名および製鉄所名		

鋼番 CHARGE No.	寸法(mm) SIZE	長さ LENGTH m	略番 ITEM No.	数量 No., OF PIECES	重量 WEIGHT kg	化学成分(%) CHEMICAL COMPOSITION					引張試験 TENSILE TEST			曲げ試験 BEND TEST
						C ×100	Si ×100	Mn ×100	P ×1000	S ×1000	降伏点 YP N/mm²	引張強度 TS N/mm²	伸び E %	
K0053	D19	7.50		360	6 084	21	38	146	22	27	382	578	30	GOOD
G1983	D19	9.00		100	2 020	23	38	132	29	37	378	588	27	GOOD
G5808	D22	4.00		260	3 172	23	39	142	34	34	390	590	28	GOOD
G4414	D22	10.00		130	3 952	22	38	134	37	26	382	580	28	GOOD
K4260	D25	6.50		140	3 626	23	38	132	28	30	387	598	32	GOOD
K6684	D25	8.00		50	1 590	23	40	143	30	26	385	590	30	GOOD
TOTAL				1 040	20 444									

上記鋼材は規定の試験を行いこれに合格したことを証明する。
It is herewith certified that the above materials are satisfactory in compliance with the requirements specified in the contract.

会社名・印

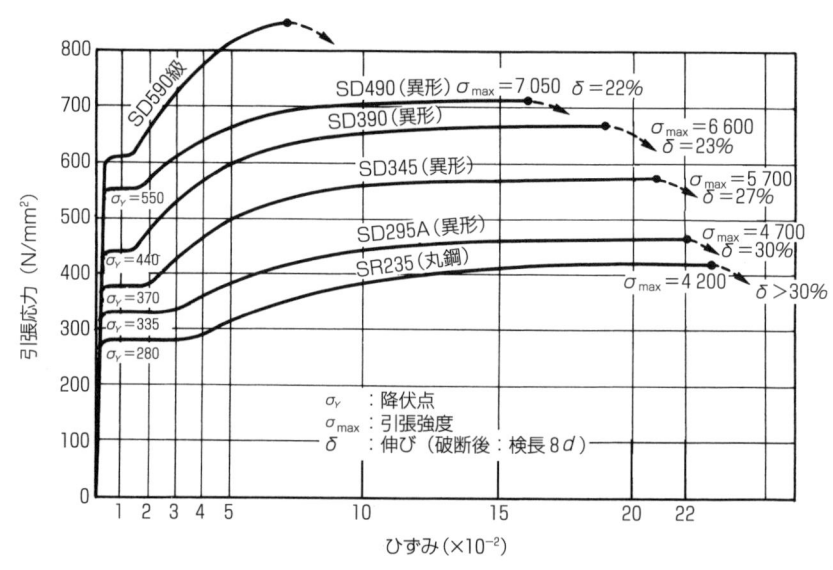

図6.19 熱間圧延鉄筋の応力-ひずみ曲線[24]

延鋼の降伏点の高低に伴って生じる応力-ひずみ曲線の形状変化の典型的な傾向が明確な例である。

新しく開発されJIS規格化には至らないが広く実用に供されている建築構造用鋼材としては，既述の耐火鋼以外に，風や地震時の建物内入力のエネルギー吸収を狙った制震構造に用いる極低降伏点鋼，無塗装で耐食性を保つステンレス鋼の構造用鋼材などがある。

7. 非鉄金属材料

(1) 概　説

　鉄鋼以外の金属を非鉄金属という。建築物の内外装や各種の建築金物の材料として，非鉄金属は建築にとって欠くことのできない存在である。

　金属というと，独特の輝きをもった硬くて冷たい材料というようにイメージされがちであるが，建築における金属材料は，ブロンズ像などからも想像されるように温くて軟らかいものとして使われることも多い。

　一般的に非鉄金属は，特有の色調と光沢をもち，耐食性があり，強度などの力学的性質もよい不燃材料である。さらにあらゆる加工方法が適用できる唯一の材料である。中にはアルミニウムのように軽いものや，カドミウムのようにイオン化すると毒性をもつものもある。

　板，棒，管などの形状で使用することが多いが，箔状や粉末状で用いられることもある。

(2) 種類と性質

　建築材料として用いられる主な非鉄金属と，その合金の物理的性質を表7.1および表7.2に示す。これらの値は，焼入れとか焼なましなどの熱処理によって変動することがあるので注意を要する。特に記述のないものは常温での値である。以下具体的な金属名をあげて説明する。

(3) 銅

　熱や電気の伝導性がよいので電気部品や機械部品として用いられることが多い。強酸とアンモニアなどのアルカリ性溶液に侵される他は一般に耐食性がよい。大気中では，その湿度や炭酸ガスの作用によって，表面に青緑色の被膜を生じる。これを緑青という。美しい外観を呈するとともに，銅の腐食を防止する。

　成形品には，板，棒，管，線などがある。耐食性，耐水性，美観性などから，建築用としては屋根板，とい，看板，表札などに利用される。

　わが国は，かつては銅の輸出国であったが，今では輸入している。

(4) 銅合金

　銅と亜鉛の合金に黄銅（しんちゅうともいう）がある。亜鉛は，普通10〜50％含まれている。黄銅の色調は，亜鉛の含量によって変化し，純銅（亜鉛0％）から亜鉛50％黄銅まで，銅赤色，赤黄色，橙色，緑黄色，黄金色と変化する。

　黄銅の耐食性は，亜鉛含量15％までは銅とほとんど変わらないが，それ以上増すと脱亜鉛

表7.1 非鉄金属素材の性質

金属	密度 (g/cm³)	融点 (℃)	比熱 (J/kg·K)	熱膨張係数 (10⁻⁶/℃)	熱伝導率 (W/m·K)	電気比抵抗 (10⁻⁶ Ωcm)	ヤング係数 (10³ N/mm²)	引張強さ (N/mm²)	降伏点・耐力 (N/mm²)	伸び (%)
アルミニウム	2.69	660	933 (100℃)	24.6	222	2.65	70	84〜191	14〜166	4〜50
銅	8.93	1 080	385	16.5	393	1.55 (0℃)	129	240	59	40〜60
金	19.3	1 060	127	14	309	2.4	76			
鉛	11.3	327	126 (0℃)	29	35	21	16	9〜23	—	20〜60
マグネシウム	1.74	651	1 042	25.8	172 (0℃)	3.9 (0℃)	44			
ニッケル	8.9	1 450	440	13.3	92	6.58	206			
銀	10.5	961	233 (0℃)	19	418 (0℃)	1.62	81			
錫	7.28	231	268 (0℃)	21	64	11.4	57			
亜鉛	7.12	419	384 (0℃)	(30)	113	5.9	75〜79	108〜274	108〜274	30〜50
チタン	4.51	1 668	523 (100℃)	9.0	17	50	107	294〜686		

表7.2 非鉄金属合金の性質

材料名称	標準組成 (%)	材質	密度 (g/cm³)	融点 (℃)	熱膨張係数 (10⁻⁶/℃)	熱伝導率 (W/m·K)	電気比抵抗 (10⁻⁶Ωcm)	ヤング係数 (10³ N/mm²)	引張強さ (N/mm²)	耐力 (N/mm²)	伸び (%)	用途
黄銅(7/3)	Cu−30Zn	軟質	8.5	912〜955	19.9 (25〜300℃)	111	6.2	111	325	110	62	建具装飾金物
りん青銅	Cu−5Sn	硬質	8.9	950〜1 050	17.8 (20〜300℃)	73	11	111	560	520	10	防虫網ばね
アルミニウム合金 6063	Al−0.7Mg−0.4Si	T6	2.70	616〜651	23.4 (20〜100℃)	200	3.3	71	245	215	12	サッシ化粧材
洋白	65Cu−18Ni−17Zn	硬質	8.7	1 070〜1 110	16.2 (20〜300℃)	31	29	124	590	510	3	金物装飾品
ステンレス鋼 (18−8)	Fe−18Cr−8Ni−−<0.08C	軟質	7.9	1 400〜1 430	17.3 (0〜100℃)	15		190	620	270	50	調理台装飾金物

現象を呈してやや低下する。この傾向は海水中で著しい。7：3黄銅（銅70％，亜鉛30％）や6：4黄銅（銅60％，亜鉛40％），また強度と耐食性のあるネーバル黄銅（6：4黄銅の亜鉛の1％を錫と置き換えたもの）などが用いられる。

美しい色調と光沢をもち，鋳造，圧延などの加工も容易で力学的性質が優れ，かつ銅より安価なため，ドアの蝶番，把手などの建具金物や装飾金物として用いられる。

銅と錫を主体とする合金に青銅（ブロンズ）がある。青銅器時代という言葉で知られるように地球上で最も古くから使われた合金である。武器，装身具，美術品などに利用されたが，鋳造以外のうまい加工方法がなかったので，鉄鋼にとって代わられた。錫の含有量は4〜12％である。

青銅は，黄銅より耐食性がよく，耐海水性にも優れている。強度は鉄鋼に及ばないが，鋳造しやすく，美術価値の高い色調をもつ性質のため，各種装飾金物や美術工芸品，外装パネルなどに用いられる。

10％の錫の他に，亜鉛・鉛などを含有する黄銅を特に砲金ということがある。強度・硬度，耐久性に優れた点を利用して建築金具，機械部品に利用される。

このほか銅合金には，りんを含んだもの（例：りん青銅），アルミニウムを含んだもの（例：アルミニウム青銅），金，銀を含んだものなどがあり，装飾金物として用いられる。

（5） アルミニウムおよびアルミニウム合金

鉄鋼に次いで重要な金属材料である。純アルミニウムの密度は$2.7 g/cm^3$で鉄の約1/3である。最も軽い金属の1つである。耐力，強度は鉄鋼にやや劣るとはいえ，銅などを添加して合金にすれば鋼にほぼ匹敵する。

アルミニウムは，活性な金属であるから空気中の酸素と結合して，その表面に酸化アルミニウムの不動態被膜をつくる。これは薄い膜ではあるが硬く，一般に耐水，耐熱，耐食的であって，被膜が損傷されないかぎり，内部への酸化は阻止される。ただし，ぎ酸，しゅう酸などの有機酸，無機酸およびアルカリに弱い。したがって強アルカリであるモルタル・コンクリートとの直接接触には注意を要する。これらの耐食性は，アルミニウムの純度に関係し，純度の高いほど耐食的である。

さらに耐食性を増すには，硫酸，しゅう酸，クロム酸液などを使って電解し，陽極酸化被膜（アルマイト）を生成させる。アルマイトは，酸化アルミニウムの緻密な被膜であって硬度，耐食性もアルミニウムよりよい。さらにアルマイトには，微細孔があるので，この孔に染料を吸着させて着色することができる。着色後は高圧蒸気などで封孔する。このほか，他の元素を加えたり，電解条件を変化させたりすることにより，アルマイトを発色させたり，硬質化したりすることもできる。アルマイトの厚さは，10μ前後以上とするのが普通である。

アルミニウムは，約660℃で溶融するので，鋳造性に富む。この性質を利用してダイカスト（鋳型成形）製品が多く製造されている。毒性がなく，熱伝導のよい点，光学的反射率の高いこともアルミニウムの特長である。

一方，100℃を超えると強度が低下するなど耐熱性に欠けること，ヤング係数が約7×10^4 N/mm^2と鋼の1/3しかなく変形が大きくなること，電位の低い金属に接触すると腐食しやすいこと，また熱膨張係数が鋼の約2倍あり，熱応力の発生や熱変形に留意しなければならないことなどの問題点もある。

建築用には，構造用，仕上げ用，建具用などと多方面に利用されており，その形状も板，棒，各種型材，箔，ダイカストによる三次元成形品など多種多様である。また用途によって，耐食あるいは強度，耐食および強度などの性能を持った合金が使われている。

一般に耐食性のよくない高力アルミニウム合金に，耐食性のある純アルミニウムを両側から被覆して積層材としたものがあり，これをアルミクラッド材あるいは簡単にアルクラッドということがある。

アルミニウムの原料は，わが国に産しないボーキサイトである。さらにアルミニウム地金は，電気分解によってつくられるので，電気料金の高いわが国での生産は，しだいに困難になりつつあるのが現状である。

使用済みアルミニウムのリサイクルが望まれる理由である。

（6） ステンレス鋼

非鉄金属というよりも合金鋼に分類されることが多い。普通炭素鋼に比べて，大気中および水中で錆びにくい鋼である。耐食性は，炭素，クロム，ニッケルなどの含有量によって異なる。クロムの含有量が18％以下のものをマル

テンサイト系（通称 13 クロム），クロムの含有量が 11〜27 % のものをフェライト系（通称 18 クロム）およびクロムを 16〜27 %，ニッケルを 6〜25 % 含んだものをオーステナイト系（通称 18-8）という。オーステナイト系ステンレスは，加工性，耐食性，溶接性ともよく，フェライト系がこれに続く。マルテンサイト系は焼入れのできることに特徴がある。

建築材料としては，調理台，流し，電気器具，装飾金物などに多量に使用されている。表面仕上げに，ストレートな長髪状のテクスチャーをもつヘアライン仕上げや実際に鏡として使えるほどに平滑な鏡面仕上げがある。

（7） チタン

強度，耐熱性，耐食性，耐久性，加工性に優れるが，アルミニウムに次いで軽量である。高価ではあるが，耐久・耐候性に富むので，屋根，外壁，海洋構造物，モニュメントなどに使用される。亜鉛メッキして使用する場合もある。

8. プラスチックス

(1) 概　説

　一般に物質は分子からできているが，その分子量が格段に大きく1万以上のものを高分子物質という。高分子物質のうちにも木綿，絹，紙，木材，皮革などの天然有機高分子物質，雲母，アスベストなどの天然無機高分子物質があるが，ここでは，建築材料として多く用いられる合成高分子材料について述べる。

　合成ゴム，プラスチックスなどの高分子材料なくして今日のわれわれの生活は語れない。石のような硬さ，絹のようなしなやかさ，ガラスのような透明性，雲母のような電気絶縁性や接着性をもつ高分子材料は他の材料に比べて軽く成形性・着色性に富むうえに，これらの性質を自由に変えることができるという長所がある反面，燃えると有毒ガスが出たり，長期間の使用中に有害物質が浸出したりという欠点をもつものもある。内・外装材，防水材，断熱材，電気絶縁材，接着剤，塗料など用途は広いが，使用方法に十分注意しなければならない。

　原料として石炭，石油，天然ガスなどを用いることが多いので，資源問題との絡みでコストが変動することもある。今日本では，年間1人当りその人間の体重ほどのプラスチックスを消費し，そのうち約40％が2年以内に廃棄されている。再利用システムの確立が望まれる。

・長　所
　a．軽い，密度が小さいわりには強度が大きい。
　b．加工成形が容易で着色ができる。
　c．透明な材料がある。
　d．耐薬品性，耐水性，耐久性がある。
　e．電気絶縁性，熱絶縁性がある。
　f．衝撃，振動などのエネルギー吸収能の大きいものがある。
　g．摩擦係数が小さく，摩耗に強いものがある。
　h．用途に応じて性能を自由に変性・合成することができる。
・短　所
　a．加熱によって軟化するものがある。
　b．紫外線で劣化するものがある。
　c．火災時に有毒物質を発するものがある。
　d．長期使用時に有害物質を浸出するものがある。
　e．現時点では廃棄に問題がある。

(2) 種　類

　1つの基本となる分子が何百何千何万と長く線状につながり，分子量が1万を超えたものを高分子物質という。このつながりのもとである分子間引力の大きさと，図8.1に示すように線状の高分子どおしがどのくらい整然と絡み合っているかの結晶化度によって，高分子は小さいほうから順にゴム，プラスチックスおよび繊維の3つに大別される。

　ゴムは引き伸すと容易に変形するが，力を除くともとに戻る。この弾性的性質はゴムの構造のどこからくるのだろうか。ゴムは分子間の引き合う力が非常に弱い長い分子の間に橋が架け

(a) 非結晶—ゴム　　(b) ランダム方向の結晶—プラスチックス　　(c) 方向性のある結晶—繊維

図8.1　高分子物質と結晶

(a) 生ゴムの化学構造　　(b) 加硫ゴムの化学構造例　　(c) 加硫ゴムの伸び縮み

図8.2　ゴム弾性の原理図

られたものといえる。図8.2(a)は生ゴムの基本単位を示す。これにイオウが加えられると図(b)のような架橋ができる。すなわち加硫剤と線状高分子が化学的に反応してつなぎ合わされ，3次元の網目構造となるのである。図(c)で近接する架橋点abを両側に引張ると線状高分子は伸びてa′b′になり，力を除くと熱運動によって安定したもとの形状に戻り架橋間は再びabとなる。合成ゴムも同様の原理で製造される。

ある種の高分子物質に加熱して力を加えると，粘土のように力を除いてももとの形に戻らなくなる。このような性質を可塑性といい，可塑性のことをプラスチックという。プラスチックスの名はここから派生している。また最初のプラスチックスのフェノール樹脂が松やになどの天然樹脂に似ていることから「合成樹脂」とよばれることもある。しかし，すでに述べたようにプラスチックスは，天然，合成にかかわらずある条件でプラスチックであればよいのである。プラスチックスを簡単にプラスチックとよぶことも多い。

プラスチックスのうち，熱すれば軟らかくなり冷却すれば硬くなるものを熱可塑性樹脂，熱によって網目構造をつくり硬化するものを熱硬化性樹脂という。

プラスチックスは，種々の形状で生産されている。表8.2に形状によるプラスチックスの分類とその主な用途を示す。分類でLの下付の数字は，前に述べたようにその数字で示すだけの定まった寸法を持つことを示している。たとえば L_2 材は，2次元の寸法形状の定まっている丸棒やH形断面の部材を表している。

(3)　製　造

プラスチックスの原料は，その種類により姿が異なるが，液状，粉末状，粒状等である。これに，可塑剤，安定剤，着色剤，補強材，充填材などを加えてよく混練りする。可塑剤とは，

表8.1 プラスチックスの分類

分類	例	分類	例
熱可塑性樹脂 (熱で軟らかくなる)	ABS ポリアミド (PA) ポリカーボネート (PC) ポリエチレン (PE) アクリル (PMMA) ポリプロピレン (PP) ポリスチレン (PS) ポリ酢酸ビニル (PVAC) 塩化ビニル (PVC) 塩化ビニリデン (PVDC)	熱硬化性樹脂 (熱で硬くなる)	アリル (DAP) エポキシ (EP) メラミン (MF) ポリアミドイミド (PAI) フェノール (PF) ポリイミド (PI) ポリウレタン (PUR) シリコン (SI) ユリア (UF) 不飽和ポリエステル (UP) ポリエチレンテレフタレート (PET)

表8.2 プラスチックスの形状による分類と用途

分類	細分類	主な用途
L_0 材	繊維	断熱材, 織物
	液状	塗料, 吹付け材
	流動状	塗料, 吹付け材, 接着剤, 防水材, シーリング材, 補修材
L_1 材	単板	化粧板, 透光板, 遮光板, カーテン, フィルム
	積層材	床シート, 屋根材, サンドイッチ板
L_2 材	棒材	レール, 手すり, 幅木, 目地棒, ガスケット
	管材, 型材	給排水管, ダクト, とい
L_3 材	小型部品	ます, 把手, シャワー, 照明器具, ブロック, タイル
	大型部品	洗面器, バスタブ, 便器, 椅子, ドア
	組立部品	家具, シェルター, サッシ, アコーディオンドア

できあがった製品をしなやかに粘り強くする助剤であり, 安定剤とは, 熱劣化を阻止し耐候性を付与するものである。

プラスチックスの加工方法は, 金属以上に多様である。切削・接合・接着などの加工法以外に, 表8.3に示すような各種の成形法がある。加工法は, 生産量の多少, 形状, 寸法の範囲, 対象とするプラスチックスの種類等によって選択しなければならない。選択によっては, 複雑な形状のものが非常に安価に生産できる。

(4) 性質

プラスチックスの一般的な性質を次に示す。
ゴムは, 図8.2に示したような機構で外力によって大きく変形し, 力をとり除くとまたもとの状態に帰る。すなわち, ゴム弾性を示す。

プラスチックスの強度や変形性状は, 温度と時間によって大きく変動する。高温では強度は下がり, 弾性定数は低下し, 変形は大きくなる。低温では, 硬くかつもろくなる。一定応力をかけたまま, 時間が経過すると変形が増大するか, あるいは破断する。これをクリープ変形あるいはクリープ破壊という。また一定変形を与えたまま, 時間が経つと応力は徐々に低くなる。応力緩和である。

温度による力学的性質の低下の度合は, 熱可塑性樹脂において大きく, 熱硬化性樹脂で小さい。この理由は, 熱可塑性樹脂は線状に連なった高分子で, 結合も弱く, 熱を受けると分子間引力が低下するのに対し, 熱硬化性樹脂は, 3次元の網状構造をした高分子で, その結合も化学結合をしており, 加熱されると軟化せず, 黒化してむしろ硬化するからである。

プラスチックスの密度は $0.9 \sim 1.5 \, \text{g/cm}^3$ の

表8.3 成形法と製品分類

名称	成形法	特徴	適用可能樹脂	製品例
射出成形（インジェクションモールディング）	溶けたプラスチックスを油圧シリンダーで型の中へ送り込み，冷却・硬化・脱型を自動的に行う	金型が高い 大量生産に向く 能率が高い	ポリエチレン，ポリスチレン，塩化ビニル，アクリル，メラミン，ユリア樹脂，セルローズ，ナイロン，ポリエチレン	バケツ，風呂桶，テレビキャビネット，家具，壁タイル，壁ブロック
押出成形	溶けたプラスチックスを金型から押し出して成形する。	断面形状が一様である 鋼材を封入することができる	硬質塩化ビニル，ABS，アクリル，ポリカーボネート，ポリエチレン，セルローズ，ナイロン，ポリスチレン，シリコン	パイプ，波板，止水板，電線，とい，目地棒，カーテンレール，中空床材，手すり
吹込成形	溶けたプラスチックスをチューブ状にして形の彫り込まれた金型にはさみ，空気を送り込んで成形する。	中ぶくらみの形状あるいは密閉形状である 中量，大量生産に向く	ポリエチレン，塩化ビニル，ナイロン，ポリプロピレン	ポリタンク
真空成形	熱で軟化したシートを真空で金型に吸い付けることによって成形する	薄肉の製品ができる 金型が安い 少量から大量生産に向く	硬質塩化ビニル，アクリル，ポリエチレン，ポリプロピレン，ABS	看板，ディスプレー，天井板
圧縮成形	プレス成形機にセットされた雌型の中に原料を投入し，雄型で加熱，加圧して成形する。	設備，金型とも比較的安い 充填材，補強材とともに成形することができる	フェノール，メラミン，ポリエステル，エポキシ，ABS，アルキッド，シリコン，ユリア	椅子，浴槽，便座，照明器具，建具付属品
積層成形	異種材料の板を重ねてプレスで圧縮して張り合わせる。	材料表面をその材質から独立変化させることができる	メラミン，ポリエステル，フェノール，エポキシ，ユリア，ジアリルフタレート，ポリエチレン，ABS，塩化ビニル	家具，建材等の表面化粧板，浴槽
回転成形	金型の中に，原料プラスチックスの粉末を投入し加熱しながら回転して成形する。	金型が安い 大型成形品ができる 製品の厚さを自由に変えることができる	ポリエチレン，ABS，不飽和ポリエステル	浴槽，便槽
注型成形	型の中にプラスチックスを流し込んで成形する。	型が安価 異物体を封じ込むことができる	アクリル，不飽和ポリエステル，ポリスチレン，硬質ポリウレタン，シリコーン，塩化ビニル	透明板，半透明板，ドア
発泡成形	金型の中に発泡剤を封入した原料プラスチック粒を封入して蒸気などで加熱発泡させて成形する。	各種の密度のものを成形することができる	ポリスチレン，ポリウレタン	断熱材，梱包材
圧延成形	ねりあげた原料プラスチックスをロールの間に通して膜にする方法		塩化ビニル	フィルム，シート

範囲にあり，引張強度は，15～100 N/mm² と比較的大きい。したがって比強度（密度当りの強度）をとると金属材料を凌ぐことになる。

硬度は，種類によって異なる。一般に熱硬化性樹脂において硬く，熱可塑性樹脂において軟らかい。さらに可塑剤を入れると軟らかく，しなやかになる。包装等に使うポリエチレンや塩化ビニル樹脂において軟らかく，カウンターやテーブル・トップに用いられるメラミン樹脂が硬いのは，日常しばしば経験するところである。

熱膨張率は，鉄鋼の数倍，熱伝導率は1/100程度である。設計や生産において，この点に十分配慮する必要がある。熱伝導率が小さいうえ

表8.4　エンジニアリング・プラスチックスの特性と用途

名　　称	主　な　特　性	主　な　用　途
ポリアミド	硬度，強度，耐薬品性　潤滑性	タンク，戸車，電線被覆，ベアリング
ポリアセタール	耐熱性，強度，潤滑性　耐湿性，電気特性	電器部品，空調機械部品，ねじ　ハンドル
ポリカーボネート	耐熱性，強度，透明性	照明器具，集熱器，ボルト，ねじ　ヘルメット，採光材料
ポリブチレンテレフタレート	強度，耐熱性，耐薬品性　低吸水率，寸法安定性	ねじ，スイッチ，バルブ
変性ポリフェニレンオキサイド	強度，耐熱性，耐薬品性　電気的特性	熱湯器具，パイプ，把手　キャビネット，ポンプ

に発泡させることも容易なので，断熱材として用いられることも多い。吸水や吸湿性は皆無ではないが一般に少ないので，防水材や防水シートとしてよく用いられる。

　プラスチックスは染料や顔料による着色が可能なこと，また透明板，半透明板，乳白色などにして透過率の制御ができること，いろいろなテクスチャーのものを製造できることに特色がある。これらの性質を利用して各種の化粧板，透光板，ディスプレイ材料等が製作されている。電気絶縁性に富むため，電線の被覆や各種電機部品に利用される。摩耗が少なく摩擦係数の小さいポリアミド系樹脂などは，戸車や歯車などに使われる。

　燃えると単に黒化するだけのものもあるが，大きく変形し，発煙して有毒ガスを発生するものもある。設計に留意しなければならない。長期間大気や紫外線に晒されたプラスチックスは，酸化・分解等のため，強度，靱性，硬度，透過性などが劣化することが多い。このため，可塑剤，安定剤等を添加して，この影響を低減するようにしている。

　以上プラスチックスは，軽量性，成形性，力学的性質，電気的性質，光学的性質などにおいて他の材料にない優れた性質をもっているが，反面，熱的性質，耐久性，クリープ特性等において劣った性質を有する。

　ところが，最近プラスチックスの優れた特長をますます強調し，劣った性質をカバーし，積極的に高温や高応力を受ける部材・部品に利用されるようなプラスチックスが認識されるようになった。これを総称してエンジニアリング・プラスチックスという。表8.4にエンジニアリング・プラスチックスの特性とその建築的用途を示す。ちなみに，採光材料としてガラスの代替品として用いられるポリカーボネートは，ガラスと同等の光透過率をもちながら軽量で強度特性も良好，耐衝撃性はガラスの数百倍あり，三次元曲面も製作できるなど加工性がよい。表面硬度，耐候性，耐熱性はガラスに劣る。

(5) 用　途

　プラスチックスの建築における用途については，表8.2，表8.3および表8.4に示した。実際の応用にあたっては，(3)製造および(4)性質を十分理解し，それぞれのところで述べた点に留意して設計，製造および施工にあたらねばならない。

第3部　建築施工編

序─設計業務の概要

個人なり法人などの組織が建物を必要とし，新しく建設しようとする場合，一般には建築の設計事務所に企画や設計を依頼することになる。建物を必要とする個人や組織が建築主ということになる。

建築主が建物の構想をある程度提示して，複数の設計事務所から設計費用の見積を取り，最も安いところあるいは最も適正と思われるところに依頼することも多くなってきた。大規模な建築になると建築主が直接構想をまとめることは難しいので，構想づくりをコンサルタントなどに依頼することもある。

設計依頼を受けた設計事務所は，施主の要望を聞き取り，立地条件，気象条件，建築基準法やその地域の様々な法規制などの情報を集め設計を進める。

設計の初期は，イメージ，スケッチ，プランなどの簡易な概略図を提示することから始まる。これを建築主とともに検討し，何度も打合せを重ねながら少しずつ形を整えてゆく。この間，建築基準法などの法規制についても点検し，適合しない部分については建築主と打合せて修正していく。この設計作業の段階を企画設計という。

ほぼ形が決まってきたら各階平面図，立面図，断面図を作成し，構造設計，設備設計にかかる。この段階は基本設計ということになる。施主の要望，立地条件，法規制などあらゆる条件が盛り込まれたものとなる。ただこの状態では第三者にそれらの情報は伝えにくい。そこで第三者にもわかる設計図書をつくることになり，この段階を実施設計という。

平面，立面，断面の他に，矩形図，構造図，電気や給排水，空調などの設備図，仕上げ表，仕様書などを整備する。このほかに，本書の第2部，第3部で取り扱う，材料の選択，施工や材料の個別単価や部位別の工事費，設計図書にもとづく建築面積（延べ床・容積）の計算書，構造計算書，換気空調など，各種の計算書も必要である。こうして実施設計が完了し，施工準備が整ってはじめて，建築の確認申請を提出することができる。

（1） 建築確認申請

建築確認のない建物は建設してはならない。建築確認がないのに工事にかかったりすると施工業者も法違反に問われる，いわゆる建築基準法違反である。建築基準法では，設計された建物が基準法に適合しているかを，建築主事が確認することとしている。

近年，建築基準法のみでなく，学校，保育施設，医療，消防，地区協定など多くの法律や取り決めがあり，これらを満足していることが確認されると，建築確認が受け付けられる。確認には，設計書，構造計算書を付けて確認申請を建築主事に提出せねばならない。

建築確認申請に問題がなければ，確認済み証が申請者に戻される。工事完了後に建築主事の検査を受けて，検査済み証が交付される。従来，検査済み証を受けていない建物が多かったが，増改築のときにこれがないと，建築主事は建物の存在を認めず，手続きが面倒なことにな

るので注意が必要である。建築確認が済めば建設工事に着工してもよいが，その前に業者を選定するという大切な仕事を行わねばならない。

（2） 建築士の役割

いわゆる「建築士」には，1級建築士，2級建築士，木造建築士がある。建築の専門教育を受けて実務経験を積み，建築士の国家試験に合格すると得られる。原則として建築の設計は建築士以外のものがしてはいけないことになっている。また施工するときは建築主が工事監理者を定めねばならない。工事監理者も建築士でなければならない。

工事監理者は後に述べる建設業の管理者と違い，建築主の立場において設計図書どおりに施工が行われていることを確認するのが主たる業務である。確認申請時には，監理者が決まっていることが必要である。兵庫県南部地震で崩壊した建築物の多くが設計図書どおりに施工されていたならば崩壊も減少されたであろう。工事監理者が機能していなかったのも原因の1つであるとされ，監理者の重要性が取りざたされることが多くなった。さらなる専門分化が進むことで，すべてのことに詳しい建築士はほとんどいない。そのため一般設計，構造，設備，法律などへと分化が一段と進んでいる。

これが一般の人にもわかるようにするため，日本建築士会を中心に「専攻建築士制度」が進められている。それには次の7つの専攻がある。

① まちづくり専攻建築士
② 設計専攻建築士
③ 構造専攻建築士
④ 環境設備専攻建築士
⑤ 生産専攻建築士
⑥ 棟梁専攻建築士
⑦ 法令専攻建築士

（3） PFIによる計画案コンペ

PFIとは，Private Finance Initiative の略で，公共施設等の建設，維持管理，運営などを民間の資金，経営力，技術力を活用して行おうとするのである。

1．たとえば，図書館が必要な場合，用意された土地に
2．どのような図書館がつくれるのか
3．どのようにして設計，建設するのか
4．どのように運営するのか
5．資金調達の方法

などを民間の企業に提案してもらい，最も優れた提案者に特別目的会社を設立させ，企画設計建設運営維持管理などのすべてを委託し，国自治体は特別目的会社に，国民のサービス料を支払うか，独立採算の場合は国自治体が監視のみを行う。

このようにすれば，設計料，建設費を支払う必要がないし，図書館の運営者を雇う必要もなく，国自治体が莫大な資金を投ずる必要もないので，税金の使い方を合理化でき，小さな政府自治体が実現するとするものである。

提案を求められる民間企業は，1社のみでは対応できないので，建設コンサルタント，設計事務所，建設業，メンテナンス会社，図書館の運営会社，金融業などが集まり提案を作成する。当然総まとめをする会社が必要となりコンサルタントがまとめることが多い。

（4） コンストラクション・マネジメント（CM）方式

大規模開発など超大型建設事業などで，広い専門知識を持つコンストラクション・マネジメントを行うコンサルタントなどを定め，そのもとに設計者，建設会社，専門工事業者などを選定し統括して建設事業を進める方式。

コンストラクション・マネジメントを実施する場合，①「提案方式」を採用したり，②「特命方式」で決めることもある。施工業者を決める場合も，「特命」「見積合わせ」「競争入札」などいろいろな方法で実施される。

1．工事の受発注と契約

1.1　施工業者の選び方

　建築は材料を加工し，運び，組立て固定する作業により完成するものと考えてよいだろう。加工は運ぶ前に行うものと，運んだあとに行うものとの様々な組合せにより行われる。どのような材料を，どのように加工し，どのように組み立て固定するか，これが建築施工の基本であろうが，施工編はそれらの基本事項とは全く関係のない，業者の選定契約から始まる。

　現在，日本には多くの建設業者が存在し，中には悪徳業者とまでいわないにしても，技術力を偽った業者がいかにも優秀な技術を持っているかのようにふるまい，建築主や関係者に迷惑をかけたり，迷惑を超えて損害を与えたりして裁判沙汰になることも多い。したがってよい業者を選ぶということは建設行為にとっては非常に重要なことである。また，談合問題なども業者の選定においては自由な競争を阻害するものである。そのための仕組の合理的な改善や，独占禁止法などによる法整備がなされているのである。

　次に建設の一般的な手順を示すと以下のようになる。

① 企　画
② 設計者の選定
③ 設　計
④ 確認申請
⑤ 見　積
⑥ 契　約
⑦ 建設業者の選定
⑧ 施工・監理
⑨ 完成・引渡し
⑩ 維持管理

　最近は維持管理，解体処分まで視野に入れて，企画から解体処分まで最もエネルギーが小さく廃棄物の少ないように計画すべきであるとされている。サスティナブル（環境共生）建築を希求する地球環境時代の到来で，エコシステムや省エネルギー化対策にも十分に対応した，取り組みが必要とされている。

1.2　総合建設業（ゼネコン）と専門工事業（サブコン）

(1) 建設業法による工事の種類

　建設業法では表1.1に示す工事を建設工事とし，これらの工事の完成を請負う業態を建設業の主力としている。請負うとは，民法の第632条「請負は当事者の一方がある仕事を完成することを約し相手方がその仕事の結果に対してこれに報酬を与えることを約すること」とされている。よくいわれることだが，医者の医療行為は請負ではないが，歯科医が入れ歯をつくるのは請負にもなりうるとのことである。また，建設業を営もうとするものは，国土交通大臣または都道府県知事の許可を受けなければならないことになっている。許可の条件としては，建設の専門の教育を受け，一定の期間の実務経験のあるものがいることなどがあげられている。

表 1.1 建設業法による建設業の種類

```
 1. 土木一式工事
 2. 建築一式工事
 3. 大工工事
 4. 左官工事
 5. とび・土工・コンクリート工事
 6. 石工事
 7. 屋根工事
 8. 電気工事
 9. 管工事
10. タイル・れんが・ブロック工事
11. 鋼構造物工事
12. 鉄筋工事
13. ほ装工事
14. しゅんせつ工事
15. 板金工事
16. ガラス工事
17. 塗装工事
18. 防水工事
19. 内装仕上げ工事
20. 機械器具設置工事
21. 熱絶縁工事
22. 電気通信工事
23. 造園工事
24. さく井工事
25. 建具工事
26. 水道施設工事
27. 消防施設工事
28. 清掃施設工事
```

土木一式工事および建築一式工事を行うものを総合建設業（General Contractor，通称ゼネコン）という。土木一式工事および建築一式工事以外の専門の工事を行うものを専門工事業（sub-Contractor，通称サブコン）という。総合建設業は主に発注者と全建設工事の契約を行う。

専門工事業は主に総合建設業とその専門とする特定の工事について契約する。一般には総合建設業から請け負う。これを下請けともいう。最近では，発注者が自ら工種ごとに専門工事業にそれぞれの特定工事を発注し，総合建設業を除外して工事を行う事例も増えてきた。これを直営方式という。

さらに，建設コンサルタントや総合エンジニアリング業が，従来の総合建設業とは別の業態であっても，エネルギープラント建設や複合商業施設，大都市の駅前再開発プロジェクトに参画することも多くなってきた。

（2） 業者の選び方

わが国にも多くの総合建設業者がある。大手から中小まで50万社以上といわれる。その中のどの業者に建設を依頼するのか，まず複数の業者を選出してその中から，その建設工事に適した業者を選定することになる。

複数の業者を選ぶには次の方法が一般に行われている。

　a．設計者の紹介
　b．今までつきあいのある業者
　c．知人の紹介
　d．新聞・雑誌などの広告により知った業者
　e．売込みにきた業者

複数の候補が選出されたらその中から，

　a．建設工事に見合った規模の業者か
　b．建設地の近くにある業者か
　c．過去の実績はどうか
　d．経営内容は大丈夫か
　e．技術者の数
　f．業者の経営方針

などによりさらに絞り込む。この間業者の事務所を視察したりすることもあろう。公共工事ではこの間の作業を，過去の実績を評価して，指定業者としてあらかじめ登録している。そして選定された業者に見積依頼を行うのが一般的だろう。見積依頼は，業者を呼んで設計図書を渡し工事の説明をして行う。そして最も安い金額を提示した業者に工事を依頼するのが普通であるが，本来は適正な価格を提示した業者に依頼するのがよいとされている。公共工事では指名競争入札ということになる。

1.3 見 積

見積は業者の経営を左右する重要な作業である。安全を見て高い見積を出すと工事は獲得できないし，安く見積しすぎると工事は獲得でき

ても，利益が得られず場合によっては赤字となり経営を圧迫することになる。下請けの専門工事業者に安く請け負わせれば利益は出せるかもしれないが，そこに無理があると品質とか工期に影響が出て，竣工建物の品質が落ち，ひいては総合工事業者の評価を落とし，やはり経営に悪影響を与える。

専門工事業者もこの辺はよく見ていて，問題のある総合建設業から工事の依頼があると，あえて高い金額を提示することさえあるという。したがって見積は，設計図書から掘削土量やコンクリート，外壁材などあらゆる部分の数量を拾い出し，その数量に対して工事費を算出するのが一般的である。この数量の拾い出しを積算という。工事費は材料費と工事費・経費と分けて算出する。工事を行うための足場や仮囲い，掘削時の山止め，建設機械，工事用電気代，水道代などを仮設工事として見積もる。

そのため，この時点で施工計画も建ててしまうべきである。全体の経費として，業者の本社の経費，現場に常駐する社員の経費なども加える。これら見積のやり方は，建築数量積算基準，工事費内訳明細書標準書式に示されている。このように合理的な見積を行うことが，施工の一番初めの大切な作業となる。

1.4 契約

(a) 工事契約

口約束でも，あるものをつくることを金額，工程などを含めて約束すれば，法的には契約は成立していると見なされる。しかし口約束だけだと後で紛争になることが多いので，契約書という形の書類に残しておくのが重要である。契約書の簡単な形式で注文・請け書という形もよく使われる。契約は発注する側（発注者または注文者）と請負う側（受注者または請負者）の双方の折衝がまとまってはじめて成立する。設計者，設計事務所などの仲介により契約される場合もある。いずれも，契約は設計図書にもとづき，金額，工程，その他の条件を明示して結ぶ。その他の条件とは，発注者，受注者，工事監理者の役割を明確にし，問題が起きたときの対応をあらかじめ決めたものである。

たとえば，工事が遅延したときにはどうする，検査はいつ誰が行うか，不合格のときはどうするか，竣工時の引渡し検査の方法とか，竣工後の不具合の対処法などである。これらの事項を標準化しまとめたものが，日本建築学会，日本建築家協会，日本建設業協会，日本建築士会連合会などによる四会連合契約約款としてまとめられ，民間工事では一般に使われている。

(b) 設計図書

設計図書とは，
 a．設計図
 b．共通仕様書
 c．特記仕様書
 d．見積時の質疑回答書
を含むすべてをいう。

(c) 競争入札による契約

以上のように諸条件を考慮に入れて，最も安い金額を提示した業者と工事契約を締結するのが一般的である。このようなやり方を競争入札という。前の事例のように複数の業者を選んで入札に参加してもらうやり方を指名競争入札という。

・長 所

業者間の公平で自由な競争を維持することができ，公開することで第三者にも説明がしやすい。そのため公共工事ではこの方法がよいとされる。

・短 所

ただこの方法による業者の決め方は，安ければよいというだけでは品質や工期安全での問題

が起きやすいし、いったん契約すると発注者の微妙な意志が反映されにくいという問題点もある。また設計図書が完全に揃っていないと、複数の業者間で見積金額に、個別の判断が加わることになる。設計を十分に練る前に工期の関係上、着工したい場合などには対応が難しい、などという問題点もある。

(d) 特命による契約

発注者に、長いつきあいがあって信頼できる業者がおり、その業者に特に頼むやり方を特命という。契約する前に見積し金額を決めてから契約する場合もあるし、金額が決まらなくてもとにかく工事にかかることもある。

・長　所

工業製品の生産工場など、生産開始の日は決まっているけれど設計も未完成のときなど、このような形で工事を始めることがある。基礎工事をしながら設計を進め、基礎ができたころに設計が完了するなど、設計と施工を同時に進めれば、工程は短くできる。この場合、工事業者に設計も依頼することが多く、これを設計施工一貫工事という。

・短　所

この場合、工事金額が入札の場合よりも高めになる欠点はあるが、生産計画を優先するために採用されることが多い。

(e) 見積合せによる契約

複数の業者に見積依頼し、金額のみでなく施工計画とか、見積の内訳明細まで調べて、最も信頼できる業者に決める方法である。

・長　所

この方法によれば、安ければよいとする業者は排除しやすい。

・短　所

複数の業者の施工計画とか見積の内訳明細まで調べるためには、発注者側に建築の専門技士がいることが必要で、大きな労力を必要とするため、あまり行われていないようである。

(f) 常用による工事

小さな工事の場合、あらかじめ金額を決めず、かかっただけ支払うという方法を常用という。この場合、材料支給ということが多い。明治時代後期、国策により建設された工場などは、ほとんどこの方法で建設された。型枠の組み方、コンクリートの練り方、鉄筋の加工組立てなど発注者自ら調査研究し、作業員に教えながら工事を行ったという。

・長　所

簡単な模様替えとか修理工事などは、業者の選定、見積依頼、見積査定、契約などの手数が工事規模に対して比重が大きくなるので、これを省略できることは効率向上に寄与する。

・短　所

材料の無駄使いや作業効率が低下しやすく、費用や工程が大きくなりがちである。

2．施工計画

2.1 準備調査

　施工計画の作成は，施工にかかわる建築専門技士の行う最初のそして最も重要な作業である。建築施工の実作業は大工さんや左官屋さんなどの職人さんや，鉄骨の製作メーカーが行い，建築専門技士は直接手を下すことはない。

　建築専門技士の行う実務は，工程の調整とか，施工の品質が求められるとおりに行われているか，安全に作業がなされているか，無駄な費用がかかっていないかなど「管理」の仕事である。管理の仕事とはよくいわれるように，Plan（計画），Do（遂行），Check（確認），Action（行動）であり，計画はその基本ともなるべきものである。

　さて，ここではすでに設計図書が与えられて，工事請負契約で示された建物をどのようにつくるかを考えねばならないが，設計図書以外に施工以前に考慮しなければならないものに以下がある。

　a．近隣：
　　　近隣建物の構造，近隣建物の老朽度，商業や工場などの種類，病気治療者の有無など
　b．境界の確認：
　　　測地測量による公図照合，隣地所有者との立会い確認，建物の納まり
　c．基準地盤面の確認：
　　　建物の基準高さ（GL）をどこにするか，高さ・斜線制限との合致
　d．道路：
　　　大型の機器材の搬入の通路確保，機械，資材搬入の可否
　e．道路埋設物：
　　　上水道，下水道，ガス管等の地下埋設状況
　f．架空線：
　　　工事に支障がある場合，地上の電気・電話・その他のケーブル線の仮迂回
　g．地盤調査結果：
　　　複雑な公共ライフラインや共同溝など地下工事のある場合は特に必要

2.2 工程計画

　契約により与えられた全体の工程があるので，以下の工事計画を念頭に置き，おおよその工程表を作成する。その時点で考慮する事項は，

　a．各工事の施工計画
　b．資材数量
　c．道路状況による資材搬入能率
　d．施工機械の数と能率
　e．作業員の数，能率（歩掛かりという）
　f．作業の空間

などである。

　おそらく，こうしてつくった工程表は，要求される工期より延びてしまうことが少なくない。そこで工期短縮の方法を検討することになる。どの工事で短縮するのが最も効率がよく安くあがるか，様々な方法を検討し最善のものを選択する。

この作業は工程管理のみならず，品質管理，原価管理，安全管理の出発点ともなる重要な作業である。一般に資材数量は小さくできないので，

  a．道路状況による資材搬入能率
  b．施工機械の数と能率
  c．作業員の数，能率
  d．作業の空間

を大きくして対処する。

資材数量を小さくすることも，たとえば足場など仮設材なら可能であるし，また時にはコンクリートブロックの壁を軽量鉄骨間仕切に変更してもらうことなども，検討せざるを得ない場合がある。作業の空間を大きくすることは，たとえば後で解説する逆打ち工法を採用すると地下と地上とで平行して作業することができるようになり，作業空間が2倍になったことになる。この検討は創意工夫が大切であり，これがうまくいくと大きな効果を発揮する。

よく使われる工程表の形式には棒線工程表とネットワーク工程表の2種類がある。棒線工程表はガントチャートともよばれ横軸に日程など時間軸，縦軸に施工工種を並べ対応する工程を横の棒線で表示するものである。作成は手軽にできる（図2.1）。

ネットワーク工程表は，横軸を日程など時間軸にするのは棒線工程表と変わらないが，施工工種の前後関係を明確にして，その工種の工程を矢印で表現し，その矢印を次の工種の工程につないでいく。そのつなぎ目には丸印を付けこれをノードとよぶ（図2.2）。

たとえば，コンクリート打ちは鉄筋工事，型枠工事，埋込み配管工事が終わらないと開始できないので，鉄筋工事，型枠工事，埋込み配管工事を示す矢印は，コンクリート工事を示す矢印のもとのほうに集結する。コンクリート工事の始まりを示す丸印には，鉄筋工事，型枠工事，埋込み配管工事の矢印が集中することになる。

このようにしてできたネットワーク工程表は

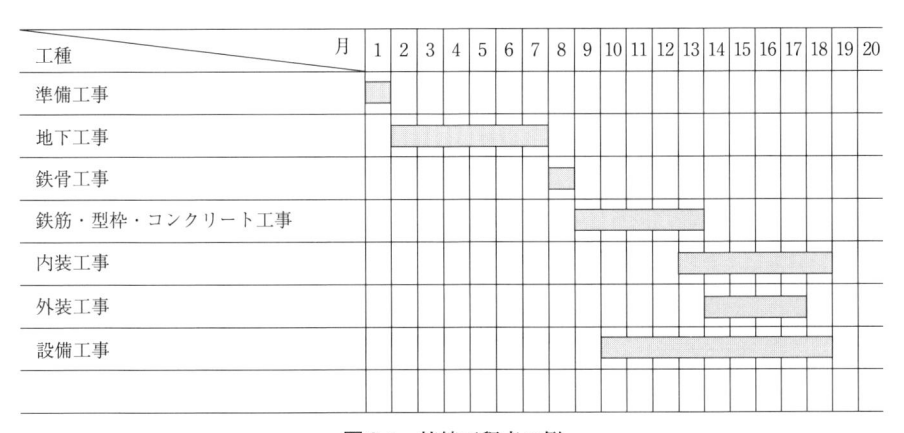

図2.1 棒線工程表の例

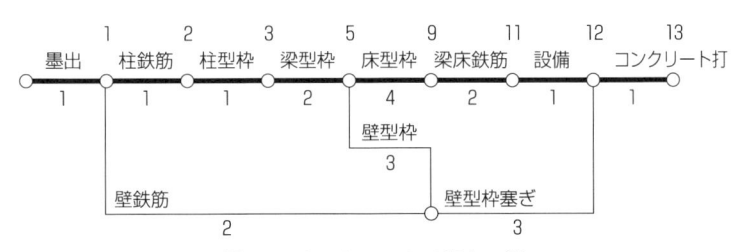

図2.2 ネットワーク工程表の例
（下の数字は所用日数，○（ノード）の上の数字は最も早く始められる日数，太線はクリティカルパス）

1つの丸印から始まり，同じく1つの丸印で終わる。それぞれの工種に必要な日数を入れていくと全体日数が計算できる。このようにすると網の目のような工程表ができる。ネットワーク工程表といわれるゆえんである。

網の目をたどると，開始から終わりまでいくつものルートが平行して存在するので，あるルートは日程に余裕があるが，あるルートは余裕がないという実態が明らかになる。最も長いルートをクリティカルパスといい，工程の重点管理や，工程を短縮しなければならないときの手法（CPM）として使われる。

2.3　共通仮設計画

仮設工事は字の示すとおり，建設工事を合理的に進めるために仮りに設ける設備のことである。建設工事が終われば不要のため，取り除いてしまわなければならない。したがって，その資材はできるだけ安くなければならない。それに，設置するのも解体するのもできるだけ簡単にでき，そして何回も使える，再利用可能なものでなければならない。

そのために仮設資材は，腐りにくい，変形しにくい，取扱いが簡単，外形寸法などは標準化ができ，どこでも何にでも使えるものが好ましい。さらに現場で切断など加工のしにくいものがよい。現場で勝手に切断すると，その材料は次の現場では使えないかもしれないし，また使えるようにするためには在庫リストが必要となるが，標準化されていない寸法のものだと，種類が増え管理の手間が大幅に増加する。

鋼製の仮設材は，寸法は標準化され，腐食しにくいように亜鉛メッキが施されて，現場で勝手に切断などの加工ができないので最適である。1955年ごろまではまだ鋼製の仮設材は少なく，ほとんど丸太とか板であった。これは簡単にのこぎりで切断できるので，現場の監督は職人が切断しないように見張るのも重要な役割であった。

もともとこれらの仮設資材は総合建設業が保有していたが，1970年ごろから鋼製の仮設材をリースで貸し出す業者が現れ，現在ではほとんどの総合建設業は，リース業者を利用するようになった。これにより総合建設業が所有する資材資産は合理化された。

それから，仮設工事は従来人力で組立てするのが原則であった。この方法だと多くの人力を要するし，高所作業においては危険がつきまとう。そこで，最近では足場を地上で大組してクレーンで吊り上げるとか，仮設建物は部屋になったものをトラックで持ち込み，クレーンで吊り上げて設置するという方法も多くなってきている。

（a）　仮囲い

建設現場の周囲には第三者が無断で立ち入り犯罪やけがなど発生しないように，また周辺へ工事現場からの被害や障害がないように，高さ1.8m以上の仮囲いを設けることになっている。一般には高さ3mの波形鋼板（万能鋼板とよばれているもの。一種のデッキプレートである）を用いることが多い（図2.3，写真2.1）。

そして，出入口として大型車両も通行できる門や，人の出入りする通用口を設ける。これらは施錠可能にする。強風時に倒れないよう，地盤にどう固定するか検討しておく。ときどき倒れて第三者に危害を与えることがあるので，要注意である。

（b）　仮設建物

1戸建ての木造住宅以外の建設には，総合建設業の社員が常駐することが多い。また，設計者の事務所も必要である。大きな建設現場になると，専門工事業者の社員も常駐することがある。これら社員や作業員の労働環境を維持する

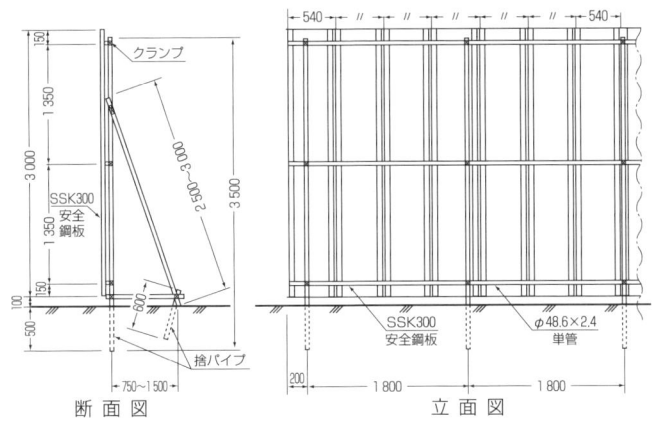

図 2.3 鋼製仮囲いの寸法例（ニッソーカタログより）（単位：mm）

写真 2.1 鋼製仮囲いの設置例

写真 2.2 現場仮設のパネルハウス

とよんでいる（写真 2.2）。

建てる場所は建設現場の近くが望ましい。建設現場の敷地に余裕のある場合は，そこに建てるし，そうでないときは近くに空き地を探して建てることもある。近くに空き家があればそれを借りることもある。建物の躯体ができ上がったら，その中に設けることもある。必要に応じ，照明，空調設備を設け電話線を引き込む。最近ではインターネットの使用が増えているので，光通信を入れることもある。

（c）運搬設備

建設は資材の運搬，加工，固定によって成り立つとも考えられる。そのうち資材の運搬も物量が膨大なため，これを効率よく行うか否かは，建設工事の重要な課題である。小さな現場では道路にトラックなどを駐車して資材の荷卸しをしていたが，2006 年 6 月より駐車監視員民間委託制度が発足して，路上駐車は難しくなってきた。道路使用の許可をとるなどの対応が必要となろう。大きな現場では場内の水平運搬も考慮して，運搬車は場内（建設中の建物の中）に引き入れて，資材の積み卸しを行ったほうが効率がよい。そのために通路を設ける。

地下の掘削工事を行っているときは，地表の高さに桟橋を設けて通路とする。普通，1 階の床面よりも少し高い位置に設けて，桟橋があっ

ため，執務室，休憩所，洗面，便所が必要である。それらの人々の事務所とするため，仮設の建物を建てる。これは一般には簡単な鉄骨造 2 階建てくらいの建物を建設する。壁や窓はパネル化しておき，工事が終わったら解体して，次の建設現場に再利用する。一般にパネルハウス

写真2.3　現場桟橋の構成例

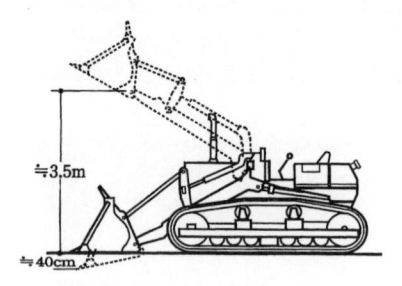

図2.4　ブルドーザーシャベル

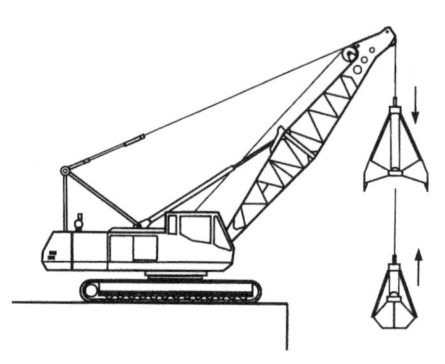

図2.5　クラムシェル

ても1階の床が施工できるように配慮する。地上部分の躯体工事ができてくると桟橋は不要になる。一般には1階の床を補強して運搬車が通行できるようにする。背の高いトラッククレーンなどを通行させる場合には，2階の梁や床を抜いておき，通路を使用する必要がなくなってから施工することもある。将来は自動搬送装置などを活用するようになるだろう（**写真2.3**）。

(d)　揚重設備

地表面の高さで受け取った資材を，地下におろしたり，地上に持ち上げたりする設備である。資材には重いもの，軽いもの，大きいもの，小さいものなど様々なものがある。小さな軽いものでも人力で上げたり下げたりするのは，人件費の高い現在得策ではない。必ず，機械力を利用することになる。

重いものを扱うのが得意な機械は，軽いものを扱うには効率が悪い。反対の場合もあるし，資材の大きさによっても効率が異なる。そこで，使用する機械は，工種ごとに分けて計画するのが普通である。

① 土工事

取り扱う資材は土砂と水である。主として地下から地上に揚重する。ブルドーザーでかき集めた土砂をクラムシェルバケットでつかみ，揚重してダンプトラックに積み込む。ダンプトラックがいないときにも揚重できるようにホッパーを地上に設け，ダンプトラックがきたらその下に入れて，ホッパーを開けて土砂をダンプトラックに積み込む。このようにすればダンプトラックに積み込む時間を短縮できるので，ダンプトラックの回転率が向上する（**図2.4，図2.5**）。

地下水のある場合は水中ポンプで地下水を排出する。釜場にしたり，深井戸にしたりしてその中に水中ポンプを設置する。

② コンクリート工事・鉄骨工事

取り扱う資材は，型枠材，鉄筋，鉄骨である。型枠材は2～3m程度の大きさで重くはないのでリフトを使うことが多い。鉄筋は長さが6mくらいと長く，そして重いのでタワークレーン，トラッククレーンを使うことが多い。鉄骨は重く，外形も大きい。長さは9mくらいのものもある。特殊な工事になると1つ数十tにもなることもあり，タワークレーン，トラッククレーンが主として用いられる（**図2.6，図2.7，図2.8**）。

2. 施工計画　113

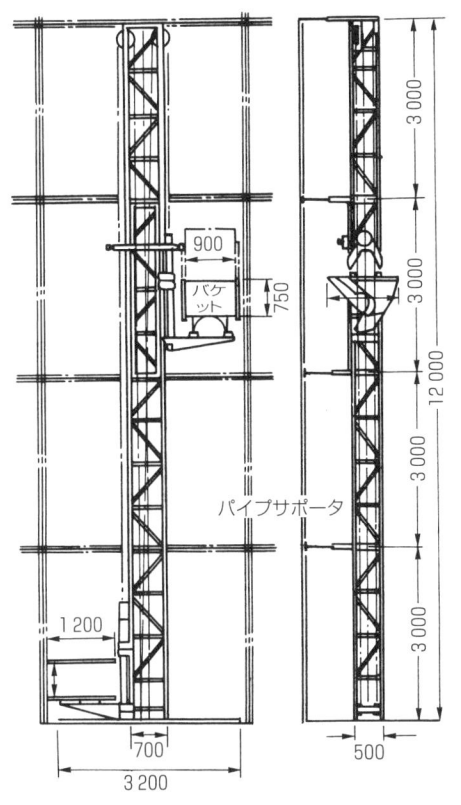

図2.6　複式ユニバーサルリフト[1]（単位：mm）

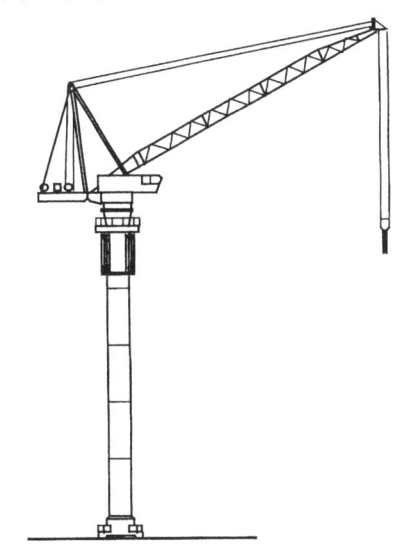

図2.7　タワークレーン（定置式）[18]

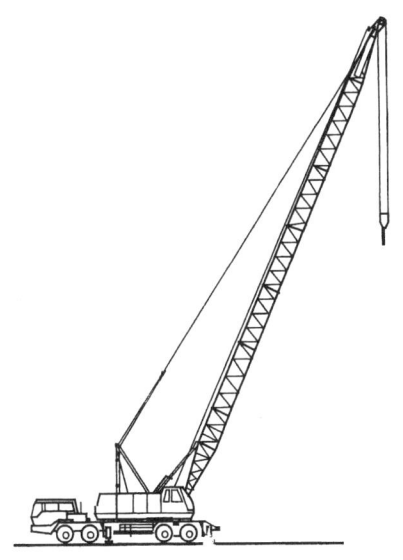

図2.8　トラッククレーン（機械式）[18]

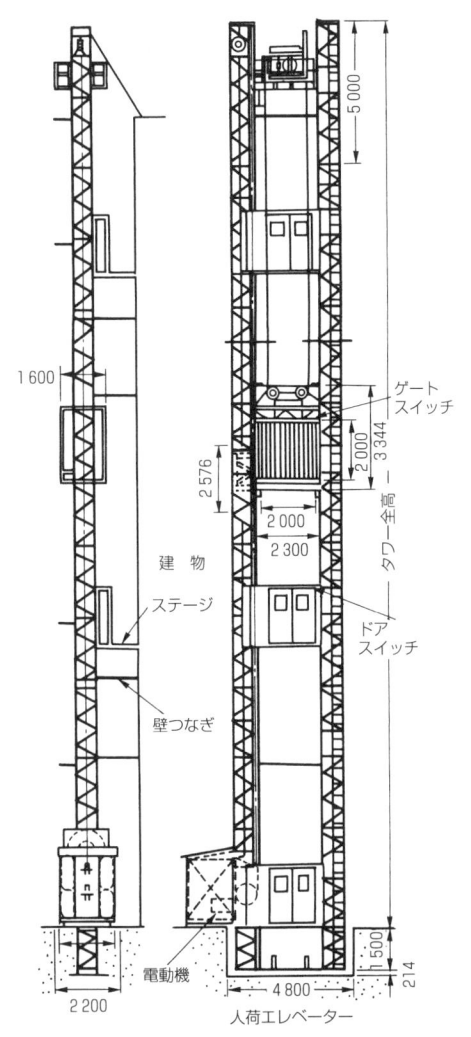

図2.9　人荷エレベーター[1]（単位：mm）

　エレベーターは主として作業員の昇降用であるが，小さなものの揚重にも使われる。コンクリートの揚重にはかつてはコンクリート用リフトを使っていたが，今はほとんどコンクリートポンプ車になってしまった。これで45mくらいは揚重できる。45m以上になると，タワー

図2.10 コンクリートポンプ車

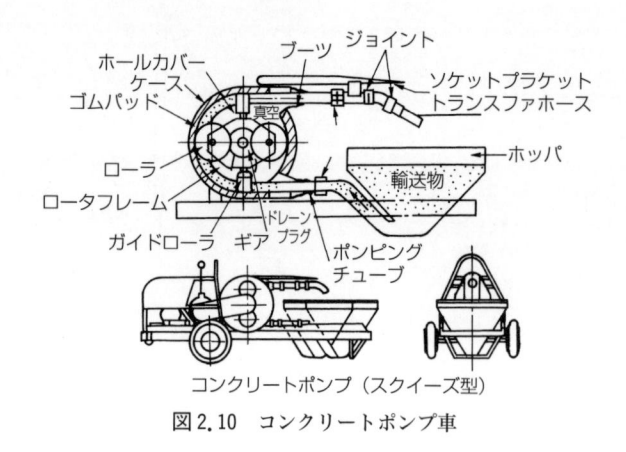

クレーンでコンクリートバケットを吊り揚重する（図2.9，図2.10）。

③ 仕上げ工事

仕上げ工事で大きくて重いものは外装に用いるPC版である。これで揚重設備が決まることが多い。やはりタワークレーンがよく使われる。この場合，外装をできるだけ早く終わらせ，後は少し小さなタワークレーンなどの機械とすることもある。また，この段階では設備機器が大きく重いものがあるので，これらの揚重あるいは吊り下げ設備の検討も忘れないようにする。

(e) 資材置き場

主に躯体工事で必要となる。型枠材，鉄筋の仮置き場や加工場が必要である。近年型枠工事や鉄筋工事の専門工事業者が力をつけてきて置き場や加工場を持つようになってきた。そのような業者の置き場を利用できれば資材置き場は必要ないこともある。資材置き場が必要なときは，建設現場の近くに適当な土地を探し借地する。

(f) 受電設備

工事に使用する電力を供給するために，変電所を設けねばならないことがある。鉄骨工事などで現場溶接があるときは，大きな電力を必要とするので注意する。溶接の電力が不足すると，電圧降下などにより溶接の品質が低下したり，能率が低下したりして予定の納期に納まらなくなることもある。最近はパッケージ化されたキュービクルを置くだけでよくなってきた。

(g) 通信設備

建設は資材の運搬，加工，固定で成り立っているが，これを順序よく実施しなければならない。そのためには情報の交換が大切である。現場内のみならず，現場外関係会社との情報のやりとりも重要でありまた量も多い。

今までは，電話や通信機であったが，最近は誰もが携帯電話を持つようになったので，連絡用の通信設備の必要性は薄れつつある。むしろFAX機能の重要性は増しつつあるようだ。これはコピー機と連動させて大きな図面も出力できるようになり利便性が向上した。

インターネットも必須となりつつある。光通信かADSLを入れる必要があろう。今までは，現場内の呼び出し用拡声装置とか，場内電話を設置していたが，携帯電話の普及でその必要はなくなりつつある。また，情報機器の発達により，電話番や経理処理などのため女性職員を現場に常駐させていたが，その必要がなくなってきた。

2.4 土工事計画

(a) 杭工事

杭の仕様は設計図書で定められている。打込み杭の場合，杭を打設する順序が大切である。砂地盤で打込み杭の場合，振動で地盤が締まってきて，周囲を先に打つと内側は打てなくなることがある。粘土地盤で片方から進めると，地盤の側方移動を生じ，近隣建物を動かしてしま

うこともある。

まず施工順序を設定し，既製杭の場合は，杭の重量や長さなどにより搬入経路，仮置き場所の設定を行い，図面上で明示する。杭打設の機械も大型になるので搬入経路，現場組立ての場所，杭打ちの順序による打設機械の配置移動計画などを図面上で検討する。

杭を使わなければならないところは，概して地盤がよくないので，杭打設機械が地盤にめり込まないように鉄板を敷くなど，地盤の改良を検討しなければならないこともある。場所打ち杭や埋込み杭を施工する場合は，掘削土砂や泥水が排出されるので，これらの搬出用設備を設置しなければならない。

（b） 掘削工事

1m 程度の浅い小規模な掘削は，土砂の搬出だけ考えればよいが，次項で説明する山止めを使用せずのり面を付けて掘っていく大規模な掘削は，のり面の安定計算や排水方法の検討が必要となる。また，斜路をつくって土砂搬出のトラックを掘削底までいくようにするか否かで，計画が異なってくる。山止めを行う場合は，山止めの形式により土砂揚重の方法が異なってくる。山止め計画と合わせて検討する。

（c） 山止め工事

地盤を掘削すれば，掘削した深さだけ土砂の壁ができる。土砂の壁は1m 程度までなら崩壊しないで自立するが，それ以上掘削すれば崩壊してしまう。崩壊すると地表の陥没による近隣への影響は大きいし，掘削の底にいる作業員たちは土砂に埋められてしまい死傷事故に至る。このような日常のヒューマンエラーによる事故は絶えない。

掘削してできた土砂の壁を崩壊させないように山止めを施工するが，その山止めは土砂の壁に直接接して押さえる面材と，その面が移動変形しないように支持する支持構造物から構成する。土砂の壁をつくらないで斜面にして掘削することも多い。これをのり面という。この場合，のり面の部分だけ掘削面積が増えるので，敷地に余裕のある場合や掘削深さがあまり深くない場合に採用される。

アイランド工法は，敷地に余裕がなく掘削深さが深くても，一部にのり面による掘削を応用した例である。面材を山止め壁といい，次のようなものが多い。

a．親杭横矢板：比較的よい地盤に適応，安価（**写真 2.4**）
b．シートパイル：やや悪い地盤，粘性土地盤に適する（**図 4.15** 参照）。
c．連続柱列：非常に軟弱な地盤に適する（**図 4.16** 参照）。
d．地中連続壁：非常に軟弱な地盤で深い掘削を行うときに適する。

支持構造物は，次のようにいろいろなものが使われている。

a．腹起こし切り梁：山止め壁を突っ張る（**図 4.18** 参照）。
b．地盤アンカー：山止め壁を掘削する部分の反対側から引っ張る（**図 2.11**）。
c．建物構造体：山止め壁を建物構造体で支持する。逆打ち方式とか潜函工法はこの方式になる。

施工範囲を分割し，掘削と建物構造体の施工

写真 2.4 親杭横矢板の例

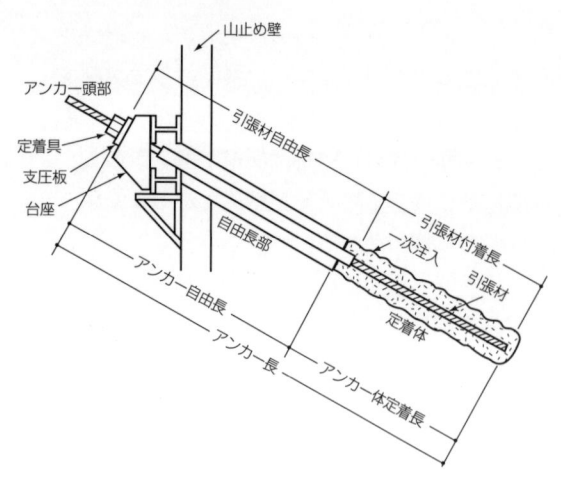

図2.11 地盤アンカーの一般的な構成（日本建築学会：山留め設計施工指針参照）[19]

順序を組み合わせて，次の方式が考えられている。

　　a．アイランド方式：建物の中央部を掘削し構造体を施工する。
　　b．トレンチ方式：建物の周囲を先につくる。
　　c．逆打ち方式：建物構造体を地上から地下部分へとつくりながら掘削する。
　　d．潜函方式：地上で先に地下部分の構造体をつくってしまい，その下を掘削して沈めていく。

計画では，山止め壁，支持構造物，施工順序を地盤の状況，建物の規模，掘削の規模，工程，近隣の状況により選択することになる。どの方法を採用するにしても，のり面を含めて山止め壁，支持構造物の安全性は構造計算によって確かめておかなければならない。

いずれにしても複雑な工法ほど費用もかかるし，工程も長くなる。しかし，軟弱な地盤で深い掘削をしなければならないときほど複雑な工法に頼らねばならず，慎重に計画する必要がある。この計画が工事全体のレベル評価にもつながる。

（d）排水工事

4～5m程度の浅い掘削なら出てきた水をポンプでくみ出すだけでよい場合が多い。ポンプを設置するところは水を集めるために少し深くしておく。これを釜場という。しかし地盤が細砂で，水位が高いと，水と一緒に細かい砂が流れ出てくることがあるので，あらかじめ水位を下げる必要がある。

水位を下げる方法として，
　① ウェルポイント工法（図2.12）
　② ディープウェル工法
がある。

この場合付近に井戸があると，井戸が枯れてしまうことがある。事前によく調査して，その井戸が使われているかどうか確認する必要がある。豆腐屋さん，金魚や鯉の養殖場，酒造所などがあるときは要注意である。

地下水位を下げないで，山止め壁として止水性のよい地中連続壁などを用いても，水は掘削中にその下から湧いてくる。水は水圧が低いときはにじみ出てくるだけだが，掘削深さが深くなり水圧が高くなると，土砂を巻き上げながら，まるで沸騰しているように吹き出してくる。この現象をボイリングという（図2.13）。

このようになると，その部分は土の強度は全

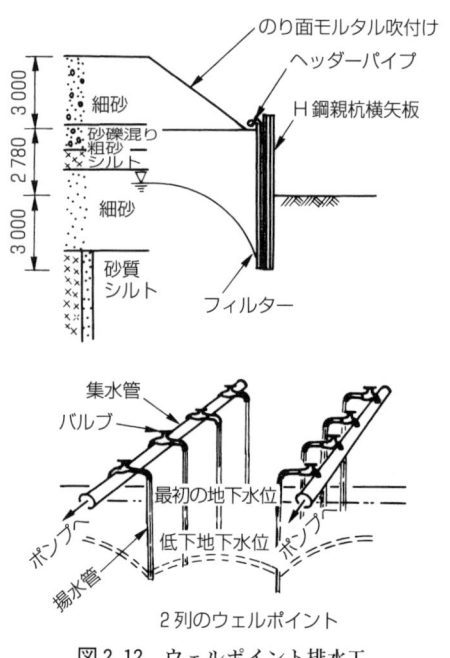

図2.12 ウェルポイント排水工

図2.13　ボイリング図

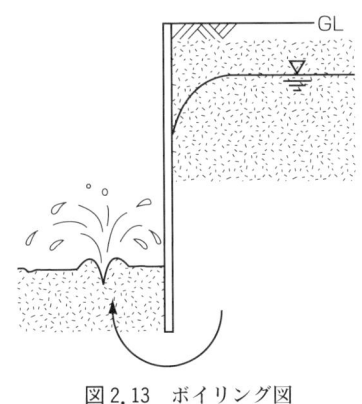

く期待できなくなり，山止め壁根入れ部分の耐力が不足するため，山止め壁の崩壊に至ることがある。このような現象を防ぐために，一般には山止め壁の根入れ部分は水を通さない粘土やシルト層まで施工する。粘土やシルト層の下に砂質土があると，その部分の地下水は水圧が高く，粘土やシルト層の位置以上の水圧があることが多い。

このようなとき，粘土やシルト層の下端には上向きの水圧が常時かかっていることになる。上向きの水圧は，粘土やシルト層の底までの土の重量より小さいのが普通であるが，掘削などにより土の重量が減り，上向きの水圧のほうが大きくなると，粘土やシルト層を持ち上げて破り，地下水が噴出する。この現象を押さえるために被圧水の水圧低下も必要なことがあり，一般にはディープウェルが用いられる。

2.5　足場桟橋計画

足場は作業員が高所で作業するための作業床と，その支持構造物で構成される。よくあることだが，足場そのものが崩壊したり，足場の上で作業していたり，通行していて転落死傷する事故も絶えない。これらの事故を予防する足場とすることが重要な課題となる。

一般には枠組み足場が使用される。ビルの建築中に外壁を取り囲む，細い鋼管を水平垂直に格子状に組んだ構造物である。この足場を外足場という。枠組み足場は高さ1.8×長さ1.8×奥行き0.6m程度のユニットを連続させることで組み上げていく。外壁面を覆うので，見付（部材の正面から見える幅）は大きな面積になるが，奥行きは0.6m程度と非常に小さく，とうてい自立しない不安定な構造物である。

これを倒れないように支持しているのが，建設中の構造物と一定間隔で設けられた壁つなぎである。強風時などに，足場が倒壊することがよくあるが，ほとんどの原因がこの壁つなぎの仕上げ施工時の撤去によるものである。壁つなぎは外壁仕上げの邪魔になるが，外壁が仕上がった後にも，壁つなぎが残るように計画する必要がある。

外足場には，建物内に出入りする出入口を設けたり，その中には階段を組み入れたり，エレベーターを取り付けたりする。それらの取付け位置や取付け方法は，全体の計画を見ながら決めるが，足場のユニットのどこにくるかということも考慮しながら行う。また，建物が不整形の場合，どのようにユニットを割り付けたら合理的か，よく検討する必要がある。

足場の外側には，足場からものを落下させても第三者に危害を与えないように金網やシートを張る。また足場には，鉄骨工事用の吊り足場とか，高くて広い天井面を施工するための棚足場などがある。これらは各工事のところで取り上げる。

2.6　コンクリート工事計画

コンクリート工事は，構造材料としては半製品であるフレッシュコンクリート（まだ固まらないコンクリート）から養生をへて固まったコンクリートとして完成した材料にする工事である。そして，

① でき上がったコンクリートはセメント・砂・砂利の混じり具合が均一である。

② でき上がったコンクリートは設計規準強度を満足する。
③ 設計により定められた形状寸法につくり上げる。
④ 将来にわたり構造体に有害なひび割れを発生させない。

の4項目を満足させることが求められる。鉄筋コンクリート工事については，（社）日本建築学会から建築工事標準仕様書・同解説 JASS 5 が出ている。この仕様書にもとづいて施工するのが一般的であるが，コンクリートの調合，養生，鉄筋の組立，型枠の強度，存置期間，検査の方法など，詳細に定められている。内容は逐次変更されており，本書では細かな紹介は避け要点のみを記すので，別途参照されたい。

(a) コンクリート工事

前記の①②を満足させるには，コンクリートの打設速度をあまり大きくしないようにすべきである。日本建築学会のひび割れ対策指針では1日当りのコンクリート打設量を $240 m^3$ としている。したがって大規模な建物の場合，1日当りのコンクリート打設量を $200 m^3$ 程度にして，全体の工区分けを検討する。この工区分けが，鉄筋工事，型枠工事の工区分けともなり，それぞれの工区を並行して進めるか，1つ終わったら次の工区に進むかにより工程に大きな差が出る。数工区に分かれたときは，並行して進めるのが一般的である。

次に，コンクリートの運搬，揚重の方法を決める。普通，コンクリートポンプ車を使うが，高さが $45 m$ 以上の超高層建築ではポンプ車では揚重できないので，コンクリートバケットをタワークレーンで吊って行うこともある。各階の階高が $3 m$ 程度ならば，一度に打ち上げても問題ないが，それ以上階高のあるときは，数回に分けて一度に打ち上げる高さを $3 m$ 以下にすべきである。

(b) 鉄筋工事

鉄筋材料の搬入方法，保管場所，加工場，現場への搬入方法，現場内での揚重方法などの計画が必要である。鉄筋材料は $1 m^2$ に $3～4 t$ 置けるし，加工場所としては $0.01～0.02 t/m^2 ・$ 日で場所の設定を行えばよいだろう。現場内にその場所が確保できなければ，借地するか，鉄筋専門工事業者の土地を利用させてもらうことになる。

配筋については，設計図書のうち，構造図の配筋リストに示されているが，配筋の納まりまで考慮していないことが多い。代表的な部分の配筋納まり図をつくり事前に検討しておく。柱の帯筋，梁のあばら筋寸法を断面寸法から鉄筋のかぶり厚さ寸法だけ引いて決めると，柱や梁の主筋寸法だけ偏り，納まらないことになる。

また，鉄筋の間隔はある程度開けておかなければならないが，その開きを確保できなくなることも多い。これらの点については設計者と協議が必要である。鉄筋の位置確保の方法も事前に決めておきたい。バースペーサー，引き金物，仮受けの台などの利用を検討しておく。

(c) 型枠工事

コンクリートの鋳型となるものである。③を満足させるためには，寸法，形状が正確でなければならない。さらにコンクリート打設時の振動や，コンクリートの重量，側圧により変形しないようにすべきである。時には，コンクリートの打設中に型枠が崩壊して死傷者を出すことすらある。そのため，労働安全衛生法では型枠の安全性を構造計算により確認することを求めている。事故を起こした場合，構造計算書がないと刑事責任を問われることになる。

一般に，設計図書にはでき上がったコンクリートの形状は示されていない。構造図の断面リストに構造計算により求められた柱，梁，床などの断面寸法が示されているだけである。した

がって，どのような寸法のどのような形のコンクリート構造物をつくるのか，明示した図面が必要である。この図面をコンクリート図とよぶ。

コンクリート図は，仕上げ材などを取り付けた後，設計図書に示された形状寸法になるようにコンクリート寸法を定め，しかも構造図をも満足させるようにつくる。出入口やサッシなどの取付け下地，シャッターや防水の納まりなどを考慮し，仕上げ材の取付け用ボルトなどの埋込み位置，天井吊りボルトのインサートの位置，設備用ダクトの貫通穴などを明示する必要がある。

型枠材の数量は莫大なものとなるので，その保管場所，運搬方法，揚重方法などを検討しておかなければならない。型枠は，コンクリートの養生期間が過ぎたら解体しなければならない。解体した材料は次の工区で再利用する。全体の工程によって，用意する型枠材の数量は決まる。工期が十分にあれば1工区分の型枠材料で間にあうこともあるし，工期が非常に短いと全工区分型枠が必要なこともある。この型枠の再利用の計画を転用計画という。これは契約前の見積時に検討すべきことで，全体の原価に大きく影響する。

2.7 鉄骨工事計画

鉄骨の製作は，町の鉄工所は別として，そこそこの技術力を持った業者であればあまり問題なく行ってくれるようになった。しかし，溶接の管理は大切で，ときどき不良溶接が見つかることがある。溶接の管理をどうするか，あらかじめ検討しておく。

建設現場では，設計図書で示された鉄骨をいかに合理的に安全に組み立てるかが計画の要点である。鉄骨建て方の機械により，建て方の順序が異なってくるので，まず機械を選定する。それから建て方順序を検討し，その建て方の順序に従って工場製作も進めてもらう。そして現場に着いた鉄骨をその日のうちに建て方できるようにすれば，鉄骨の仮置きなどの場所が不要となり，原価の低減，工程の短縮に寄与する。建設工事のジャストインタイムが実現する。

建て方の途中では，柱や梁の接合部は仮締めボルトで固定する。このボルトの数が少ないと，強風時などに鉄骨が倒壊することがある。仮締めボルトの本数，倒壊防止のワイヤ張りなどの検討が必要となる。

2.8 仕上げ工事計画

(a) 膨大な物量の取扱い

躯体工事で取り扱う資材の量は莫大なものだが，仕上げ工事でもそれよりは少ないものの，やはり莫大な量となる。たとえば床の仕上げは，その建物の延べ面積分は確実にあり，厚さ3 cm のモルタルを塗るとすれば，1万 m^2 の建物なら300 m^3 にもなる。天井も同様，厚さ12 mm のせっこうボードを張ろうと思えば，120 m^3 のせっこうボードを持ち込まなければならない。壁は，部屋の大きさにもよるが，床天井以上に物量は多い。たとえば天井高3 m，縦横10 m の部屋があったとすると，壁の面積は240 m^2 になる。部屋の面積は100 m^2 だから，床面積の2.4倍になる。

先ほどの例の，1万 m^2 の建物にせっこうボードを張ろうと思うと，2万4 000 m^2 分，288 m^3 のせっこうボードが必要となる。さらに出入口や窓などの建具，外壁材，防水材など大量の資材を取り扱うことになる。これらの資材をどのように受け取り，取付け場所まで運ぶか，おおよそ検討しておく必要がある。

水平移動は台車を用い，垂直移動はタワークレーンかエレベーターを使うのが一般的だろう。最近では台車は専門工事業者が使いやすいものを持ち込むことが多くなってきた。タワー

クレーンやエレベーターは総合建設業が用意することになる。また、これらの資材の搬入計画も重要で、一度に全数量搬入されたのでは、置き場所がないはずである。それぞれの工事の進行に合わせて、搬入するよう計画する。

(b) 重いもの、大きいものの処置

外壁にPC版を使う例が増えている。1枚の大きさは2×3mと大きく、重量も1t程度になろう。タワークレーンで揚重し取り付けることが多いが、タワークレーンの選定、設置場所の選定は重要である。この場合、タワークレーンはPC版の取付けに専従してしまうので、他の資材の揚重用に別のタワークレーンとかエレベーターが必要となる。

(c) 揚重設備の設置と撤去

建設する建物の周囲に空地がある場合はそこにタワークレーンやエレベーターを設置できる。しかしそのような空地がなければ、建設する建物の中に設置せざるを得ない。その場合、建物の柱や梁を避け、かつ小部屋のないところに設置する。設置する部分の床はあけておき、揚重機械を撤去した後で施工する。

これらの穴を駄目穴と称している。機械を設置するための駄目穴以外に、タワークレーンで資材を吊り上げるための駄目穴を設けることもある。駄目穴以外の部分の仕上げがほぼ完了し、必要な資材を取り込んだところで、揚重機械の撤去を行う。揚重機械撤去後は、建物の本設のエレベーターを使わせてもらうのが普通である。

揚重機械の撤去は、撤去する機械より小型のクレーンを吊り上げて屋上に設置して、その機械でもとのクレーンやエレベーターを撤去する。撤去が終わったら、小型のクレーンを解体して人力で運べれば、本設エレベーターを利用しておろす。人力で運べない場合はさらに小さなクレーンを上げて、前のクレーンを解体撤去し、そのクレーンを人力で解体、本設エレベーターでおろす。この作業を繰り返すことで、クレーンや仮設のエレベーターを撤去する。

最近は建物の屋上に外壁清掃用のゴンドラを設けることが多くなった。最後はこのゴンドラでおろすことも多くなっている。そしてその後、駄目穴を鉄筋コンクリートなどで塞ぎ、その部分の仕上げを施すことになる。

(d) 仕上り部分の養生など

仕上げ工事では養生の計画も重要である。せっかく仕上げた部分を作業のために汚してしまったり、傷つけてしまったのではその部分は無駄になる。したがって、傷つきやすい、汚れやすい高価な仕上げ材はできるだけ後で施工するように計画する。

高価ではないが、コンクリートの打放し仕上げは、軀体完了時にはでき上がっている。これを仕上げ作業で汚されたり、傷つけられないように、ベニヤ板などで覆い養生する。しかし打放しの壁に取り付ける建具とか金物類の取付けはできるように計画しなければならない。

仕上げの順序は天井、壁、床となるのが普通だろう。階段の仕上げは上下の通路となるので何時行うか全体の能率に影響するし、便所などの仕上げは工種が多いので別に考慮する。

3. 仮設工事

3.1 水盛り・遣り方・墨出し

　建物の位置や高さを決める重要な作業である。時には建物が敷地境界からよその敷地へはみ出して問題になることすらある。高さの設定を間違えると，大雨のときに建物内へ雨水が流れ込んだり，人や車の出入りに支障をきたしたりする。

　建物の位置や高さの設定は設計図書に定めてあるが，敷地の形状や高さが違っていたりして敷地に納まらなかったり，高さ制限を超えてしまうこともあるので注意が必要である。また，平面的に直角が正確に出ていなかったり，柱芯間隔に誤差があると，鉄骨が納まらなかったり，カーテンウォールやサッシがうまく納まらないなどの事態が発生し，品質，工期，原価に影響する。

　まず，建物が敷地内に納まることを確認するため，建物の通り芯または外壁部分に縄を張る。この作業を地縄張りという。地縄張りにより位置の確認が済んだあと，基礎や地下工事のために掘削を行うので，縄は撤去せざるをえない。位置がわからなくなるので，通り芯の延長上に遣り方を設ける。

　このさいに，水準儀などで水平面を決めることを水盛り (leveling) という。

　遣り方で建物の高さを示すが，万一掘削工事などで沈下などすると困るので，念のため掘削などの影響が及ばない，沈下のおそれのない構造物に高さの印を付けておくことが多い。市街地などで，周囲に鉄筋コンクリート造の建物などがあるときは，遣り方に替えてその建物に印を付けさせてもらうこともある（図3.1）。

　遣り方は，1.5m程度の杭を2本打ち込み，杭の頭はいすか切りにして，杭が叩かれるなどして沈下したらすぐにわかるようにする。貫板を水平に打ち付けたもので，貫板の天端が建物の高さを示すように打ち付ける。通り芯の延長上にこの遣り方を設け，貫板に通り芯の印を付けておく（図3.2）。

　掘削が終了し，捨てコンクリートが施工されると，捨てコンクリートの表面に通り芯を描く。その作業は，トランシットなどにより遣り方や隣接建物の通り芯の印を頼りに，捨てコン

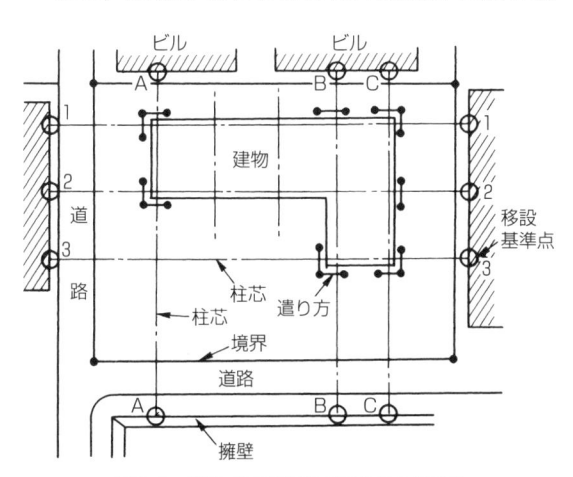

図3.1　遣り方の配置と基準点の移設[1]

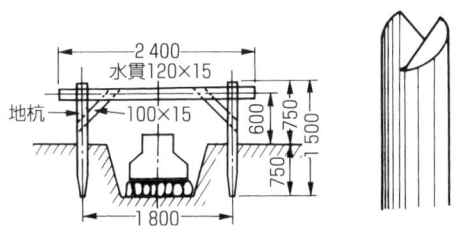

図3.2　平遣り方といすか切り[1]（単位：mm）

クリートの表面に印を付け，その印をもとに線を引く。その作業は墨壺，壺糸を用いる。壺糸に墨汁を含ませてあるので印から印へ壺糸をぴんと張って指ではじくと，捨てコンクリート表面に直線が描ける。この作業を墨出しといい，コンクリート面に行うこともあるし，ボード面や木材の面にも同様に行う。

捨てコンクリートの上に出された通り芯は，今後の建物の基準になる。この墨出しは，一般に足もとが悪かったり，いろいろな施工機械がおいてあり見通しがきかないなど，条件が悪く間違いが起きやすい。多くの人の確認が必要である。

基礎ができ，1階，2階と工事が進むと，正確に捨てコンクリートの通り芯を上に移していかなければならない。上に移す点を最低4カ所決めておき，下げ振りなどにより上に上げる。そのために床などには15cm角程度の穴を開けて見通せるようにする。その穴は，墨出しが済んだあとは塞いで仕上げを行う。

3.2 仮囲い

径48.6mm，肉厚2.5mmの亜鉛メッキした鋼管（単管パイプなどとよんでいる）を用い柱，胴縁と組み立てる。柱は2m間隔程度に地中に50cmほど根入れして建てる。柱と胴縁の交点は，単管クランプと称する固定金具で固定する。柱と胴縁の組立てが終わったら，垂直度，通りを確認して根入れ部分に土を埋めて全体を固定する。

長期間設置する場合は，土ではなくコンクリートで根入れ部分を固定することもある。単管パイプは足場に用いるものと同じものを用い，資材の回転率を向上させる。柱と胴縁ができたらバンノー鋼板と称する一種のデッキプレートを，胴縁に番線でくくりつける。バンノー鋼板も亜鉛メッキ製品を用いる。強風により倒れないように控えを設ける（図2.3参照）。

このようにしてつくるので，建物ができたあと解体するのも簡単で，材料の損傷もほとんどない。そして何回も繰り返して使用する。道路面は塗装したり，広告を描いたりすることもある。いずれにしても再利用できるようにするのが大前提である。必要に応じて車両出入口の門，人が通る通用口を設ける。

3.3 仮設建物

パネルハウスの柱は10×50cmの軽量リップ溝形鋼2丁あわせ，梁間の梁は10×5cmの軽量リップ溝形鋼を上弦材，下弦材とした鉄筋ラチス梁，桁行きは鋼棒による筋かいで構成されるものが多い。床は1.8m×0.9mのパネルをラチス梁の上に置くだけ，壁は外側に塗装鋼板を張った1.8m×0.9mパネルで構成する。内装は適宜行い，長期に使用する場合は，一般事務室並みにすることもある。基礎は長期使用するときは鉄筋コンクリートとするが，1年程度なら1.5m程度のマツ杭を地盤に打ち込みその上にパネルハウスを乗せる（写真2.2）。

仮設建物はよく強風で倒れる。そのおそれのあるときは屋根からワイヤーをかけて地面に引っ張っておくこともある。そのほか，もっと簡単なものにユニットハウスがある。トラックに積んで持ってきて置くだけの場合もある。型枠の加工場など，丸太で小屋を組むこともあるが，現在では移動式のテント小屋などが使われ始めた。このように設置も簡単だが，解体撤去も簡単で，解体しても再組立てが可能で，何回も再利用し原価の低減を計ることが可能である。

3.4 運搬揚重設備

揚重設備には吊り上げるものと，エレベーターのように台に乗せて揚げるものとがある。い

ずれにしてもかなり大がかりな設備である。

吊り上げる機械としては，
a．トラッククレーン
b．クローラークレーン
c．タワークレーン

乗せて揚げるものとして，
a．リフト
b．ロングリフト
c．エレベーター

などがある。

設置する位置を計画することも大切だが，位置が決まればその基礎を適切に設けることも大切である。

これらの機械は数台の大型トレーラーなどで分割して現場に搬入し，やや小型のトラッククレーンやクローラークレーンを使って，あらかじめつくられた基礎の上に現場で組み立てる。トラッククレーンやクローラークレーンの場合，基礎は不要だがこれらが走行する範囲の床は堅固でなければならない。地耐力として 50 kN/m² あれば十分だろう。

地盤の場合は鉄板などを敷いて，クレーンが乗っても沈まないようにするし，桟橋やでき上がった建物の床のときは，これらクレーンの輪圧に耐えるように設計する。クレーンの倒壊事故がときどき報道される。事故原因はほとんど基礎の不備にあるといってよい。基礎には，軟弱な地盤の場合，杭を打つことすらある。

リフトは主として資材のみで，人は乗ってはいけない設備であり，エレベーターは人が乗ってもよく転落防止，落下防止など安全装置が施されたものである。いずれにしてもこれらの機械で事故を起こすと，重大事故につながるので監督官庁の認可した機械を使う。設備の解体についてはすでに述べた。

3.5 足場桟橋

足場とか桟橋は誰でも想像できるだろう。足場とはすでに述べたように，「高所に設けられた作業床，およびその支持構造物」であり，桟橋とはその橋状のものである。一般に桟橋は人のみならず，重量の大きなトラックやクローラークレーンを走らせたり，作業させるので，構造物として一般の橋以上の構造耐力が要求される。

足場には，
a．枠組み足場
b．本足場
c．一側足場
d．棚足場
e．吊り足場

などがあり，さらに，
a．ゴンドラ
b．移動足場
c．高所作業車
d．簡易枠組み足場

などが近年になって加わり，今後さらに多様化すると思われる。

（a）枠組み足場

数社の製品が市場に出回っている。これらの間に互換性はない。いずれも亜鉛メッキした鋼製で鋼管を主材として用いている。主要な部分は建枠，筋かい，布枠の3種類で構成される。それぞれ 17 kg 程度なので人力で扱える（図 3.3）。

布枠には足場板付きのものが多くなってきた。組立ては簡単で，地上なら素人でもできる。建枠を2つ建てその側面に交差筋かいを取り付けると，これで安定する。枠の上に布枠を固定すると1枠分は完成である。これを横方向，上方向に継ぎ足していけばよい（図 3.4）。

だんだん足場の面積が大きくなると，足場は不安定になる。適宜建物から壁つなぎをとって安定させる。これらの構造は労働安全衛生法に定められているので，その基準に従う。1段目の建枠の下にはジャッキを入れて水平になるよ

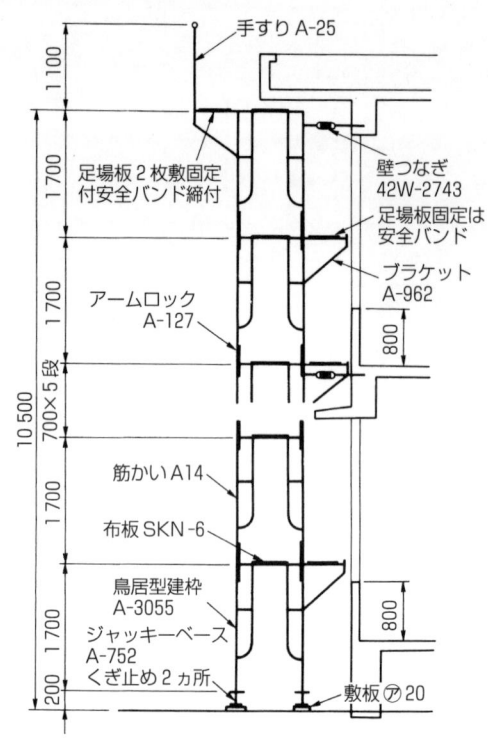

図3.3　枠組み足場[2]（単位：mm）

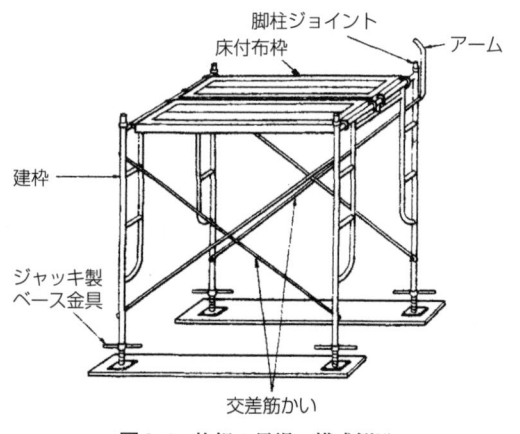

図3.4　枠組み足場の構成例[20]

うに調整する。これを怠ると，上のほうにいくに従い筋かいの取付けができなくなる。

（b）本足場

本という字がつくだけに，昔からの代表的な普通の足場である。だから材料は丸太を使用した。現在では仮囲いでも使う径48.6mm，肉厚2.5mmの亜鉛メッキした鋼管を用いる。先に述べた枠組み足場も形からいえば本足場である。組立ての順序および構造は以下の通りである（図3.5）。

まず柱を2列立てる。この柱のことを建地という。丸太を使っていたころは地盤に穴を開けて柱を埋め込んだ。今は主として地盤を整地し木製足場板を敷く。足場板の上に建地は自立しないので，建物の外壁に立てかけるか，建地1本に一人がつき倒れないように押さえる。建地を2〜3本建てたら，水平材を地上1.8mくらいの高さに取り付ける。建地の間隔は長手方向に1.8〜2m以下とする。

取付けは丸太の場合，番線と称するなまし鉄線でくくりつける。鋼管の場合は直交クランプで締め付ける。この水平材を布とよぶ。そして倒れないように控えを取り付けて，これで柱を支えていた人は手を離してもよいこととなる。次にその外側に2列目の，建地を建て同じ手順で布を取り付ける。内側と外側の間隔は，建物外壁と隣地との空間により90〜60cmくらいとする。これで外側と内側の2列の布が1段できたことになる。

2列の布にまたがって短い横架材を架け渡す。これを転がしという。これで内と外の布が連結されたことになる。転がしの上に足場板を敷き並べ作業床とする。この手順を横，上へと繰り返していく。面積が大きくなるほど不安定になるので，建物からの壁つなぎ，垂直筋かいを取り付けていく。この構造は労働安全衛生法に定められているので，その基準に従い組み立てる。

（c）一側足場

本足場は内外2列に建地が並ぶが，建物外壁と隣地との空間が少ないとき（60cm以下）は，この一側足場がよく利用される。建地を1列に並べそれに布を取り付けたものである。この状態では足場板を敷き並べることはできない

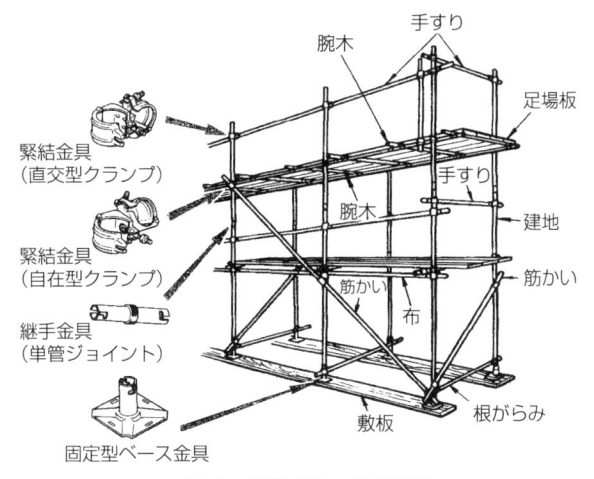

図 3.5 単管足場の構成例[20]

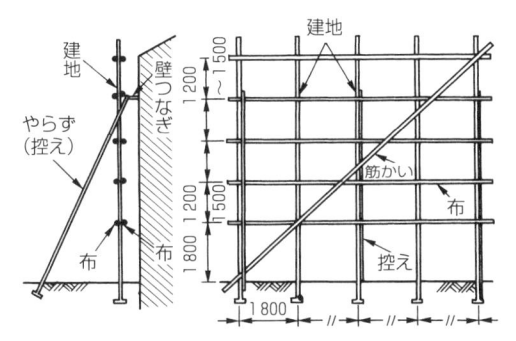

図 3.6 抱き足場の構成[1]（単位：mm）

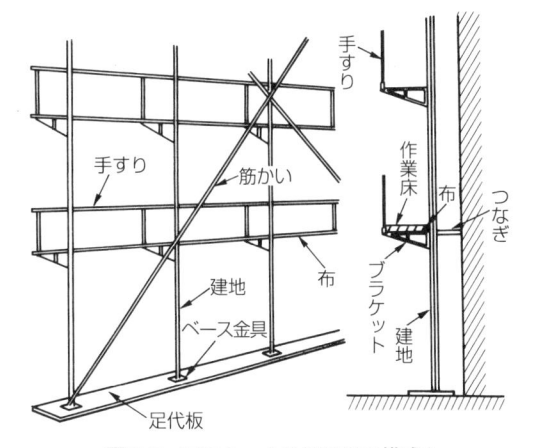

図 3.7 ブラケット片側足場の構成[1]

ので，丸太の一側足場の場合は建地の両脇に布をかけて，その上に乗っても体が安定するようにする。このようなものを抱き足場ともいう（図 3.6）。

　鋼管を使った一側足場の場合は，布の部分にブラケットを取り付け，その上に足場板を敷き並べる。この場合はたとえ1列でも足場板を敷くので，その上で作業する人は安定しやすい。一側足場は本足場より安定性は悪いので，壁つなぎは本足場より狭い間隔で取り付ける。組立ての順序は本足場とほとんど変わらない（図 3.7）。

　この構造も労働安全衛生法に決められている。

(d) 棚足場

　主に仕上げ工事で，ホテルの宴会場とか劇場とか，天井の高さが4m以上あるような場合，天井の工事をするためにつくる作業床とその支持構造物である。平面的には幅方向，奥行き方向ともかなり大きなものになることが多い。おおよその形はブドウ棚を想像してもらえばよいだろう。作業床には作業員以外に天井の資材が置かれるので，その重量にも耐えるようにつくる。支持構造物として，鋼管，枠組み足場，丸太などが使われる。組立ての手順は本足場，枠組み足場と同様である（図 3.8）。

　建設仮設資材のリース業者の中には，海外の独自な足場資材を導入して営業展開しているものもある。日本の労働安全衛生法で認められているものもあるので，これらの利用も可能である。これらは建地と布をクランプで締め付けて

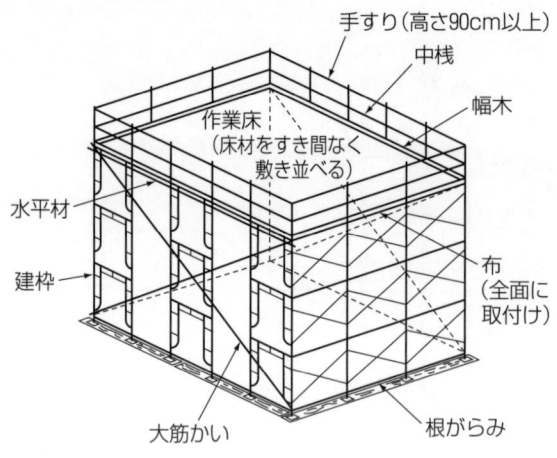

図3.8 棚足場の枠組み架設例[20]

固定するのではなく，差し込んでくさびで締めるなど，独自の工夫がされていて，人力の節約（大きな力を必要としないなど）などにより運搬や組立ての能率向上を図っている。

(e) 吊り足場

鉄骨建て方完了後の，接合部のボルト締めとか溶接作業，鉄骨鉄筋コンクリート造の場合の鉄筋の組立て作業用の足場である。従来は丸太を縦横2m間隔くらいに組み立て，これを鉄骨の梁から吊りチェーンを使って吊り下げるというものであった（図3.9）。

実際には，組んだものを引き上げるのには大きな力を要するので，梁の上からチェーンをぶら下げ，チェーンを輪にして，その中に丸太を差し込む方法で施工していた。幅の狭い鉄骨梁の上で作業員が丸太を取り扱うのは大変危険である。この作業には安全帯の使用が求められるが，なかなか有効な使い方をしないため，よく事故が発生していた。

最近では，鉄骨の梁を現場で吊り上げる前に，鉄骨の梁の下にボルトで取り付けることのできる足場が開発され，一般化している。この足場を開発したメーカーにより名称は異なるが，一般名として吊り枠足場とよぶこともあるようである（図3.10）。

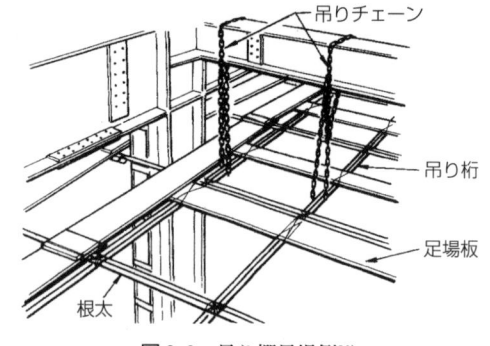

図3.9 吊り棚足場例[20]

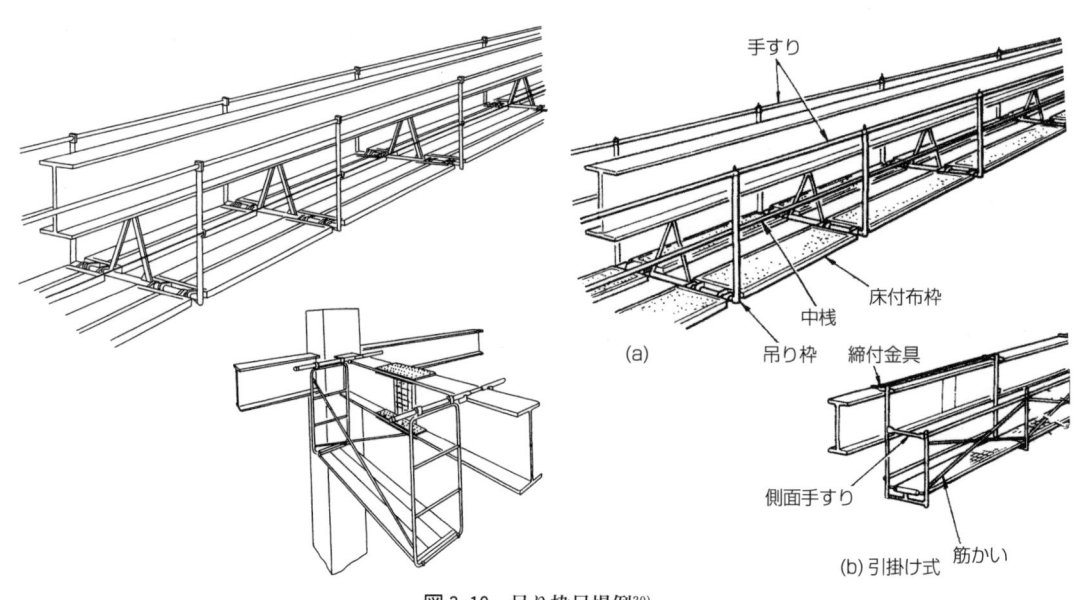

図3.10 吊り枠足場例[20]

4．基礎および地下工事

4.1 土質について

地下の工事は，建築の材料ではないが，土や地盤を取り扱う。地盤は，砂質土とか粘性土で構成され地下水の有無も加わりその性状は千変万化する。掘削時に地盤の崩壊を起こさず合理的な施工を行うためには，土や地盤の性質をよく理解していなければならない。以下にその概要を解説する。

（1） 砂質土と粘性土

砂質土は粒子が 0.075 mm 以上の土をいい，粘土は土の粒子が 0.005 mm 以下のものをいう。砂質土と粘土の中間の粒子のものをシルトという。砂質土と粘土は大幅にその性質が違う。シルトは両者の性質を合わせて持つが，掘削工事上は粘土に準じた性質と考えたほうが実際的であろう（図 4.1）。

砂質土は水を通すが，粘土は水を通さない。防水材として使えるくらいである。田圃の水が地盤に吸い込まれないのも粘土のお陰だし，水の漏る池の防水に粘土を用いるのは昔から行われていた。現在でも後に述べる場所打ち杭の杭壁を防水して，崩壊防止するためベントナイトという粘土を用いる。

次に砂質土は手で握って丸めても，手を開けば崩れてしまう。多少水を加えると団子にすることはできるが，崩れやすいことには変わりはない。一方，適当な水を含んだ粘土は，手で丸めたらその形を崩すことはない。形を変えようと思えば，削ったりしなくても，圧力を加えることで可能である。この性質を可塑性という。

乾燥して水分のない粘土はかちかちである。また水を多く混ぜて練り返すとどろどろの液体状になる。かちかちの粘土は日乾しれんがとして利用されている。水を多く含んだどろどろの粘土を長い間放置しておくと，細かな粘土粒子（0.005 mm 以下）が結びつき，網状構造物になる。ちょうどスポンジのような泡の集まりのようなもので，泡の中には水が充満している。このような粘土は比較的強度がありスコップですくっても形は崩れない（図 4.2）。

ところがこの粘土に振動を与えると，どろどろの液体状になってしまう。せっかくできた網状構造が崩れて，水の中に粘土の細かな粒子が浮遊しているもとの状態に戻ってしまうのである。このような地層は東京日比谷とか，大阪の梅田に存在し，施工を始めたときは安定で土圧もあまりかからないが，山止めが変形したり，振動が加わったりするとどろどろの液体状に変

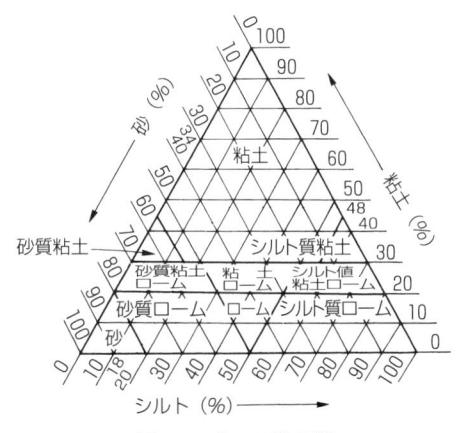

図 4.1 土の三角座標

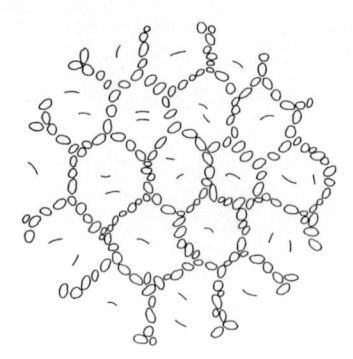

図 4.2　粘土の網状構造

わり，土圧が大幅に上昇しときには地盤崩壊に至ることがある。

　砂地盤において，砂の粒子が密にかみ合っているとそれ以上体積は小さくならないので，沈下などの現象は起こらない。しかし，ゆるくかみ合っていると振動を受けたときなどに密にかみ合うようになり，体積が縮小して地盤沈下を起こしたり，水中でこの現象が起きると砂質土の液状化現象を起こすこともある。

　粘土の水分が少なくなっていくと，網状構造は崩れず，振動を加えてもどろどろにならないようになる。網状構造の網の中の水が，乾燥して抜けていくと，水が抜けた分だけ体積が小さくなり収縮することになる。網状構造の中の水はなかなか抜けないが，圧力を加えると時間はかかるが抜けていく。粘土層の地盤を改良するとき，上に盛土して圧力をかけ，水が抜けやすいようにサンドパイルを多数打つのはこの原理を応用したものである（図 4.3）。

　実際の地盤は砂質地盤とか粘土地盤とかにはっきり分けられるものではなく，これらの層が細かく互層になっていたり，またはその中間の層であったりするので判断は難しい。砂分が多くあっても，粘土の中に砂の粒子が浮かんでいる状態だと粘土の性質を現すし，砂の粒子がかみ合う形で存在すると砂の性質を現す。しかしこのとき，砂の粒子どうしのかみ合いはどうしてもゆるくなるので，やはり粘土の性質が強く出るだろう。

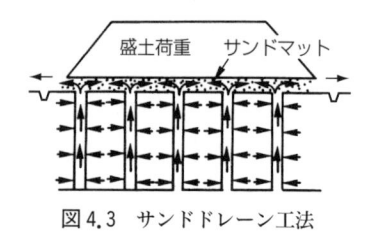

（2）　N 値について

　N 値は地盤の強さを表す指標としてよく用いられる。N 値とは，標準貫入試験により得られる数値である。標準貫入試験は，径 51 mm の貫入用サンプラーを，63.5 kg のおもりを 75 cm の高さから自由落下させて叩き，地盤に 30 cm 貫入させたときの打撃回数である（図 4.4）。

　ここで誤解が多いのは，N 値が同じなら砂地盤でも粘土地盤でも同じ強さとすることである。しかし本当は全く違っていて，たとえば N 値 8 の砂地盤はゆるい砂地盤とされ，粘土地盤ならば中位の粘土地盤となる。粘土地盤のほうが低い評価を受けがちである（表 4.1）。

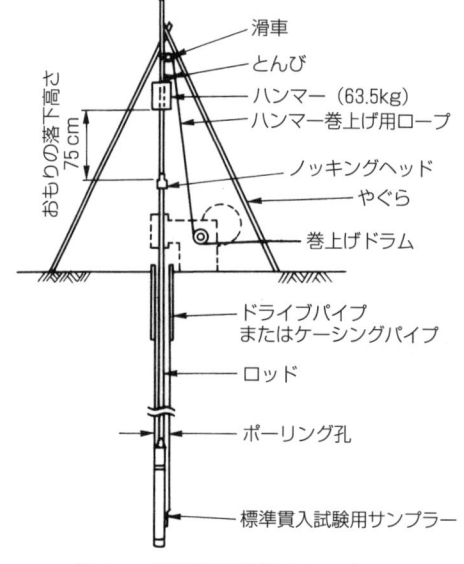

図 4.3　サンドドレーン工法

図 4.4　標準貫入試験用サンプラー

表4.1 地盤支持力の目安と簡易判別法

	硬さ	長期許容支持力 (kN/m²)	N値 (回)	一般圧縮強度 (kN/m²)	簡易判別法
砂土質	中位のもの	100	10～20	—	シャベルで力を入れて掘れる
	ゆるいもの	50	5～20	—	シャベルで容易に掘れる
	非常にゆるいもの	30>	5>	—	鉄筋棒等が容易に貫入する
粘性土	硬いもの	100	8～15	100～250	シャベルで強く踏んでようやく掘れる
	中位のもの	50	4～8	50～100	シャベルで力を入れて掘れる
	軟らかいもの	20	2～4	25～50	シャベルで容易に掘れる
	非常に軟らかいもの	0	0～2	25>	鉄筋棒等が容易に貫入する
ローム	やや軟らかいもの	100	3～5	100～150	
	軟らかいもの	50	3>	100>	

(日本建築学会「建築工事標準仕様書・同解説，JASS 3（土工事および山留め工事）」より)

（3） 地盤調査

建物を建てる地盤が，建物の自重，積載荷重，地震，風圧，積雪などの荷重に耐えうるかどうかを確認するため，あるいは杭が必要とされる場合，杭の長さや径を決めるために，地盤調査が必要である。調査は試掘により直接地盤を観察する方法もあるが，機械を使って数値を出す方法もある。機械を使う方法として，標準貫入試験，スウェーデン式サウンディングが一般的によく使われる。標準貫入試験はすでに述べたとおりである（図4.5）。

スウェーデン式サウンディングは，先端にスクリューを持った錐を地中に回転して貫入さ

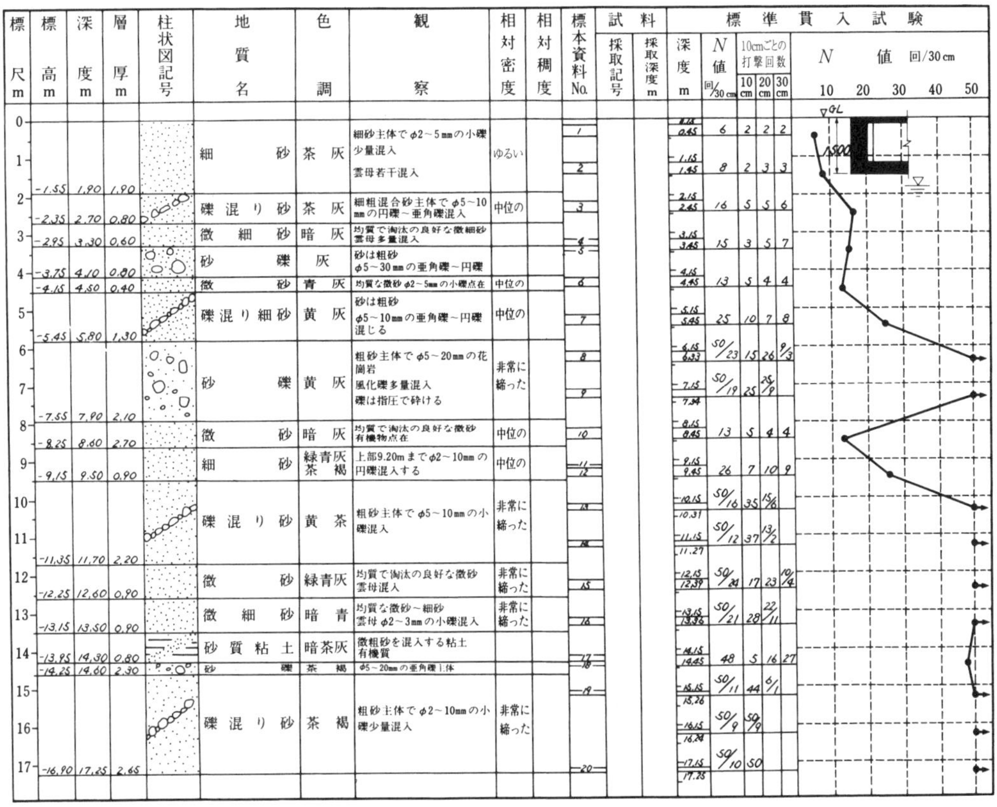

図4.5 土質柱状図の例

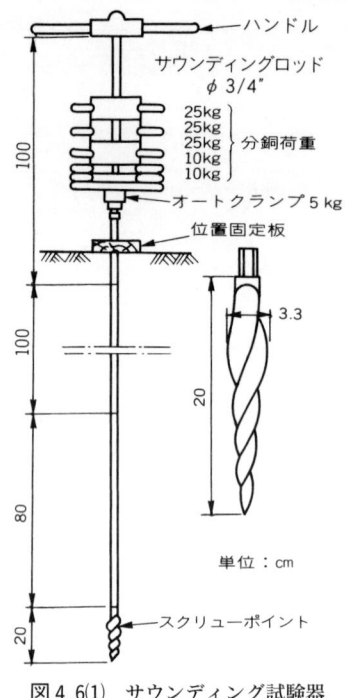

図 4.6(1) サウンディング試験器

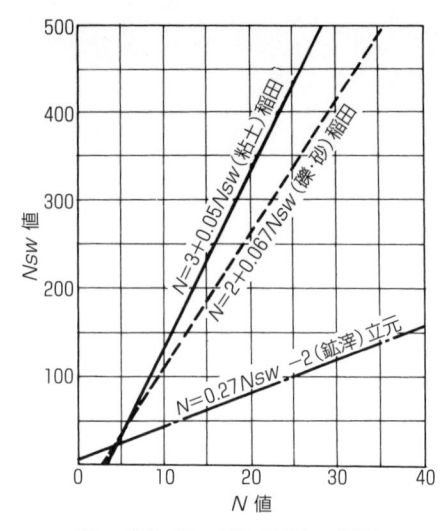

図 4.6(2) N_{SW} 値と N 値との関係

せ，その半回転数を記録するものである。貫入させるときに錐には 1 kN のおもりを乗せる。この方法により求められた半回転数は，標準貫入試験の N 値に換算することができる。機械による調査は建物の幅の 1.5～2 倍，または最大基礎スラブの短辺長さの 2 倍以上の深さとするのがよいとされている。また，1 つの建物に 1 カ所以上，300～500 m² につき 1 カ所を目安とする（図 4.6）。

4.2 地業工事

建物の基礎を施工する地盤は，建物の自重などを受ける。そのために沈下したり変形したりしては困る。基礎底面の地盤が堅固であっても，掘削などにより乱されるので割り栗石を敷いて十分転圧する。基礎底面以下のこのような工事を地業という。

堅固な地盤だと，直接割り栗石を敷き並べ，その上に目つぶしの砂利を敷いて，転圧するので直接地業という。直接地業に対し，基礎底面の地盤が建物自重などに耐えられない場合は，杭を設けて支持する。これを杭地業ともいう。

4.3 杭工事

杭は建物の自重などを堅固な地盤に伝達し，建物が沈下したり変形するのを防ぐためのものである。これを支持杭という。杭の先端が堅固な地盤に到達していなくても，杭周辺の摩擦力で支持させる場合もある。これを摩擦杭という。当然のことながら，建物の基礎底面が堅固な地盤に接していれば，杭を設ける必要はない。

杭は，支持杭，摩擦杭という分け方の他に，既製杭，場所打ち杭とに分けることもできる。杭体の材質により，木杭，コンクリート杭，鋼杭とに分けられ，さらにその形により分類される。

これを一覧にすると次のようになる。

4. 基礎および地下工事

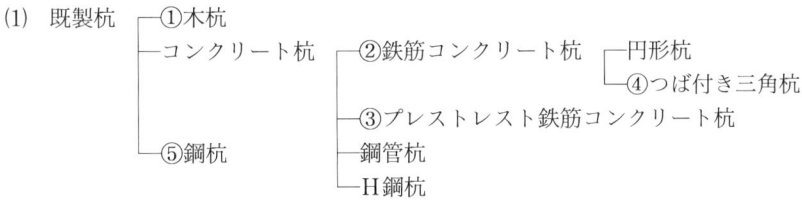

(1) 既製杭 ─ ① 木杭
 ├ コンクリート杭 ─ ② 鉄筋コンクリート杭 ─ 円形杭
 │ │ └ ④ つば付き三角杭
 │ ├ ③ プレストレスト鉄筋コンクリート杭
 └ ⑤ 鋼杭 ─ 鋼管杭
  └ H鋼杭

(2) 場所打ち杭 ─ ① ベノト杭
 ├ ② アースドリル杭
 └ ③ リバースサーキュレーション杭

(3) 拡底杭
(4) 深礎杭

(1) 既製杭

① 木杭

1945年ごろまではよく使われた。材質はマツである。そして地下水より深いところに用いた。木杭は地下水に浸かっていれば腐らないからである。1918年（大正7年）に建設された大阪中之島の中央公会堂は，長さ5mほどの木杭が打たれていたが，90年ほどのちの改修工事のときに，健全であることが確認された。

その近くにある大阪日本銀行の杭も木杭であった。末口30cmほどの杭を2本つないで打ち込んでありこれも健全であった。打込みはモンケンという大きな鉄のかたまりをウィンチで吊り上げ，ある高さから自由落下させて打ち込んだものと思われる。モンケンを吊り上げるには，2本子という柱を2本立て，これをガイドにモンケンを上下させた。

東京の銀座界隈のビル建設でも，かつては多くの木杭が使われていたことが調査されている。

② 鉄筋コンクリート杭

鉄筋コンクリート杭は，円柱状の鋼製型枠を高速回転させ，その中に適量のコンクリートを投入すると，コンクリートは遠心力により円柱状の鋼製型枠の中で円柱を形づくる。もちろん事前に鉄筋を組んで型枠の中に設置しておく。そうすればコンクリートの中に鉄筋が配筋された形で杭ができる。

径300程度のものが，第二次大戦後多く使われた。杭を打ち込むには，ディーゼルパイルハンマーという軽油を燃料とし，ラムを上下させて打ち込む機械が使われた。

③ プレストレスト鉄筋コンクリート杭

鉄筋コンクリート杭の長手方向にピアノ線を入れてプレストレスを与えた杭である。鋼製型枠の中に鉄筋を配筋するときにピアノ線も入れて，鋼製型枠を反力にして緊張しておき，脱形後コンクリートにストレスを加えるようにしたものが多い（図4.7）。

コンクリートに圧縮応力がかかっているので，引張に強くなり，吊上げや打込み時に生じるひび割れを防ぐことができる。今ではこの杭

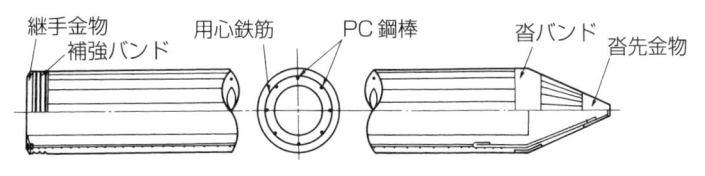

図4.7 プレストレスト鉄筋コンクリート（PC）杭

④ つば付き三角杭

摩擦杭専用である。鉄筋コンクリート杭は中空であるが，これは断面が三角形で中空ではない。2 m 間隔くらいにつばが付いており，打ち込んだあと地盤との摩擦力を高める。特殊な杭であるので一般的とはいえない。

⑤ 鋼杭

鉄を杭として使うとき錆びたら困ると誰しも考える。しかし地中で酸素の供給がなければ，水中であっても錆は進行しない。しかし，ある程度の錆び代を考慮した大きめの断面とする。鋼杭は比較的軽く，継ぎ手の信頼性も高く施工しやすい杭といえよう。一般には円形の断面を用いるが，場合によってはH形断面を用いることもある。

(2) 場所打ち杭

① ベノト杭

フランスのベノト社が開発した場所打ち杭である。地中に鋼管のケーシングを圧入し，その中の土砂を掘削排出したのちにかご状に組んだ鉄筋を設置し，コンクリートを打設して杭とする方法である。杭径は 90 cm～2.5 m，深さ 40 m くらいまで，砂礫の多い締まった地盤でも掘削できる。40 cm くらいの玉石があっても掘削できる。ケーシングはコンクリートを打設しながら引き抜いて回収する。深く長い杭になると，ケーシングが抜けず，回収不能になることもある。

この杭は杭底の地盤にヘドロなどが堆積せず，杭が直接地盤に接するし，コンクリートはケーシングの中で打設されるので一定の水準のコンクリートの品質が得られ，信頼性の高い施工方法とされている。鋼管のケーシングは二重になっていて，長さは取扱いやすい 2～4 m 程度である。ケーシングの継ぎ手は特殊なボルトで留めるなど，独特の工夫がされている。

ケーシングの圧入は施工機械の自重を反力とし，内部の土砂を掘削しながら行う。だんだんケーシングが長くなると圧入が難しくなるので，ケーシングを右左に回転させながら圧入する。これを揺動といっている。掘削には細長い特殊なハンマーグラブを使う。地盤に地下水のあるときは，ケーシング内に水を張り，掘削底から水が噴き上がるボイリングを起こさないようにする。

水を張ったときは，掘削は水中で行うことになり，土砂の一部が水中に拡散し浮遊する。掘削が完了し，良好な支持地盤が出てきても，コンクリートを打設するまでに水中に拡散した土砂が沈降し，良好な支持地盤の上に堆積すると杭の機能が発揮できない。その堆積物をスライムといっている。

掘削終了後，鉄筋かごを投入するが，コンクリート打設まで2時間程度かかる。この間にスライムは多いときで1 m 以上になる。そこで，コンクリート打設の前にスライムをすくい上げるか，吸い取るかの作業を行う。この作業をスライム処理というが，大変重要な工程である。すくい上げるのには特殊なバケットを使い，吸い上げるには水中サンドポンプなどを使う。

スライム処理の方法はいろいろ工夫されている。これからも新しい方法が開発されるだろう。コンクリートの打設は地上から行うが，杭底までコンクリートを分離することなく送るために，一般にはトレミー管による打設を行う。

ベノトの施工機械は自重が数十tあり，鋼管のケーシングを抱え込んで押し込んだり揺動させる装置を備える。また，ハンマーグラブを吊り，杭底の掘削部に落下させて土砂をつかみダンプトラックの荷台に運んで排出する装置も持っている。この機械は無限軌道の台車の上に載せるのが普通である。このほかに，鉄筋かごを吊りおろしたり，コンクリート打設のトレミー管を吊るクレーンが必要である（図 4.8）。

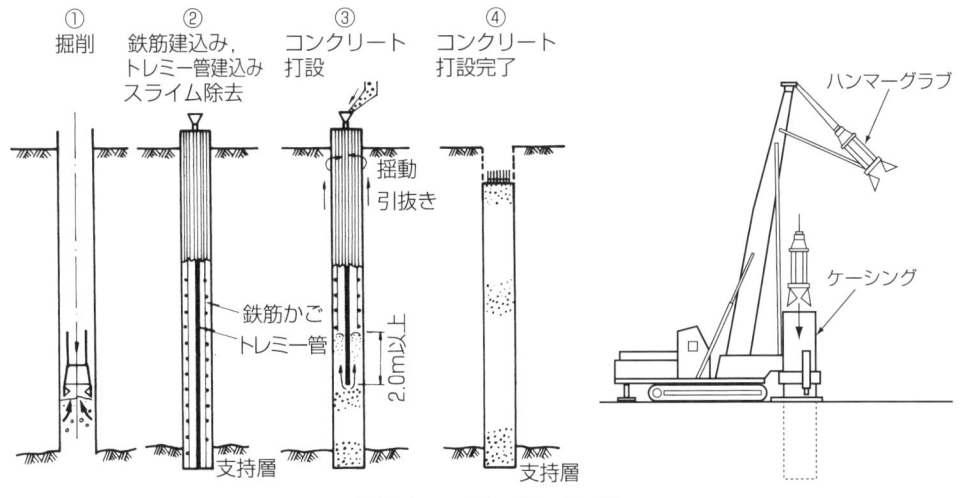

図4.8 ベノト工法の施工[18]

② アースドリル杭

ベノト杭がケーシングを用いて施工するのに対して、ケーシングを用いないで施工する方法である。ケーシングを用いないといっても、地上から3～4mはスタンドパイプと称するガイドケーシングを用いて杭位置の精度確保、地表部の土砂崩壊防止を図る（図4.9）。

杭径は60cm～3m、深さ50m、10cm以下の砂礫層なら能率は落ちるが掘削できる。シルト層や粘土層に適した施工法である。掘削はドリリングバケットという、杭径にほぼ等しい円筒の底に、かんなのような刃がついた器具を使う。

このドリリングバケットを回転させ地中に押し込むと、底の刃が土砂を削り取り、円筒の中に入り込む。円筒の中の土砂がいっぱいになったら引き上げ、ダンプトラックの上に旋回移動し、底を開けて土砂をダンプトラックに積み込

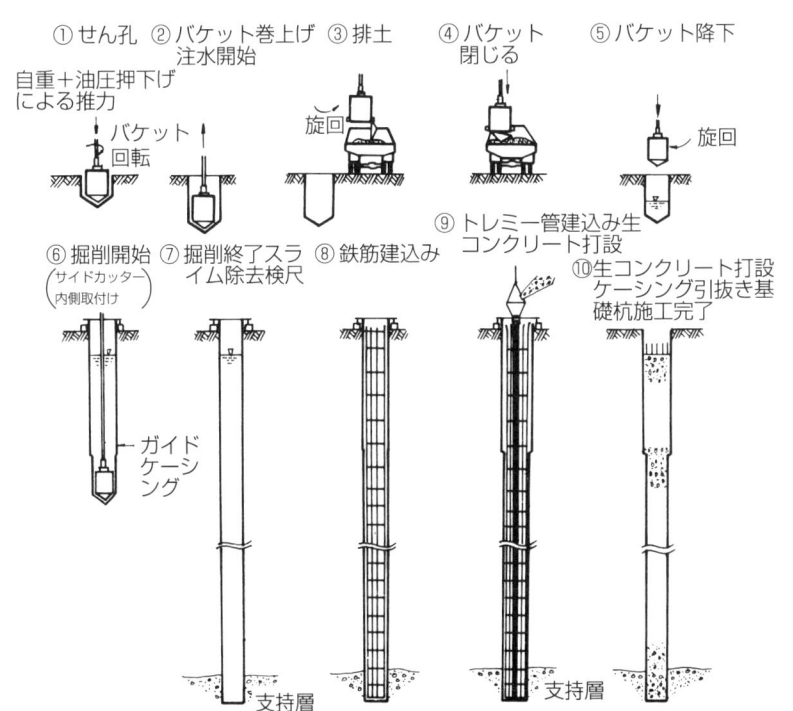

図4.9 アースドリル工法の施工[6]

む。

　ドリリングバケットの回転は，ドリリングバケットの軸となる角パイプを回転させて行う。角パイプの回転は，アースドリル掘削機に取り付けられた回転機構を通じて行う。アースドリル掘削機は，無限軌道の台車の上にドリリングバケットの回転機構を備えたクレーンである。

　地下水がなくよい地盤であれば，5～6mくらいは杭の側面が崩壊しないこともある。しかし，一般に杭を施工するところは地盤の悪いところであり，地下水も出てくるのでそのまま掘れば杭壁が崩壊して掘削不能となる。杭壁の崩壊防止にはベントナイト泥水を用いる。ベントナイトは特殊な粘土で，これを水中に投入したベントナイト泥水を杭内に満たすと，杭壁にベントナイトが薄く付着する。この層は水を通さないので水圧がかかり，杭壁の崩壊を防ぐ。

　砂質土層の場合は，ベントナイト泥水が砂質土のほうへ逃げていくときに砂質土がフィルターとなり，ベントナイトが砂質土の空隙に詰まり膜となって崩壊を防ぐ。地下水のあるときは，杭内に張るベントナイト泥水の水位を地下水位より高くして，杭壁にベントナイトの膜をつくるようにする。

　一般には，以上のようにベントナイト泥水を張って施工するので，ベノト杭のとき以上に掘削土砂の一部がベントナイト泥水の中に拡散しやすい。また，ベントナイト泥水の中をドリリングバケットが上下する。ドリリングバケットの外側と杭壁のわずかな隙間をベントナイト泥水がドリリングバケットの上下に伴い，上向きや下向きに流れることになる。この流れが激しいと杭壁を崩壊させる。ドリリングバケットの吊りおろしや吊り上げは，ゆっくり行わなければならない。

　そこでスライムも溜まりやすいので，スライム処理が重要である。その方法はベノト杭と同様である。コンクリート打設もベノト杭同様，トレミー管を使って行う。

③　リバースサーキュレーション杭

　アースドリル杭は，掘った杭穴の中を大きなドリリングバケットを上下させ，杭壁を崩壊させやすい。そこで水中で掘削し，その土砂を杭底で水とともに地上へ吸い上げてしまおうという考えの杭である。このようにすれば杭体の中をバケットのような大きなものを上下させないで杭が施工できる（図4.10）。

　径は60cm～6m，深さ70mくらいまで施工可能とされている。粘土層，シルト層，砂層は掘削可能，砂礫層はれきの大きさが5～6cm程度なら掘削可能である。中空のロッドの先端に掘削用の刃（ビット）を取り付けた羽を3枚ほど設け，これを回転させて土砂を削る。削り取られた土砂はロッドの先端の穴から水とともに吸い上げられる。

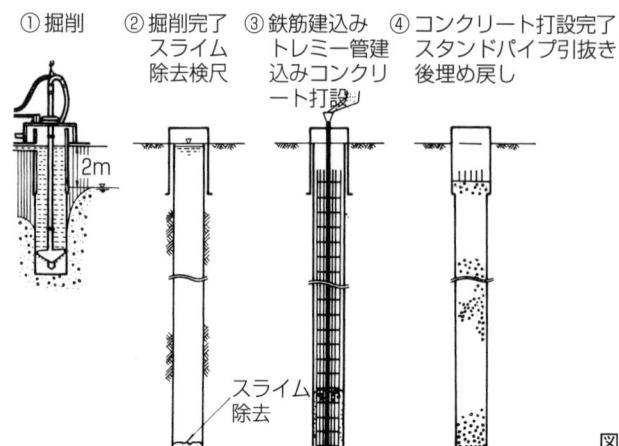

図4.10　リバースサーキュレーション工法の施工[6]

吸い上げられた土砂混じりの水は，地上のふるいやタンクで水と土砂に分離し，水は杭体の中へ戻し循環させる。土砂は水を切ってダンプトラックで処分地へ搬出する。水を吸い上げたり循環させるには，ポンプを使用したり，圧縮空気を利用したエアリフトを用いることもある。ケーシングは使用しないが，アースドリル杭と同じように，地上から3～4mはスタンドパイプと称するケーシングを用いる。ロッドの回転は地上にロータリテーブルという回転駆動機構を設置して行う。

杭の穴が掘削できれば，その後の作業はベノト杭，アースドリル杭と同様であるが，掘削土砂は杭底で直に吸い上げてしまうので，スライムは少なく，スライム処理の手間は少なくて済む。そうはいうものの，現実には水を循環しているため，掘削土砂の微粒分は水の中に残り，スライムとなる。スライム処理は必要である。

この杭を施工する機械は，ロータリテーブルや掘削用のロッドの他に，ロッドを吊るクレーン車，水の循環用ポンプ，水と土砂分離用のふるい，微粒分を沈殿させる水槽などが必要でかなり大きな場所を要する。また，掘削した土砂は水を含んでヘドロ化することが多く，この取扱いも事前によく考えておかねばならない。使用する水は清水でよいとされているが，杭壁崩壊防止にはベントナイトを用いたほうがより安全である。

（3） 拡底杭

ベノト杭，アースドリル杭，リバースサーキュレーション杭などの場所打ち杭で，杭体の許容耐力よりも，底の地盤との支持力のほうがはるかに小さいので，杭底の部分のみ広げて杭の支持力を大きくしようとするものである。杭の本数が少なくて済むので，地盤を荒らさず，掘削工事の安全性が向上する。杭底を広げるには，杭底の部分で横に広がる専用のビットを使う（図4.11）。

（4） 深礎杭

ベノト杭，アースドリル杭，リバースサーキュレーション杭などの場所打ち杭はすべて機械力で掘削するが，深礎杭は原則として人力で掘削する。井戸を掘るのと同じやり方で，掘りながら杭壁は波形鉄板などを使い崩壊を押さえる。波形鉄板の支持は円形の鋼製リングで行う。

地盤の掘削はつるはし，スコップで行うが，固い地盤の場合は圧縮空気を利用したコールピックハンマーを使う。杭底に人がおりて作業するので，水が出ると困る。地下水のある場合は

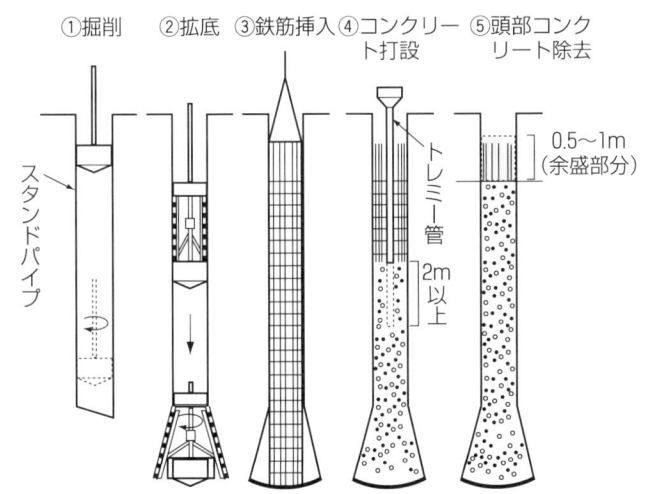

図4.11 拡底杭の施工[18]

事前に水替えをして地下水位を下げてから作業する。

掘削した土砂は18*l*くらいのバケツに入れて，これを吊り上げる。吊り上げるには杭の上部に三脚を組み，ここに滑車を吊るしワイヤーを通してウィンチで引き上げる。人力で掘削するので，杭底の地盤を目で見ることができる。それゆえ，杭耐力が確実に得られる。機械掘削に比べると時間がかかること，バケットの落下，土砂の落下，酸素欠乏など杭底の作業員の安全確保に特別の注意が必要で，費用も他のものに比べると割高になる。

(5) 打撃杭と埋込み杭

もともと既製杭は叩いて打ち込むものであった。大きな杭などは叩くと大きな騒音振動が発生する。人が居住する地域ではそのような騒音振動は許されなくなってきた。そこで地盤に杭の入る穴をあらかじめ開け，その穴に既製杭をそっとおろす方法がとられるようになった。このような杭を埋込み杭という。

穴開けは連続した螺旋状の刃のついた錐を地中に揉み込み，これを引き上げて行う。この機械をアースオーガーともいう。穴を開けるとき杭壁が崩壊する場合は，錐を引き上げるとき錐の先端からベントナイト泥水を噴出させ，引き上げた部分をベントナイト泥水で満たす。このベントナイト泥水が崩壊を防ぐ。

杭を穴におろすと，このベントナイト泥水は地上にあふれてくる。このあふれたベントナイト泥水を回収するための釜場とか水中ポンプの設置が必要である。また，杭をそっとおろしただけでは所定の支持力が得られないので，バックホーなどの重機があるときはこれで杭を押し込むとか，モンケンを用意しておいて2～3回叩くとかする。

錐が所定の深さまで達し，引き上げるときにセメントミルクを噴出させて，杭穴の底部1mほどをセメントミルクで満たすこともある。

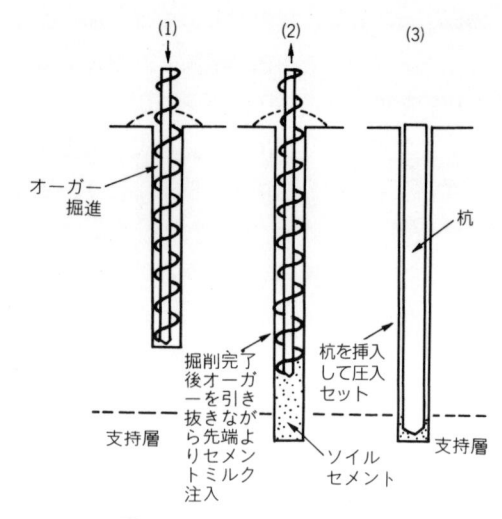

図4.12 プレボーリング工法[5]

そして杭をおろすと，杭とセメントミルクは一体となり支持力の向上に寄与する（図4.12）。

(6) 杭耐力の確認

杭を叩いて打ち込んでいたときには，1回叩いたときにどれだけ沈下するか測定して，杭の耐力を推定した。埋込み杭でも，最後に叩くようにすれば，推定可能である。しかし叩かないことも多いので，そのときは錐で地中に穴を開けるときに，回転を駆動するモーターの電流値を見て，よい地盤に達したら当然抵抗が増え，モーターの電流も増すので，そこで所定の地盤まで達したと判断し，杭を埋め込むという方法をとることが多い。

より正確に杭耐力を推定するために，載荷試験を行うこともある。杭耐力の3倍の荷重をかけて，沈下が弾性範囲内であればよしとする方法である。弾性範囲内ということは，荷重に対して沈下が直線状に比例することで，荷重が2倍になれば沈下も2倍になる状況をいう。一般には荷重と沈下のグラフを書き，弾性範囲内かどうかの判定をする。この判定は大変微妙で判断に苦しむこともある。

載荷試験の荷重は，鉄のインゴットを用いることもあるが，杭耐力が10tにもなると30t

4. 基礎および地下工事　*137*

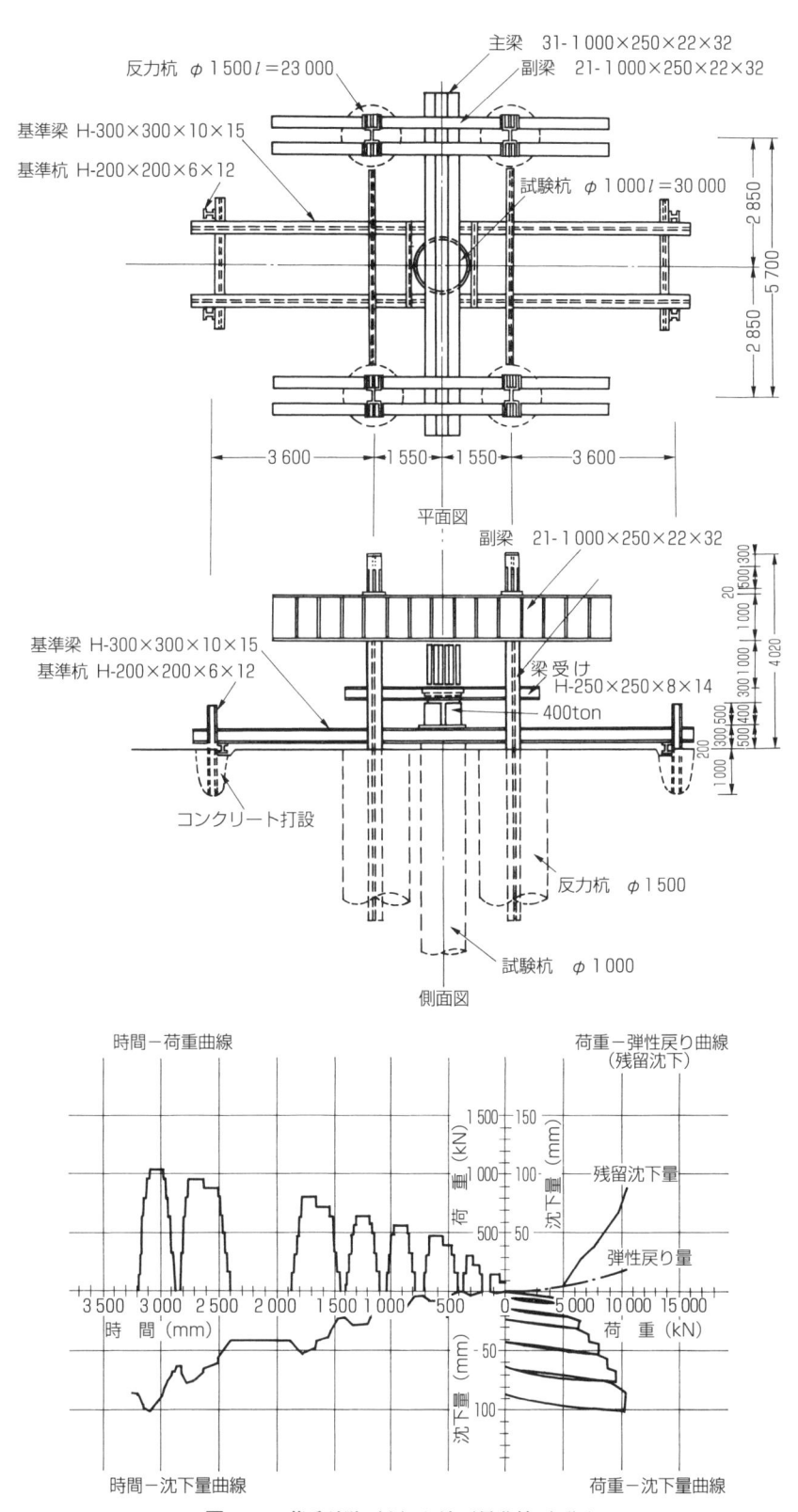

図 4.13　荷重試験（上）と沈下量曲線（下）[5]

分も用意せねばならず，大がかりなことになる。そこで載荷試験をする杭の周辺に4本以上の杭を打ち，この杭の引抜き抵抗力を反力にして荷重をかけることが多い（図4.13）。

4.4 掘削・山止め工事

計画のところでも述べたが，掘削はどのような山止め壁や支持構造物，排水方法，施工順序を採用するか，その組合せは多様であり，安全性，工程，原価に大きく影響する。その選択は施工計画上，大変重要であることはすでに述べた。ここでは各工法の概要を記す。

(1) 山止め壁

① 木製矢板

最も簡単な山止め壁である。古来日本ではこの方法が主として用いられていた。厚さ4cm，幅20cm，長さ4〜5m程度の板を地上から大ハンマーなどで打ち込む。打ち込む部分に柱を立て，それに沿わせて鉄のおもりを落として打ち込むことも行われた。

柱を円形の棒にして，おもりの中心に穴を開けそこに棒を通して，おもりを上下させるのを1本子，柱を2本立てその間におもりを挟み上下させるのを2本子とよんだ。板の先端は斜めに落とし打ち込みやすくし，板の側面はV字状に片側が凹なら反対は凸にして，板相互がずれにくくする（図4.14）。

この板の断面が矢のような形になるので，これを矢板とよんだ。シートパイルの山止め壁材なども鋼矢板とよぶのはその名残である。非常に軟弱な地盤か，浅い掘削なら施工可能だが，砂質層などでは矢板が割れたり折れたりして打ち込みができない。

② 親杭横矢板

レールやH鋼を1m間隔くらいに地中に打ち込み，少し掘削したらレールやH鋼のつばに板や100×100の端太角を引っかけてその裏に丁寧に土を詰めて，山止め壁とする方法である。打ち込んだレールやH鋼を親杭といい，その間に挿入した板や端太角を横矢板という（写真4.1）。

レールやH鋼の打込みは，ディーゼルパイルハンマーなどの杭打ち機で施工するか，アースオーガーで先に地中に穴を開け，落とし込むことも行われる。このような施工をするため，比

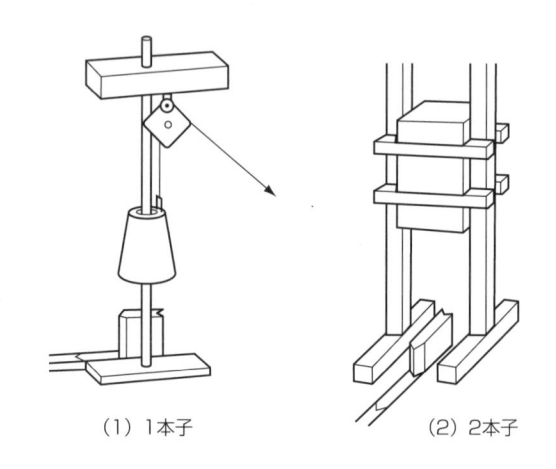

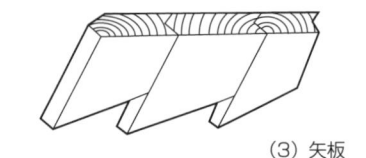

(1) 1本子　　　　(2) 2本子

(3) 矢板

図4.14 矢折の加工

写真4.1 山止め支保工

較的深くまで施工は可能である。

ただし，この山止め壁には止水性はない。地下水があると，横矢板の隙間からどんどん地下水が流れ出てくる。地層が粗い砂地盤なら砂は流れ出てこないので安全だが，細かい砂地盤だと地下水とともに細砂が流れ出てきて地盤に空洞をつくり危険である。したがって地下水が多い細砂の地盤には向かない。

しかし，粗い砂地盤で水圧があまり高くないときは，水だけ出て砂は出てこないので，山止め壁に水圧がかからず，経済的な施工が可能である。また，施工時に掘削して横矢板を入れることになり，その間山止め壁のない状態になる。たとえば1m掘って山止めの横矢板を入れるとすれば，しばらくの間1mの土砂の壁が自立していなければならない。このくらいならまだ安全だろうが，2mも一度に掘ると土砂の壁が2m自立していないと危険である。

それから，横矢板は上から下に入れていくことになる。たとえば1m掘って横矢板を入れるのだが，そのときは下から上へ入れていく。そして横矢板の裏に隙間のないように土砂をよく詰める。次に下へ1m掘って横矢板を入れるときは，上部にはすでに横矢板が入っている。横矢板は掘削底から上に入れていくが，最後はすでに入れた横矢板の下に接する。このようになると横矢板の裏に空洞があっても土砂が詰められないので，1段下くらいで土砂を横矢板の裏に丁寧に詰め，最後にすでに入れた横矢板との間の板を入れる。そのときに，裏に土砂を十分詰めて押しつけるようにして横矢板を入れる。この作業をきちっとしておかないと，周辺地盤の沈下を起こしたりする。

工事完了後，かつては親杭を引き抜いたが，引き抜いた跡に砂を詰めても十分に詰まらず地盤沈下をよく起こすので，最近では抜かないでそのまま地中に残すことが多くなった。親杭を抜くとき，横矢板はそのまま地中に残ることになる。これが腐ったり，シロアリにやられたりして地盤沈下を起こすこともあるので，地盤沈下を防ぐ必要のあるときは，親杭を残すとともに，横矢板を鋼製にするとかプレキャストコンクリート版にするとか工夫が必要である。

③ シートパイル

断面がコの字型をした鋼材である。幅は40cm程度で鋼材を地中で連続させるために両脇にU字型のかみ合わせ部分が設けてある。土木工事で多く用いられるので見る機会も多い。打込みはディーゼルパイルハンマーなどで行う。無音無振動工法としては，圧入工法やアースオーガーにより先に穴を開けておき，シートパイルを落とし込む工法などが開発されている（図4.15）。

この山止め壁は，シートパイルどうしがかみ合わさって連続するので，隙間が少なく止水性がよい。しかし，打込み時にかみ合わせが外れたりずれてしまうことも多く，軟弱な地盤ならともかく，少し良好な地盤だと止水性に問題が発生しやすい。

また，山止め壁自体の剛性が小さく，支持構造物の間隔を短くしないといけない。撓みも大きく出るので，そのための地盤沈下も起こしやすい。地中に5cm程度のれきなどがあると，打込み不能になる。工事完了後は引き抜き，回収するのが原則である。

④ 連続柱列

埋込み杭のところで述べたアースオーガー機で，地中に穴を開けオーガーを引き抜くときにセメントミルクをオーガーの先端から噴出させ土と置き換えていくと，地中にセメントミルクの杭ができる。セメントミルクが硬化する前に，鉄筋かごとかH鋼を挿入すると曲げにも耐える杭となり，これを連続して地中につくり山

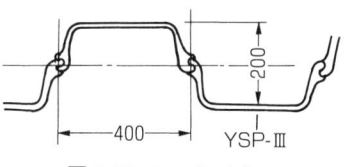

図4.15 シートパイル

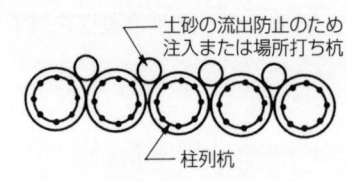

図 4.16　柱列杭

止め壁とすることができる。一度に3本の杭が施工できるアースオーガー機が開発されて，施工が早く，精度よくできるようになった（図4.16）。

山止め壁体の強度をあまり必要としない場合，またはH鋼などを挿入してこれで強度を持たせようとする場合などには，アースオーガーの先端から噴出させたセメントミルクを現場の土砂と混ぜて撹拌し，強度の低い杭体とすることも行われている。これをソイルモルタルと称し，だいたい $60\,\mathrm{kg/cm^2}$ くらいの圧縮強度が得られる。このくらいの強度だと，後から削るのも簡単で，たとえば先に施工した杭に接して次の杭をつくるときに，先にできた杭を少し削るようにして施工すると，隙間のない連続柱列ができる。

従来の連続柱列は杭と杭の間に隙間ができやすく，そこから地下水や土砂が流出して地盤沈下などの問題を起こしやすかったが，あまり強くないソイルモルタルのお陰で隙間のない連続柱列をつくることができるようになった。連続柱列の応用例として，ソイルモルタルの杭をつくり，ソイルモルタルが硬化する前にコンクリートのPC版を挿入する方法も開発されている。PC版のつなぎ目にはソイルモルタルが充填されるので，止水性も良好である。

連続柱列は全体につながっているので，建物完成後取り除くことはできない。

⑤　地中連続壁

掘削して地下外壁をつくるのではなく，掘削することなく直接地下に外壁をつくることは1つの夢でもあった。様々な制約はあるもののこれを実現したのが地中連続壁である。厚さ50 cm，長さ3 m程度の穴を地中に開ける。穴開けは専用のクラムシェルバケットを装備した機械や，先端にドリルを複数個付けた機械で，リバースサーキュレーション工法で行う（図4.17）。

長さが3 mもあるので，孔壁の崩壊を防ぐ

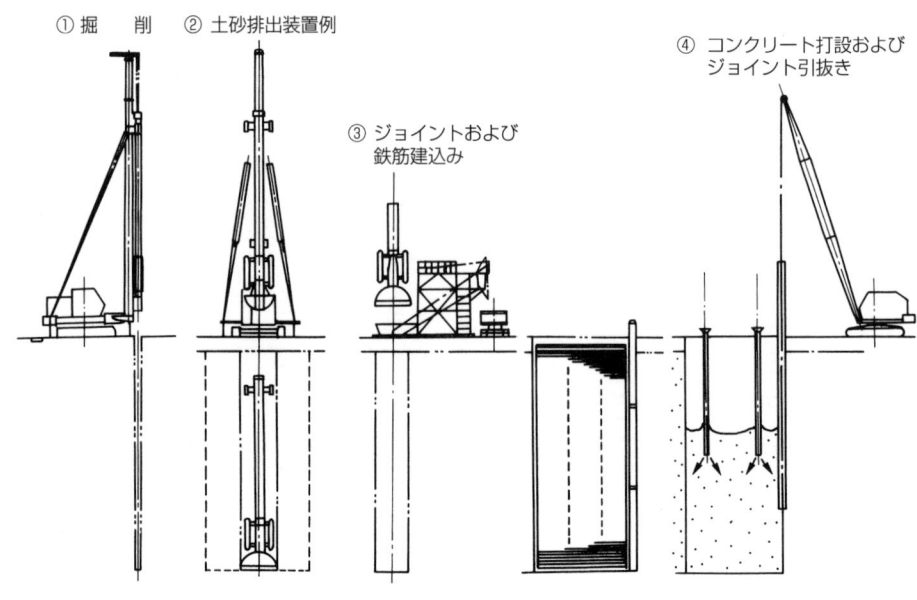

図 4.17　連続地中壁工法

ため，ベントナイト泥水を張る。深さは50mくらいまで可能である。そして鉄筋かごを挿入し，コンクリートを打設する。当然，コンクリートはトレミー管を使用して行う。1つの壁ができたら，1つとばしてまた同じ壁をつくり，次にその間の壁をつくる。

このときに，特殊な細工をして壁の継ぎ目部分で鉄筋を重ね継ぎ手状につなぎ，すべての壁を連続させる。鉄筋を地下外壁に必要な量だけ入れることが可能で，そうすれば先に建物の地下外壁ができたことになる。柱を組み込むことも可能である。

そして，できた地中連続壁を山止め壁としても使用して内側を掘削すれば，山止め壁を施工する面積だけ建物の地下面積が広くとれる。もちろん，この地中連続壁を山止め壁だけに用いることもできるし，その使用例のほうが実際には多い。この場合は地中連続壁の内側に地下外壁をつくるので，地下の面積はそれだけ小さくなる。地中連続壁は建物完成後取り除くことはできない。

⑥　建物地下外壁，潜函工法

これも建物の外壁を山止め壁に使おうとするものである。地上で地下の構造体をつくり，そのまま外壁の内側を掘削して，所定の位置まで沈めてしまおうとするものである。地下水のあるとき，地下水圧に対抗する気圧をかけて行うのがニューマチックケーソンである。気圧をかけなくても，あらかじめ排水工法により地下水位を下げておけば施工は可能である。

この工法の難しさは，内部を掘削しても，掘削したとおりに水平に下がらないで，傾いてしまったり，平面上の位置がずれてきたり，所定の位置より沈下してしまったりすることである。このようにならないために，沈下状況の測定，水平位置の測定などをつねに行い，掘削の手順を沈下の状況に合わせて常時調整しなければならず，また場合によってはおもりをかけるなど，様々な作業が余分にかかる。

しかし，軟弱な地層が深い場合，周辺への影響が小さく，安全なので時には行われる。また，深さや平面位置の精度をそれほど要求されない，4m×10m程度の浄化槽とか水槽をつくるときなどによく採用される。

（2）　山止め壁支持構造物

①　腹起こし水平切り梁

最も一般的な工法である。山止め壁に水平に梁材を添わせ，その梁を水平の突っ張り材で突っ張る。その反対側にも，当然山止め壁および水平の梁材があるので，これを反力にする。水平に添わした梁を腹起こしといい，突っ張りを切り梁という（図4.18）。

腹起こしには主としてせん断力と曲げモーメントがかかり，切り梁には軸力がかかる。これらは土圧計算により算出し，安全な部材寸法，切り梁間隔を設定する。掘削が深いと，腹起こし切り梁を1段かけただけでは山止め壁が持たないことがある。そのときは，さらに下に腹起こし切り梁を設ける。多いときは数段にわたりかけることもあるが，一般には3段くらいまでである。それ以上にすると，山止め壁と切り梁で構成される架構が不安定になるおそれがあるので，他の工法との併用とか，他の工法にするとかの検討が必要である。

腹起こしと切り梁の位置は，主として柱の位

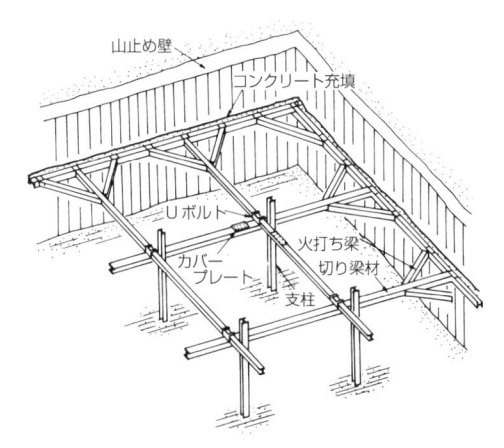

図4.18　山止め組立て姿図[5]

置は避けなければならない。掘削後，柱が建てられないと困るからである。また，腹起こしと切り梁の高さは，建物の床とか梁の位置を避ける。これも梁の施工時に切り梁に当たると困るからである。したがって，一般には腹起こし切り梁高さは，建物の床高さの 30 cm くらい上に設定する。

掘削が完了し，割り栗の敷き並べ，転圧，捨てコンクリート打ち，墨出しなどをへて基礎ができ，コンクリートの強度が出たら型枠を解体し，山止め壁を基礎のコンクリートから突っ張り支持して，一番下の山止め支持構造物である切り梁，腹起こしを解体する。そして，その上の階の軀体工事を行う。その軀体ができたら，山止め壁を突っ張り，その上の切り梁腹起こしを解体し，この作業を繰り返し地上まで軀体ができたら，山止め壁の役割も終わるので，回収するときは引き抜く。

切り梁腹起こしは古くは 30 cm 角の木材（これを尺角とよんだ）を用いたが，現在では H 鋼が主流である。尺角は撓みが大きく，ときには裂けたり割れたりすることもある。鋼材を用いるようになり安全性は大きくなったが，ときには異常な土圧がかかることがある。そのため切り梁に軸力計などを入れて，軸力を常時監視する。

最近ではパソコンにつなぎ，事務所で監視することも可能である。この場合，異常な土圧がかかったとき，警報が現場担当者や作業所長の自宅まで届くようにすることもある。腹起こし切り梁の材料は鋼材が主であるが，ときには鉄筋コンクリートにしたり，プレストレスを導入するなど，施工者が創意工夫できる工事でもある。

② 斜め切り梁

腹起こしは水平につけることが多いが，切り梁は斜めにかけることがある。のちに述べるアイランド工法では，先に中央部の基礎をつくり，そこから山止め壁の腹起こしに斜めに突っ張る。このときには，山止め壁には引抜き力が働き，基礎には下向きの力が加わるので，その検討もしておかなければならない。

③ 地盤アンカー

アースアンカーともいう。掘削する側から，反対側の地中に構棒などを設けて，その引抜き耐力で山止め壁を支持しようとするものである。まず山止め壁側から斜め下向きに，ボーリングマシンなどで地中に穴を開ける。径は 10 cm 程度で，鋼管を押し込むこともある。穴ができたらその中に鋼棒かケーブルを挿入する。

そして先端の地盤に錠着させるためにセメントミルクを注入して固める。錠着を期待しない部分には強度の低いソイルモルタルを注入する。セメントミルクが硬化し強度が出たら，構棒などを山止め壁の腹起こしに固定する。地盤アンカーの長さは 10 m 以上になることが多い。これを掘削側から反対方向へ打ち込むのであるから，掘削する部分が敷地境界ぎりぎりだと，道路もしくは隣地に打ち込むことになり，あらかじめその土地の所有者の了解が必要になる。土地が広くてそのような問題のないときは施工可能であろう。

この工法によると掘削面に切り梁などがなく，大変すっきりした掘削ができる。土砂をあげるにしても，軀体工事の資材をおろすにしても，障害物の全くない掘削部分を自由に使える。その効果として，地下工事の能率が向上し，ひいては品質向上，安全確保にも大きく寄与する。掘削山止め工事の完了時に撤去可能な地盤アンカーも開発されている。

この工法の特殊な使い方として，塔状の建築物の転倒防止に地盤に垂直に施工し，基礎の浮上がりや引抜きを防止する例もある。

④ 建物の床構造，逆打ち工法

山止め壁に建物の地下外壁を利用しようとする地中連続壁とか，潜函工法を紹介したが，これらに関連して用いられる工法である。地中連

続壁と関連して用いるときは，まず1階の梁や床をつくってしまう。これが山止め壁の支持構造物となる。その床や梁の強度が出たら，その下の掘削を地下1階分行う。その掘削が完了したら地下1階の梁や床をつくる。これらの梁や床が，その下を掘削しても崩壊しないように，柱の部分に仮りの杭をあらかじめ施工しておき，この杭で梁や床を支持する。

このようにして下向きに施工を進めれば，仮設の腹起こし切り梁は不要である。しかし，建物完了後の階高より，掘削時の山止め壁の支持間隔は広くなるので，地中連続壁の強度を上げるか，あるいは階の途中に腹起こし切り梁を設けるかしなければならないことが多い。この工法を逆打ち工法とよぶ（図 4.19）

地中連続壁を建物地下外壁とし，建物の1階や地下の床を山止め壁支持構造物に使えば，仮りの山止め壁や腹起こし切り梁が不要となり，山止めの架構としても安定したものになる。掘削工事の安全性は大きいし，地下の掘削をしながら地上の躯体工事を進めることもできる。何かとメリットはあるが，建物の梁や床を山止め壁の支持構造物に使うため，これを受ける仮杭が必要となり掘削能率が低下し，高価な地中連続壁を使うので，工事費は割高になる。。

1スパンの建物で，梁や床の支持を山止め壁で行える場合は，割安になる場合もある。すでに述べた潜函工法も，建物の地下外壁を山止め壁に使い，さらに地下の梁や床も沈下に伴って順次施工していけば，建物の床構造を山止め支持構造物として使えることになる。

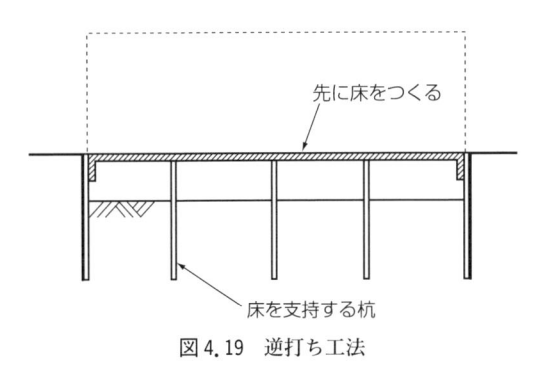

図 4.19 逆打ち工法

（3） 排　水

掘削工事では排水工事も重要な要素であり，山止め壁，支持構造物との関連で決めなければならない。排水量が多いと，排水に要する下水代もかかり，大規模な工事では数億円に達することすらある。以下に主な排水工法について述べるが，このほかに電気浸透法という工法も文献にはよく出てくる。この方法は粘土層に適用できるとされているが，実績もほとんどなく，また粘土層には透水性がなく，地下水対策よりもヒービング対策のほうが重要であり，むしろ地盤改良を検討すべきである。そのため電気浸透法の解説は省略する。

① 釜場排水

最も簡単な排水法である。掘削中に出てきた水を 50 cm 角，深さ 40 cm 程度の穴を掘り，そこに集めて水中ポンプなどで排水する。穴が崩れやすいときは，板で囲って土止めとする。これを釜場という。掘削中は水と一緒に土砂が流れやすく，釜場もすぐに土砂で埋まってしまう。その場合は，別の箇所に釜場をつくるか，溜まった土砂を浚えなければならない。

この釜場の維持保全は結構面倒な作業である。そして，掘削が進むにつれて場所も変えなければならない。つくっては壊しという作業となる。掘削が終わり基礎を施工する段階になると，釜場の位置は建物地下外壁の外に余裕があればそこにつくればよいが，余裕がないときは基礎の下に設けなければならない。基礎工事の施工中も排水は必要なので，釜場は地中梁の位置を避けて底版の部分にする。底版のコンクリートにも釜場の寸法の穴を開けて，水中ポンプを設置したまま排水を続行する。

このようにして，排水を続行しながら地下構造物を施工していく。くみ上げた地下水は地上に設けられた沈殿槽，ノッチタンクをへて下水に放流する。沈殿槽，ノッチタンクは鋼板で一体化してつくるのが普通である。ノッチタンク

で，そこを流れ落ちる水の深さを測ることにより流量が計測できる。排水管理の資料として利用する。

次に排水をいつ止めるかの検討が必要である。もちろん，地下の構造体が地下水位以上までできていることが第一条件であるが，その次に排水を止めて地下水位が上昇してきたときに，施工が終わった地下構造体にかかる浮力と，地下構造体の自重のバランスをとることが第二の条件となる。浮力が勝ると，せっかくつくった地下構造体が浮き上がってしまう。普通，工事が地上2階くらいまで進行するのを待たないと浮力のほうが勝るだろう。

さて，建物の構造体も上部まで施工が進み，浮力よりも自重が大きくなったら，排水を停止し，水中ポンプを引き上げたい。この釜場を塞ぐ仕事が結構難しい。ポンプを引き上げると，多分地下水はすぐに地下部分に満ちてくるだろう。地下部分の水位が地下水位と同じになれば，地下水は建物内に流れ込まなくなるので，トレミー管でコンクリートを釜場に充填して，コンクリートが硬化してから内部の水をかき出す。

このような方法も考えられるが，コンクリートは水中で打設することになり隙間でもあると，地下水が噴き出すし，現実にはその間すべての地下の工事が止まってしまうだろうし，水をかい出したあとの泥の清掃も大変である。そこでいろいろな方法が考えられているが，普通は釜場を塞ぐ鉄の板を用意し，ボルトでコンクリートに固定する。

コンクリートの接合面には，水が漏らないようにゴムなどのパッキンを敷き込む。鉄の蓋には湧水量に応じたパイプを溶接し，そのパイプにバルブをつけておく。鉄の蓋をつけるときに，バルブの先にホースを接続し，その先は水槽などに導き，出てきた地下水を水槽でいったん受け，別の水中ポンプで揚水する。蓋をつける作業は水との戦いである。そこら中水浸しになる可能性があるので，その対策も必要である。

鉄の蓋の取付けが完了したら，バルブを閉じて封鎖完了である。そしてその周辺もコンクリートで巻いて漏水の安全性を高めておくのが普通である。地下3階くらいになると，底版の水圧は10 m 分，10 t/m² と大変大きい。しかも水位は季節で変動する。梅雨時などは地下水位が高くなり，ある日突然地下から水が噴き上がるなどという事態も起こる。鉄の蓋を止めるアンカーボルトの強度が不足したり，埋込み長さが不足すると，蓋が水圧で外れ地下水が吹き出すことになる。

② ディープウェル

地中に径45 cm 程度の鋼管を埋設し，地下水のある部分はスリットを切っておき水を集めることができるようにする。鋼管の中に水中ポンプを入れて地下水をくみ上げる。スリットの外側はフィルターとして砂利を充填する。

鋼管の埋設には，あらかじめベノト工法で削杭し，その中へ井戸側となる鋼管を挿入する。鋼管にはあらかじめスリットを切っておき，底には必ず蓋をする。鋼管設置後にスリット部分にはフィルターの砂利を投入し，その他の部分には土砂を投入する。

ベノトのケーシングは，砂利や土砂の投入に応じて引き上げる。ディープウェルの設置箇所は，できれば建物の外に設けるのがよいが，敷地に余裕のない場合は，建物の中に設けなければならない。柱や梁など構造上重要な箇所に当たらないように設置する。釜場は掘削しながら位置を変えることができるが，ディープウェルは掘削前に設置しなければならないので注意が必要である。

揚水された地下水を地上に設けた沈殿槽，ノッチタンクをへて排水するのは釜場排水と同じである。排水の打切り時期，水中ポンプの撤去，ディープウェルの閉鎖などは釜場と同じようなやり方になるが，ディープウェルにはケーシングがあり，これを利用して蓋ができるので

施工はやや簡単になる。

③ ウェルポイント

地下水をポンプでくみ上げるのではなく、真空を利用して吸い上げようとするものである。径5cm程度の鋼管を地中に埋め込む。埋め込むには管の先端から水を噴出させ、地盤に穴を開けながら埋め込むのである。この管の先端50cm程度は集水部で、管の側面には集水穴があり、その外側にフィルターとして金網が巻き付けてある。この先端部分をウェルポイントと称している。管はライザーパイプとよんでいる。このライザーパイプを1m間隔程度に直線上に地中に埋め込む。

地上にはヘッダーパイプと称する径20cm程度の鋼管を敷設する。そしてライザーパイプとヘッダーパイプをビニールホースでつなぐ。ヘッダーパイプの先は空気と水の分離タンクへつながり、水はポンプで排水し、空気は真空ポンプで吸引する。揚水された地下水を地上に設けた沈殿槽、ノッチタンクをへて排水するのは釜場排水と同じである。

ディープウェルは点状に排水するが、ウェルポイントは線状に排水するので効率的である。掘削部の周囲にウェルポイントを設置しておくと、ほとんど掘削面に水は出てこない。ただ、この工法による水位の低下は、真空ポンプの位置から6mくらいである。これ以上に水位の低下が必要なときは、5m程度下にもう1段設置する。2段3段と設置することもある。

この工法に適した地質は砂質土である。シルト層がある場合は、他の工法や山止めの止水性をあげることを考えなければならない。排水停止の時期は釜場排水と同じく浮力も考慮して決める。ウェルポイントは、一般に建物の周囲に設置するので排水停止後はライザーパイプ、ウェルポイントを引き抜き回収すれば完了で、釜場塞ぎなどの難しい仕事になることは少ない。

④ 復水工法

近年、地下水の低下による地盤沈下の防止とか、排水の下水使用料の削減とかを目的として、くみ上げた水を地下へ戻す復水工法が採用されることもある。これは主として、ディープウェルを復水用に余分に設置しておき、そこへ排水を戻すのである。ときには圧力をかけて戻した例もあるようだ。新しい試みとして注目に値するが、慎重な計画が必要だし、計画通りにいかないこともあるようなので、そのときのことも考えながら実施する必要があるだろう。

(4) 施工順序

掘削、構造体の構築、山止めの施工順序の組合せにより、いろいろな工法が考えられ実施されている。以下にその主なものを紹介するが、これ以外にも様々な組合せが考えられる。これも施工者の工夫のしどころともいえる。

① 総堀

最も単純な掘削の方法で、建物の地下部分をすべて掘削し、完了後に建物の地下部分を施工していく方法である。非常に広い面積の掘削をするとき、山止め切り梁を全面にかけると、切り梁の長さが長くなり、剛性が不足し不安定になりがちである。また、費用もそれなりにかかる。そこで、広く、深い掘削のときは以下のいずれかの工法が採用されることが多い。

② アイランド工法

広い掘削のときによく採用される。最初の掘削はのり面を付けて中央部を掘削する。所定の深さまで掘削が完了したら、その部分の地下構造物を施工する。のり面の部分の地下構造物は施工できないから、建物の中央部分のみ施工することになる。

中央部分が完成し強度が出たら、この部分から山止め壁へ切り梁を架ける。そしてのり面部を掘削し、その部分の地下構造体を施工して地

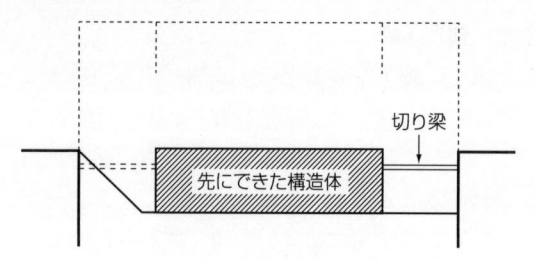

図 4.20　アイランド工法

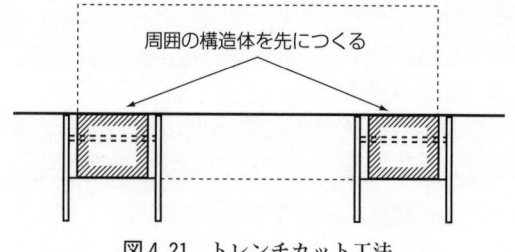

図 4.21　トレンチカット工法

下工事を終わる。中央部分のみ先に島のような形で地下構造体を施工するので，アイランド工法とよんでいる。この工法は，切り梁の長さが短くて済むので，安全性の高い工法である。また，中央部分は，上部に切り梁など何もない状態で掘削できるので，能率が上がり工期の点でも有利になることもある（図 4.20）。

③　トレンチカット工法

非常に軟弱なシルト粘土層などの地盤のとき採用される工法である。アイランド工法とは逆に，建物の外周部 1 スパン程度を先に掘削し，地下構造体を施工してその後から中央部を掘削し，構造体を施工する方法である。外周部の掘削には山止め切り梁をかけて行う（図 4.21）。

これも安全性の高い工法である。切り梁が短くて済むこと，掘削面積が小さいのでヒービングなどが起こりにくい。施工費用は高くつきがちである。切り梁面積は小さくなるが，山止め壁の面積は約 2 倍になるからである。さらに，中央での掘削にも，その部分の面積によっては切り梁をかける必要があり，切り梁の面積は小さくならないこともある。

④　逆打ち工法

この工法についてはすでに（2）項④で述べたのでここでは省略する（図 4.19 参照）。

5. 躯体工事

　躯体工事は，建物の骨組みである構造体を施工することをいう。構造体は設計された強度を持っており，かつ設計が要求する空間の仕上げが完了したあとも，強度確保できるものでなければならない。コンクリート打放し仕上げなど，構造体そのものを仕上げとする場合もあるが，一般には構造体の上に仕上げを施す。ここでは，構造体は仕上げで覆われ見えなくなってしまうものとしてまとめる。

　躯体に使われる材料は主として，

　　a．木　材
　　b．鉄筋コンクリート
　　c．鉄　骨

などである。最近アルミニウムも使われるようであるが，まだ一般的でない。

　そして建築基準法では，第37条に主要構造部に用いる木材，鋼材，コンクリートなどの部材は，日本工業規格（JIS）または日本農林規格（JAS）に適合したものでなければならないとしている。海外の資材を使おうとする場合，この規程に抵触することが多い。

　木材と鉄骨は単一の工事で完結するが，鉄筋コンクリートは鉄筋工事，型枠工事，コンクリート工事が複合されて完結する。これらをまとめて鉄筋コンクリート工事と称することもあるが，ここでは別々に解説する。

5.1 木工事

　そのほとんどが住宅である。ときに集成材を用いて大規模なトラスが施工されることもあるが，住宅を対象に簡単に紹介する。土台にはヒノキ，柱はヒノキ，マツ，スギなど，海外の材料としてはベイマツ，ベイツガ，スプルースがよく用いられる。断面は105×105 mm が多い（図5.1）。

　土台は基礎に，2.7 m 間隔程度にアンカーボルトで固定する。土台には防腐処理，防蟻処理を行う。昔はクレオソートが使われたが，環境に悪影響があるということで今では専用の薬剤が開発されている。（社）日本しろあり対策協会，（社）日本木材保存協会の認定品を使うとよいだろう。土台の上に柱を建てる。柱はだいたい1.8 m 間隔に建てる。これ以上間隔を広くとるときは，柱を太くしなければならない。これは建築基準法施行令で定められている。

　柱も地表から1 m の範囲を防腐，防蟻処理を行う。梁は壁の上は小さなものでよいが，下に壁などがなく空いている場合はそれなりに太いものが必要である。これは大工さんの経験で決められることが多いが，計算をして決めるのが合理的であるし，計算をしなくてもスパン表という表が（財）日本住宅・木材技術センターから出されているので参照するとよい。

　木造の耐震性，耐風性は壁で持たせる。特に水平力を負担する壁を耐力壁といっている。耐力壁の構造も，筋かいを入れたもの，構造用合板を張ったものなど，これも建築基準法の施行令で決められているので参照する。

　木材の接合部，仕口や継ぎ手は古来精巧な方法が用いられてきたが，最近ではコンピューターで制御する機械で，正確な位置にほぞを掘ったりできるようになった。これをプレカットと

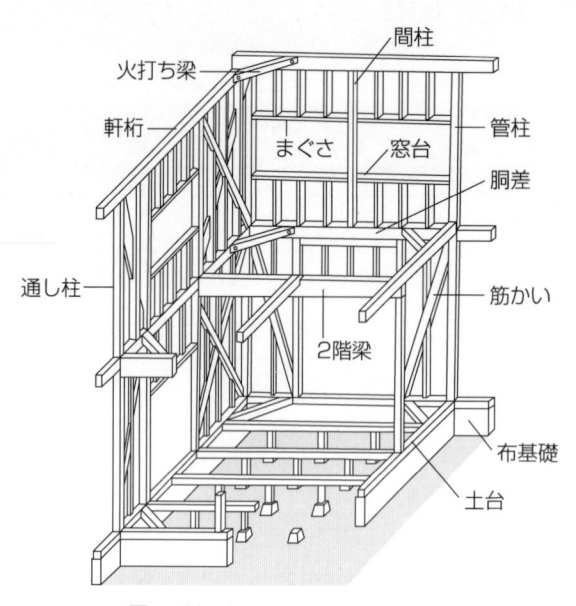

図 5.1(1)　在来軸組工法の骨組図[22]

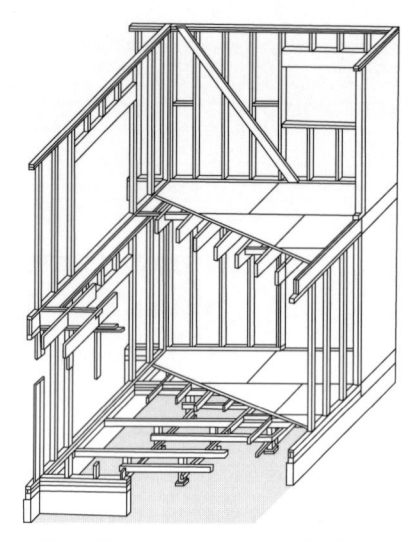

図 5.1(2)　ツーバイフォーの骨組図[22]

いい，現在ではほとんどこの工法によっている。

そして接合部における応力の伝達は，特に引抜き力に対して，仕口や継ぎ手の組合せに頼らず，接合金物により行うとするのが現在の考え方である。そのため接合金物は，その部位ごとに建築基準法の施工例で定められている。構造計算により使用する金物を決めることもできる。

したがって仕口・継ぎ手の加工は木材の組立て施工時に施工しやすいようにするためと割り切り，構造耐力上は金物に頼るべきである。木材の組立ては人力で行うのが主流であったが，最近では小型のクレーンにより行うことが多くなっている。

5.2　鉄筋工事

鉄筋は単一材では構造材料となりにくいが，複合材としてコンクリートと一体にするとすばらしい構造材料となる。引張に強いが座屈と熱に弱く腐食性の高い鋼材と，引張に弱いが圧縮と熱に強く耐久的なコンクリートを一体にするとその両者の長所が発揮される。

都合のよいことに熱膨張率も両者はほぼ同じである。これによりひび割れや変形を防いでいる。また，構造材料としては最も安い。鉄筋コンクリートの単価が 1 m³ で 3 万円とすると，1 m³ は 2.4 t だから，1 kg 当り 12.5 円である。自動車だと普通乗用車で重量約 1 t，価格約 200 万円だから 1 kg 当り 2 000 円となり，コンクリートの約 160 倍である。ということで，鉄筋コンクリートは躯体の主流を今後も占めるであろうことは間違いない。

さて，鉄筋工事に求められることは，

a．定められた材質の鋼材を施工する
b．定められた位置に施工する
c．定められた量施工する

であろう。

上記以外に，日本の建築界で共有する配筋に関する決まりがある。以下にそれらの解説を行う。

（1） 配筋に関する決まり事

以下この決まり事については建築基準法施行令，日本建築学会標準仕様書に詳しく記載されているので，ここでは概略のみ紹介する。

① フック

まず，「鉄筋の末端は，かぎ状に折り曲げてコンクリートから抜け出ないように定着しなければならない」とある。これを「鉄筋末端部の折り曲げ」という。通称「フック」である（以下通称「フック」を使う）。

最近は異形棒鋼を使うことが多く，これには節がありコンクリートから抜け出ないから，フックはいらないとされるが，次の場合フックが必要なので注意する。丸鋼は当然必要であるが，異形棒鋼でも，

a．あばら筋および帯筋
b．柱および梁（基礎梁を除く）の出隅部の鉄筋
c．煙突の鉄筋

② 継ぎ手

鉄筋の長さは運搬や施工のしやすさから制約を受ける。6m内外が普通であろう。構造上，鉄筋は連続していなければならない。そこで鉄筋をつなぐ必要が出てくる。つなぎ目を継ぎ手と称している。継ぎ手は応力の小さいところに設けるのがよいことは明らかである。そしてその位置はおおよそ示されていて，

a．柱では柱のほぼ中央
b．梁床の上筋は中央
c．梁床の下筋は端部

中央とか端部というのは，柱や梁の長さを4等分し，その中央2/4を中央，その端部1/4を端部とすることになっている。鉄筋の継ぎ手には以下の種類がある。

a．重ね継ぎ手
b．ガス圧接継ぎ手（図5.2）
c．エンクローズド溶接継ぎ手（図5.3）
d．スリーブ圧着継ぎ手（図5.4）

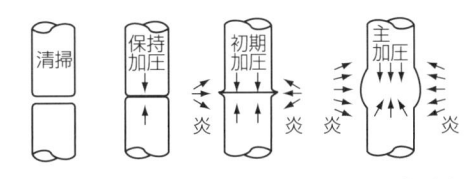

図5.2 加熱した状態で溶着させるガス圧接継ぎ手[23]

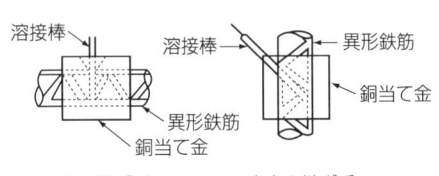

（1）銅当て金を用いる溶接継ぎ手

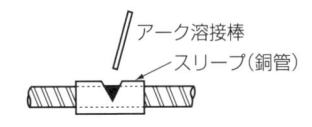

（2）銅管を当て金にした溶接継ぎ手

図5.3 エンクローズド溶接継ぎ手[23]

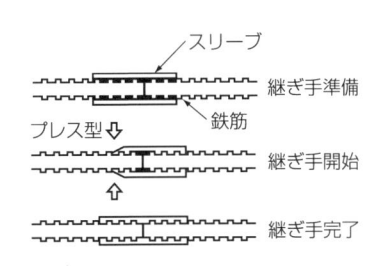

（1）スリーブを鉄筋に断続的に冷間圧着する継ぎ手

（2）スリーブを絞り連続的に冷間圧着する継ぎ手

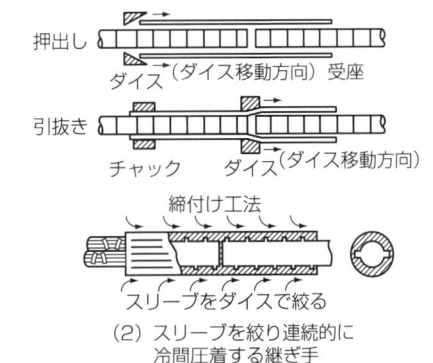

図5.4 圧着継ぎ手[23]

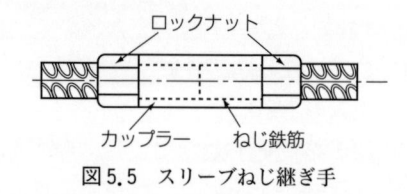

図5.5 スリーブねじ継ぎ手

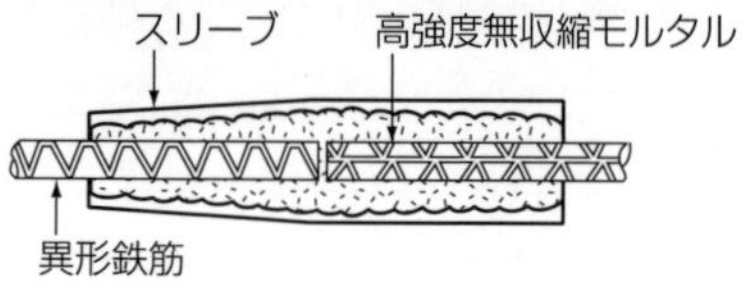

図5.6 スリーブモルタル充填式継ぎ手[23]

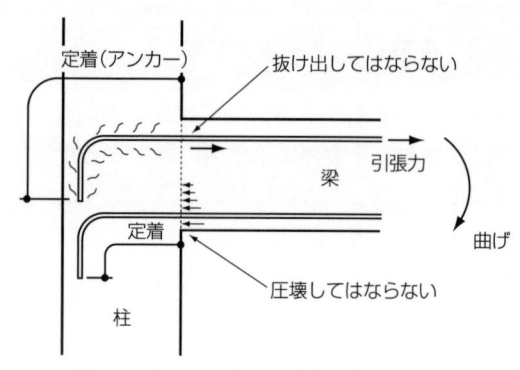

e． スリーブねじ継ぎ手（図5.5）
f． スリーブモルタル充填式継ぎ手（図5.6）

　重ね継ぎ手は，最も簡単な継ぎ手である。鉄筋の径をdとして，$30d$ とか $40d$ など所定の長さだけ，重ね合わせればつながる。もちろん鉄筋だけではつながらない。コンクリートの中にあって，コンクリートの圧縮応力やせん断応力を介してつながるのである。D29 以上の太い鉄筋は重ね継ぎ手にはしないことになっている。配筋スペースの問題，重ねの長さも $40d$ だと $1.16 \mathrm{m}$ にもなり，鋼材費もかかる。

　ガス圧接継ぎ手は，鉄筋の端部と端部をガスバーナーで加熱して溶着する。溶着するときは接合部に圧力をかけて両方の鉄筋を引き寄せる。引き寄せた結果，接合部はこぶ状にふくらむ。この継ぎ手は欠陥があっても外からわかりにくいので，サンプルの抜き取りによる引張検査，超音波検査など慎重な検査が必要である。

　エンクローズド溶接継ぎ手は，端部と端部を突き合わせ，その間を少し開けて溶接し継ぎ手とする。

　スリーブを使った継ぎ手は，スリーブを圧縮して締め付けたり，鉄筋の節をねじにしてスリーブにもねじを切ってつないだり，スリーブと鉄筋の間に高強度のモルタルを充填したりして鉄筋をつなぐ方法である。

③ 定　着

　定着とは梁などの鉄筋を，他の構造部材に固定するために埋め込む長さのことである。最低限の定めは建築基準法施行令第73条に示されている。柱に取り付ける梁の引張鉄筋は，柱に定着させる部分の長さを $40d$ 以上としなければならない。梁の引張鉄筋は通常上筋であるから，上筋の定着長さは $40d$ 以上ということである。耐震架構では下筋も引張鉄筋となるので定着が重要である（図5.7）。

図5.7 柱・梁の接続部の力の伝わり方[23]

④ 鉄筋のかぶり厚さ

　材料編でも述べられているとおり，コンクリートは時間とともに中性化が進む。中性化すると鉄筋が錆びて膨張し，コンクリートを破壊する。そのため，鉄筋の位置はコンクリートの表面より奥にし，建物の寿命のある間は鉄筋の位置まで中性化が進まないようにする。コンクリートの表面から鉄筋の位置までの寸法を鉄筋のかぶり厚さという。

　建築基準法施行令第79条により，鉄筋のかぶり厚さは以下の通りとしなければならない。

a． 耐力壁，柱，梁（3 cm 以上）
b． 直接土に接する壁，柱，床，梁，布基礎の立ち上がり（4 cm 以上）
c． 基礎（6 cm 以上）
d． 一般部（2 cm 以上）

日本建築学会標準仕様書（JASS 5）では，上記かぶり厚さに施工誤差 1 cm を加えて，鉄筋の設計かぶり厚さとしている。鉄筋の施工精度が悪い場合は，これよりも大きなかぶり厚さとする必要がある。かぶり厚さを確保すること

は大変難しい。何しろコンクリート表面に面した鉄筋は相当の数になるし，面積で見たらコンクリートの表面積だけある。

これらのすべての部分で規定のかぶり厚さを守るのは大変である。1カ所でも守れないところがあると，その部分の鉄筋が錆びてコンクリートにひび割れが入ったり，剥落したりするからである。このような事故が地震時や劣化状況により発生することから，かぶり厚さの施工管理は厳しくなっている。

⑤ 鉄筋相互のあき

鉄筋相互のあきは，鉄筋とコンクリートの付着による応力の伝達や，コンクリートが鉄筋の周りに密実に打ち込まれるようにするために，次の数値以上に決められている。

a．粗骨材の最大寸法の1.25倍
b．25 mm
c．丸鋼の径または異形鉄筋の径（呼び名の数値）の1.5倍

⑥ 加 工

鉄筋の切断はシャーカッターまたは電動のこで行う。ガスバーナーで溶断してはならない。鋼材である鉄筋は熱を加えると，材料編にもあるように変質するからである。曲げ加工も冷間で行う。また，きつく曲げてもならない。たとえばSD295の25 mm筋では折曲げ内法直径は$6d$だから，結構大きく150 mmの直径になる。帯筋やあばら筋で細ものの場合は，$3d$でこれも結構大きい（表5.1，図5.8）。

（2） 材料の管理

鉄筋の材質による種類は比較的多い。丸鋼と異形棒鋼の違いはすぐわかるが，異形棒鋼でも材質によりSD295，SD345，SD390などあり，これを設計図書に示されたとおり使い分けなけ

表5.1 鉄筋の折曲げ部の曲げ直径（日本建築学会「標準仕様書」（JASS 5）より）

折曲げ角度	図	鉄筋の使用箇所による呼称	鉄筋の種類	鉄筋の形による区分	鉄筋の折曲げ内法直径（D）
90°を限度とする		帯筋 あばら筋 スパイラル筋	SR235, SRR235 SD295A, SD295B SDR295, SR295 SRR295, SD345 SDR345	16ϕ 以下 D16	$3d$ 以下
				19ϕ 以上 D19	$4d$ 以上
		上記以外の鉄筋	SR235, SRR235 SD295A, SD295B SDR295, SRR295 SD345, SDR345 SD390	16ϕ 以下 D16	
				$19\phi \sim 25\phi$ D19〜D25	$6d$ 以上
				$28\phi \sim 32\phi$ D28〜D38	$8d$ 以上

（dは丸鋼では径，異径鉄筋では呼び名に用いた数値とする。）

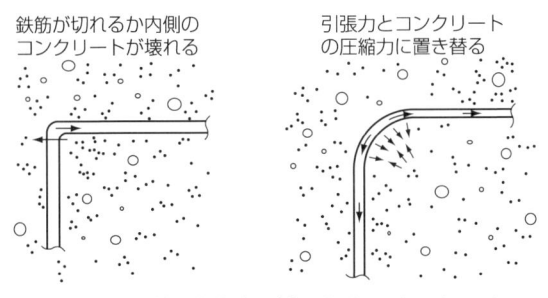

図5.8 鉄筋は急角度に折り曲げてはならない[23]

ればならない。高強度の鉄筋が要求されるところに、低強度の鉄筋を用いたのではできた構造物の強度は確保できない。また、鉄筋の外観からちょっと見ただけでは見分けがつかない。もちろん異形棒鋼などは節の形などからわかるようになっているが、注意深く見る必要がある。

さらに購入して鉄筋の品質が要求どおりのものか確認する手段として、製鋼所の発行するミルシートがあり、これと納入された鉄筋のロット番号などと一致していることを確認する必要がある。そして、鉄筋の置き場も径ごと、材質ごとに仕分けして保管し、間違いのないようにする。もちろん鉄筋の置き場所は雨のかからないところがよいが、そうでないときは枕木を置きじかに土に接しないようにし、常時シートで覆っておく。

(3) 施工図

一般に設計図書では、柱や梁のどの位置にどんな径、材質の鉄筋をどう配筋するか、標準的な断面しか表示されない。壁や床の配筋はリストのみということが多い。たまに、加工された鉄筋の形が矩計図などで示されることもあるが、それでもほんの一部である。

鉄筋材の発注は径、材質、長さで行うので、設計図書からは発注明細書は直接にはできない。そこで1つ1つ鉄筋の加工された形を図にして、拾い出すのである。工事の入札時などの鉄筋の数量見積は参考になるが、材質ごとの総重量しか拾っていないので、直に発注明細書にはならない。

昔はこの作業をゼネコンの社員がやっていたが、今はほとんどの鉄筋専門工事業者ができるようになった。業者が決まっていないが、工程の関係上発注が必要なときは、ゼネコンの社員がやらなければならないだろう。官庁工事では、高炉メーカーに直接発注しなければならないことがよくある。そのときは納期が数カ月かかることもあるので、そのようになる。

次に、鉄筋の混み合いそうなところは納まり図を書いて鉄筋のかぶり厚さを確保できるか、間隔は大丈夫か確認することが大切である。基礎梁は鉄筋が太く数が多い。建物の角は直交方向から梁筋がお互いに定着するし、その間を縫って柱筋を入れなければならない。鉄骨があるとアンカーボルトも入ってくる。最も混み合うところだろう。

鉄筋が交差するところは、両方の鉄筋径を加えた以上のスペースが必要である。場合によっては柱か梁の断面寸法を大きくしないと納まらないこともある。同様に梁の配筋も、X方向の配筋を先に組むと、Y方向の梁はその上に配筋することになり、鉄筋径が25mmだと25mm高くなる。この上に小梁が乗るとさらに高くなる。そしてその上に床の配筋が乗ることになる。

全部足すと70mm近くなり、床のかぶり厚さを確保するどころではなく、飛び出してしまうことになる。やむなく梁のあばら筋の高さを小さくして納めなければならないこともあるが、このような場合は構造設計者との打合せが必要である。

(4) 施工要領

設計図書、コンクリート図、施工図、工程表などで表現できないところを施工要領書でまとめて示す。施工要領の内容は以下のようなものでよいであろう。

a．組織
b．鋼材の受入れ方法、保管方法
c．加工の場所、機械設備
d．運搬
e．かぶり厚さの確保法
f．梁筋の組立て順序：X方向が先かY方向が先か
g．梁筋の組立て法：落とし込みにするかどうか
h．共通安全事項

施工要領書は，鉄筋工事のみでなく他の工事でも作成する必要がある。

（5） 組立て

組立ては人の手で行う。加工済みの鉄筋を1本1本手に持って所定の位置に移動させて保持し，すでに組み上がっている鉄筋に結束して固定する。柱筋の組立ては型枠工事の前に行う。すでに施工してある下階から出ている柱筋にその階の柱筋をつなぎ，帯筋を取り付けていく。帯筋にスペーサーを取り付けて，鉄筋が型枠に密着して，かぶり厚さがなくならないようにする。

一般に柱筋は自立するものの，固定度は低くふらふらしている。しっかり固定する必要があるときは，柱筋の周りに足場を組むこともある。鉄筋の交点は細いなまし鉄線で結束する。

梁筋は床の型枠ができた後，床の型枠を作業床として施工することが多い。梁型枠の上に端太角などを置き，その上で梁筋を組み立てあばら筋を取り付けて結束し，端太角を抜いて鉄筋を梁型枠の中におろす。そのとき，梁底にスペーサーを置き，またあばら筋にもスペーサーを取り付けてかぶり厚さの確保をする。おろすためのジャッキ付きの治具などもある。この方法を落とし込みとよんでいる。梁の成が大きいときは梁の片側を空けておき，その場所で組むこともある（図5.9，図5.10）。

壁の配筋は型枠工事と平行して行う。壁の配筋は揺れていて自立しないので，壁用のスペーサーを取り付けて，壁型枠にもたせかけて位置を確保する。床の配筋は梁の配筋が終わったあと引き続き行う。床にはスペーサーを置き鉄筋が床型枠に密着しないようにする。鉄筋の運搬は短い距離なら人力で行えるが，長距離運搬とか，揚重はまとめて車で運んだりクレーンで運んだりする。

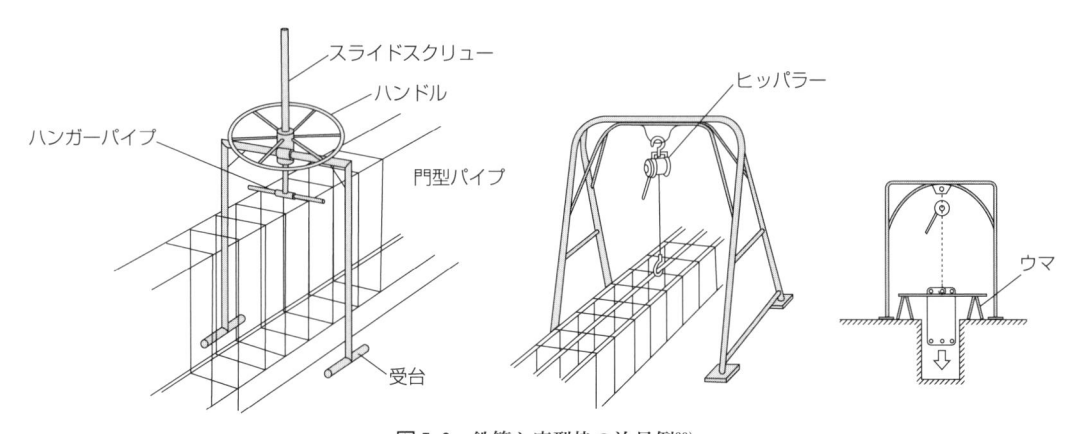

図5.9 鉄筋と床型枠の治具例[23]

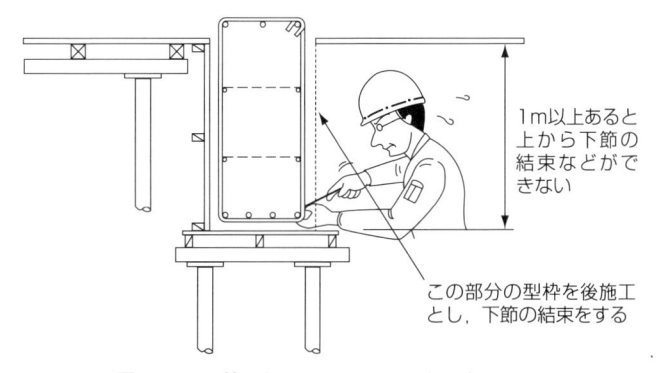

図5.10 梁筋の組立て，梁側の型枠の施工例[23]

(6) 施工の点検

鉄筋工事中, 現場の点検項目をあげると以下のようになる。

　　a. 鉄筋の本数
　　b. 鉄筋の間隔
　　c. 柱の向き
　　d. 継ぎ手の位置
　　e. 継ぎ手の長さ
　　f. 定着の長さ
　　g. スペーサーの間隔
　　h. 結束の状況
　　i. かぶり厚さ
　　j. 開口補強

(7) 鉄筋工事の問題点

かぶり厚さ不足がよく問題になる。配筋にはかぶり厚さ分, スペーサーを用いて型枠から一定の距離に保持するが, 鉄筋の位置が悪くて動かないときには, 型枠の精度を出すために鉄筋のスペーサーを取り除いてしまうことがよくある。

墨出しが間違っていたり, 帯筋, あばら筋の寸法が不適切だとこのようなことが起こりやすい。帯筋, あばら筋の寸法は型枠寸法からかぶり厚さ寸法を引いただけでは, たとえば柱面と梁面が同一であったり, 直交方向の梁が重なるときなど, 柱や梁主筋分だけ小さくしないと納まらないことがあるので注意が必要である（図5.11）。

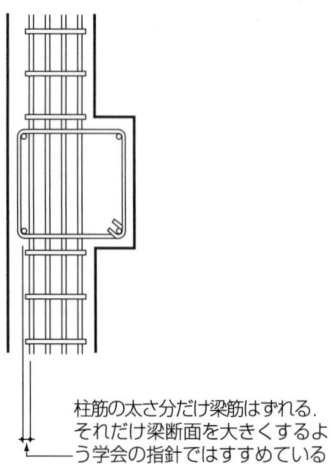

図5.11　柱・梁が同一面の鉄筋の納まり[23]

5.3　型枠工事

コンクリートを形づくる鋳型である。求められる断面寸法を確保し, 全体の建物の大きさや高さを決めるものであるから正確でなければならない。建物の階高が不足して裁判になったことがあるが, 論外である。コンクリートは比重が $2.3 t/m^3$ もある。したがって型枠は頑丈でなければならない。

コンクリートを打っている途中ではらんできたり, パンクしてせっかく打ったコンクリートが流れ出してしまうこともよくある。甚だしいときは, 型枠全体が崩壊して人身事故につながることもあり, 労働安全衛生規則では組立て図をつくるように求めている。

また, コンクリートは, 化学反応により硬化し強度を発現する。強度が出るまで型枠はそのままそっとしておかねばならない。ところが, 型枠資材の回転率を上げるため, できるだけ早く型枠は解体したい。品質, 原価, 工程のせめぎ合いがここで生じやすい。合理的な現場運営が求められる。

ここでは一般的な型枠工法の紹介をする（図5.12）。

(1) せき板

コンクリート構造物の表面を形づくる面材である。材料としては合板が一般的で, その他鋼製, アルミニウム, 合成樹脂も用いられることもある。合板表面はラワン材が多かったが, 熱帯雨林の保護の観点から最近では針葉樹材が増えている。合板の表面は, 木のあくなどでコン

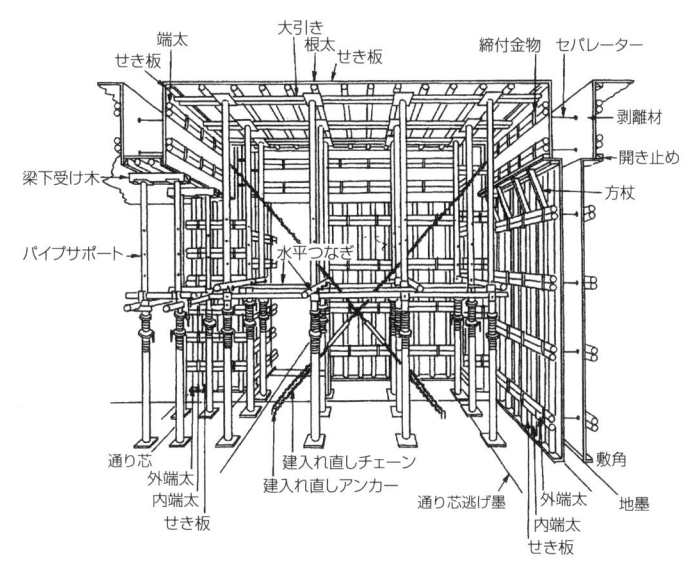

図 5.12 型枠工法の構成と部材の名称[22]

クリートに影響を与えないように，また，解体するときに剥がしやすく，何度も使用できるようにウレタン樹脂塗装を行うことが多くなっている。

(2) 支保工

① セパレーター・ホームタイ

壁の厚さ，柱の太さ，梁の幅を確保するためにその断面を貫通して支えるもので，一般に両端にワッシャを付け，その先にねじを切った6 mm の棒鋼を使う。せき板に穴を開けセパレーターを内側に挿入し，外面にねじ部を突出させてホームタイをねじ込みせき板を挟み込む。

② 縦端太・横端太

せき板の外側には垂直に縦端太を間隔 45 cm 内外に添える。さらにその外側に水平に横端太を間隔 90 cm 内外に取り付ける。縦端太，横端太には 6 cm の角鋼管か 48.6 mm の鋼管を用いる。関東では鋼管を用いることが多い。横端太に座金をかましホームタイで固定する。

③ パイプサポート

主として梁や床を支持する。梁も床も縦横に端太を設けその上に合板を敷く。合板に接する端太は 45 cm 間隔，端太の下の直交する端太は 90 cm 間隔が普通である。パイプサポートは下側の端太を受ける。1.8 m 間隔くらいだろう。端太の間隔，パイプサポートの間隔は構造計算により求める。

④ その他

合板に鋼管の端太を添わせたり，その上に合板を敷いたりして，鉄と木材を接合しなければならない。しかも，解体することが前提であるから，接合は外れやすくしなければならない。そのために，いろいろな補助の金物が工夫されている。これらの型枠用金物を製作販売する専門の会社があり，そのカタログを取り寄せればよく理解できよう。

(3) 組立て

一般に，壁の片側の型枠，柱の型枠の組立てから始める。柱の型枠ができたら梁の型枠を持ち上げ，パイプサポートで支持する。このとき柱の垂直度を点検し，柱に取り付けた虎ワイヤーなどにより垂直度を保持する。この間，壁の鉄筋を鉄筋工に組んでもらう。壁の鉄筋が終わ

ったところから壁の反対側の型枠を施工し壁を塞ぐ。

床型枠はパイプサポートを建て，パイプサポートは倒れないように横つなぎなどを設け，その上に端太を乗せ，高さを調節してもう1段せき板に接する端太を乗せる。その上にせき板を敷き並べる。この作業は危険を伴うので，作業主任者の直接の指揮のもとに行わなければならない。全体には，コンクリート打ち作業の水平衝撃に耐えるように筋かいを設ける。

（4） 存置期間・解体

型枠の存置期間は，コンクリート強度の発現状況および日数で決められているし，平均気温，部位別に異なりややこしい。普通，平均気温20℃以上の暖かいときで，柱，壁，梁はコンクリート強度 5 N/mm² 以上になり，かつ4日以上である。前出のJASS 5 鉄筋コンクリート工事に細かく記載されているので参照されたい。コンクリート強度を見ていないと決定できないことになる。梁下，床下はコンクリートの強度が100％得られたことが確認されるまで存置しておく。

パイプサポートの盛り替えは，最近では行わないことになった。解体の作業も危険を伴うので，作業主任者の直接の指揮のもとに行わなければならない。柱や壁の解体はまだしも，床の解体は作業者のほうへ剥がす作業なので，作業者は解体材が落ちる方向とは反対方向に体を置いて作業する。あるいは剥がれかかった解体材を仮受けする人を用意するとか，設備するとかの工夫も必要である。

5.4 コンクリート工事

でき上がったコンクリートは均一で，所定の強度が得られなければならない。また有害なひび割れなどを発生させないように施工する必要がある。

（1） コンクリートの発注

今では，建築現場でコンクリートを練ってつくることはほとんどなくなった。レディーミクストコンクリート工場がくまなく設立され，よほど辺鄙なところ以外は簡単に手に入るようになっている。レディーミクストコンクリートの発注には，設計図書の指定によりセメントの種類，設計規準強度などを踏まえ，構造体コンクリート供試体の強度との差を考慮した割増し 3 N/mm²，温度補正を加えて呼び強度で指定する。

レディーミクストコンクリートの呼び強度は 16，18，21，24，27… N/mm² と決まっているので，この中から選ぶ。また，使用する細骨材の塩分濃度，骨材のアルカリ骨材反応の安全性などをレディーミクストコンクリート工場の管理記録により確認する。

（2） コンクリート打ち，締固め

コンクリートは材料編にあるようにブリージングにより沈降する。柱，梁，床と一気に打ってしまうと，柱部分は沈降が大きく梁床部分は沈降が少ないので，表面に段差ができるし，柱と梁や床の取り合いに沈降の違いによるせん断ひび割れや空洞ができやすい（図5.13）。

そこで一般には柱の梁下までコンクリートを打ち，1時間ほど待って沈降が終わってから，その上に梁床を打つのがよいとされている。柱が独立柱なら問題ないが，壁がついていると，壁部分のコンクリートの天端は手が届かずきちんと天端均しができないために波打った形になる。1時間以上経ってその上にコンクリートを打ち足すと，型枠を解体した後に波打った形が線状にコンクリート表面に現れる。これをコールドジョイントという（写真5.1）。

コンクリートを打ち足したときに，バイブレ

5. 軀体工事

```
柱上のコンクリートの沈みは大きいので柱上の
床面は窪み，その周囲にひび割れができやすい
```

柱はコンクリートの深さが
大きいので沈みも大きい

この部分に
コールドジョイント
ができやすい

柱のコンクリートが沈むとき
に梁のコンクリートを引きず
り降ろす後に空洞ができやす
い。梁下でのコンクリート打
設をいったん止め1時間くら
い経過してから梁床の部分の
コンクリートを打設する

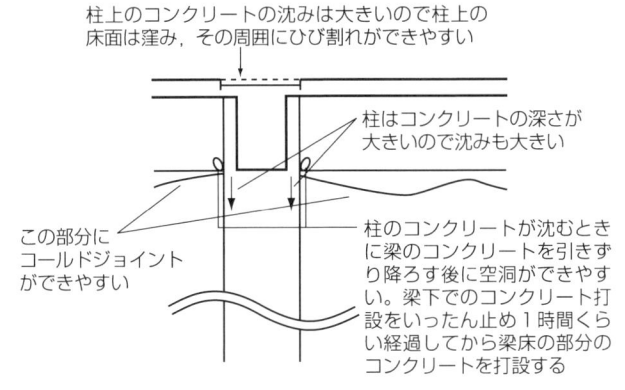

図5.13 コールドジョイントのできる箇所[21]

写真5.1 住宅の車庫に生じたコールドジョイントの発生例

ーターなどで先のコンクリートと後のコンクリートをよくなじませればよいが，床の上からでは，梁より下の部分のためによく見えず，手探りの作業になるので完璧を期しがたい。密着が不十分なため竣工後ひび割れが入ったり，隙間が空いていることすらある。

新幹線のトンネルで，コールドジョイントが原因でコンクリートが剥がれ落ちた事故があった。それ以来，コールドジョイントに対しては厳しい目が注がれている。このようなコールドジョイントを防ぐのに有効な方法がVH工法である。柱壁の鉄筋型枠を組み終わったら，コンクリートを打つ。柱壁の型枠を解体後，梁床の鉄筋型枠を施工してコンクリートを打つ。このようにすれば，柱壁のコンクリートを打つとき天端をきちんと均せるので，波状のコールドジョイントは発生しない（図5.14）。

この工法には型枠を転用しやすいというメリットもある。特に柱壁の型枠は，まだ床ができていないから，クレーンで吊り上げて次の工区へ移動できるというメリットは大きい。ヨーロッパやアメリカではほとんどこの工法によるが，日本ではあまり普及していない。

雨の日にはコンクリートは打たないほうがよい。コンクリート打設中に雨水がコンクリート表面の窪みに溜まり，その上にコンクリートを打ち足すと雨水とともにセメント分が抜け出し空洞になることがある。

締固めはコンクリート棒形振動機・型枠振動機，突き棒などにより行う。コンクリート棒形振動機は深さ60 cm，間隔60 cmで，加震はコンクリートの上面にペーストが浮くまでとする。したがってコンクリートを60 cmの厚さに打ち足したら，コンクリート棒形振動機により締め固め，その上でまた60 cm打ち足すというのが望ましい打ち方である。

コンクリートの打込みが終わり，床の上面を均したあとで，コンクリートの沈降のため鉄筋位置にひび割れが入ることがある。あるいは上面が強い日射により急激に乾燥すると，田の字のようにひび割れが入ることがある。打設後2時間くらいならまだコンクリートは固まらず，コンクリート表面を短い板などで叩いて消すことができる。これをタンピングという。

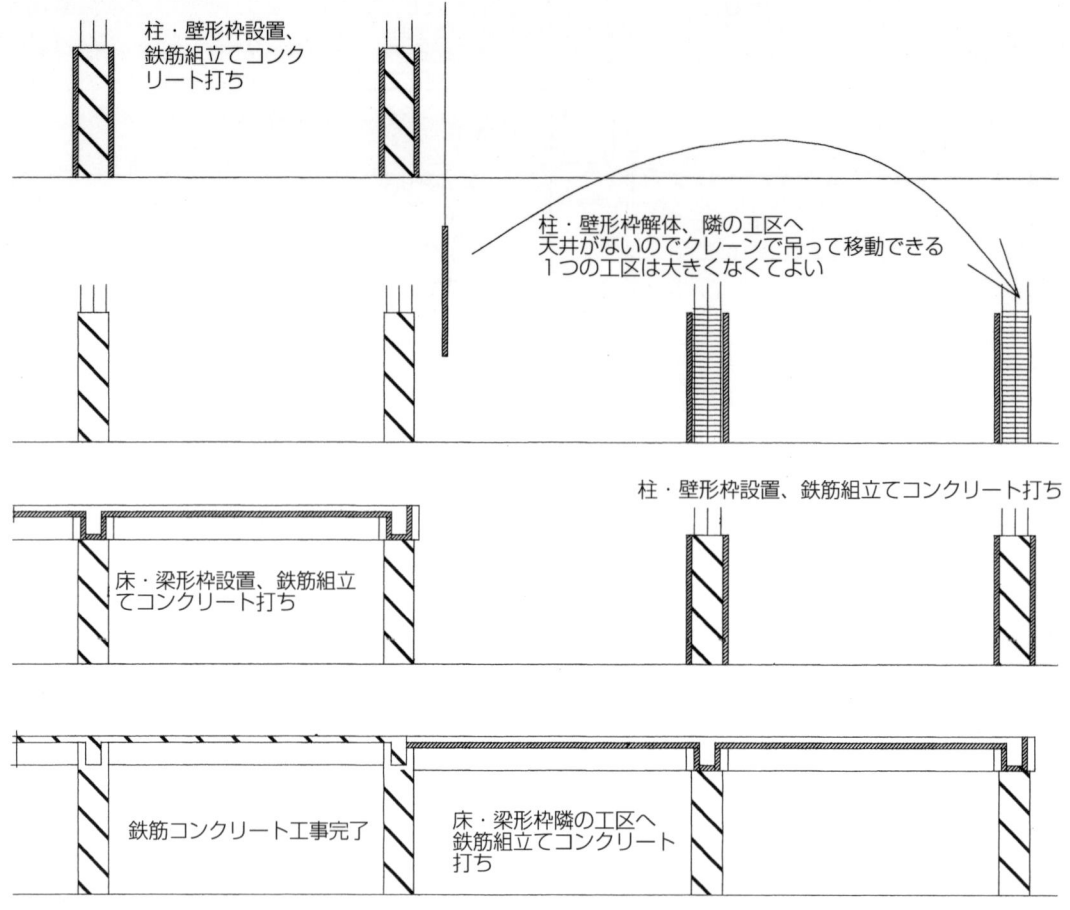

図5.14 コールドジョイントを防ぐVH工法[21]

(3) 試 験

コンクリートの試験は，打込み工区ごと・打込み日ごと，かつ150 m³ またはその端数ごとに1回行う。1回の試験は，適当な間隔をおいた3台の運搬車から1個ずつ採取した合計3個の供試体を用いる。供試体を採取したときに，スランプの試験や空気量の測定を行う（第2部の61～62頁にスランプ試験について述べている。第2部の**図5.12** 参照）。

28日の圧縮強度を求めるとき，供試体の養生は現場水中養生か標準養生を行う。3個の試験結果の平均値が，現場水中養生の場合は品質基準強度以上，標準養生の場合は品質基準強度に温度補正値を加えた値以上であれば合格である。その他，型枠解体の時期を確認するために，もう3本供試体を採取し1週間で試験することも行われている。

詳しくは，日本建築学会「鉄筋コンクリート工事標準仕様書」（JASS 5）を参照されたい。

(4) 養 生

打ち込まれたコンクリートは，強度が出るまで衝撃を与えてはならないし，急激に乾燥させないようにする。ほとんどの部分せき板に覆われているが，床面のみは露出していて夏期は急激に乾燥しやすい。一般には5日以上養生シートで覆い，ときどき散水して乾燥しないようにする。柱・壁などの型枠保存期間は4日以上となっているが，あと1日は辛抱して5日としたほうがよいだろう。とにかく1週間くらい型枠

を存置すると，のちの乾燥収縮も小さくなるようである。

(5) 打継ぎ

コンクリートには打継ぎがつきものである。下階と上階のつなぎ目とか，大きな建物だと工区割りするのでその境目に打継ぎが発生する。上下の打継ぎは床面が多い。ここにレイタンスなどの強度のない異物が溜まると，打継ぎ部の強度を保つことができない。はつりとか高圧水による除去などが必要である。

工区の打継ぎは垂直になる。望ましいのは型枠を入れることだが，打継ぎ部を貫通する鉄筋が多いと，型枠は施工できない。よく行われるのが金網を張ることである。コンクリートの側圧で動かないように鉄筋などに固定する。

コンクリートは少しのろは出るが，大きく漏れることはない。場合によっては金網が見えないくらいコンクリートが回り込む。次のコンクリート打ちは漏れたのろを取り除いて行う。もちろん，前のコンクリートによくなじむように締固めを十分に行う。

5.5 鉄骨工事

鉄筋コンクリート構造は主として現場でつくる。これに対して，鉄骨構造は工場でつくったものを現場で組み立てればよいので，現場での作業が大幅に減る。現場での工程が合理化されるし，工場での鉄骨製作も合理化しやすく，品質も安定したものができる。しかし，1つ間違えると取り返しのつかないことも起きる。工場での寸法の間違い，鋼材の種別の取り違い，溶接の不備などである。慎重に工事を進めなければならない。

鉄骨の製作工場も千差万別で，よい工場に頼めば安心だが，やむを得ず技術水準の低い工場に頼まざるを得ないこともあるだろう。そんなときは工場の管理も大切になる。（社）鉄骨建設業協会や（社）全国鉄鋼工業連合会が自主的に傘下工場のランク付けをしている。これを参考にするとよいだろう。

現場の鉄骨建て方は重量物を取り扱うので，ひとたび事故が起こると大事故になる。組立て中の鉄骨が衝撃や強風などで倒れたり，吊り荷重の超過によりクレーンが転倒したり，いろいろ事故が起きているので，細心の注意が必要である。

(1) 工場加工

① 工作図，現寸図

設計図書をもとに工作図をつくる。鋼材を切断する寸法を，溶接しろを考慮して明確にし，組立てが可能か，溶接が可能かなどを検討する資料にする。さらに設備のスリーブとか，鉄筋の取合い貫通穴とか，外装材などの取付け用持ち出し，安全設備としての昇降用タラップ，足場などの取付け用金具も記入する（図5.15）。

鋼材の切断は自動化が進み，人の手によるマーキングは，細かな特殊なところ以外は行われなくなってきた。自動化が進んでいなかったときは，広い床に鉄骨の現寸図を書き，様々な部分の納まりや寸法の間違いがないかなどを点検

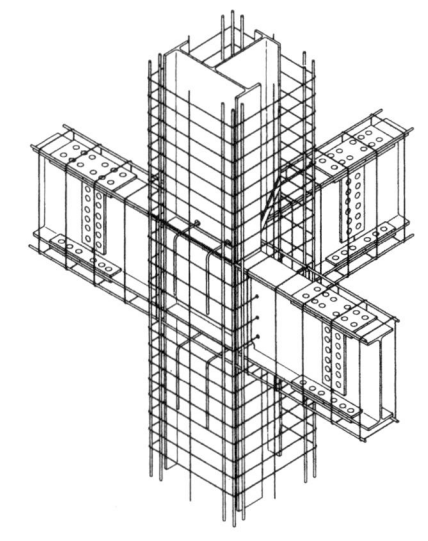

図5.15 柱・梁接合部の納まり（側柱の例）[22]

し，原寸図をもとにテープ状の定規をつくって，それをもとにマーキングを行っていた。

現寸図の点検は設計者，施工者などが集まり多数の目により行われ，ある意味では設計者，施工者，鉄骨製作者のお互いの意思疎通の重要な機会となり，これを現寸検査と称していた。しかし，図面のCAD化が進み，切断加工機へそのデータが直接入り，人の手を必要としなくなったことにより，現寸図や現寸検査は必要なくなった。その代わり，CADでつくられた図面の点検が重要になったといえよう。

② 鋼材の切断，穴開け，組立て，溶接，歪み取り

薄い13mmまでの鋼板はせん断切断機で切断するが，それ以上はガス自動切断機を用いる。穴開けはドリルによる。組立ては治具を用い正確に組み立てる。組み立てて仮固定するための溶接は長さが40mm以上とし，点付けはしない。点付けすると，局所のみ高温となり鋼材は暖っていないので急冷されることになり，その部分のみもろくなるので品質に問題が生じる。

溶接は下向き溶接ができるように，組立て中の鉄骨を回転させながら行う。サブマージアーク自動溶接，ガスシールドアーク半自動溶接が用いられる。溶接したあとは反ったり縮んだりする。反りは歪み取りと称して加熱し，叩いたり水をかけたりして修正する。これはかなり熟練を要する作業である。縮みはあらかじめ材料を切断するとき大きめに切断する。これも経験によるノウハウの部類である。

③ 塗装

コンクリートに埋め込まれない鉄骨は，工場で錆止め塗装を行うのが一般的である。このとき，接合部の添え板を取り付ける部分は塗装してはならない。耐火被覆をするとき，接着剤や吹付け材が強アルカリのことがある。一般の錆止め塗装は，強アルカリに弱いのでそのときは塗装しない。

(2) 建て方

現場作業はとび工が行う。鉄骨建て方も，高所作業が多く，危険作業となるので作業主任者の直接指揮のもとに行う。鉄骨を吊る玉掛けワイヤーは，鉄骨重量に対して安全で，キンク，ねじれ，腐食のないことを確認する。

まず柱を建てるが，建て終わったらアンカーボルトをしっかり締めて自立することを確認してから，玉掛けワイヤーを外す。このときとび工は建てた柱の上に登る。危険なので登らなくてもよい自動玉掛け外し装置などが考案されている。

柱を2本建てたらその間に梁を架ける。柱の上にとび工が乗って吊られてきた梁を受け取り，添え板により柱と梁を仮ボルトで固定する。次にとなりの柱を建て梁をつなぐ。こうすればL形に柱梁が建てられやや安定した形になる。もう1本柱を建てて梁をつなげば，ロの字型になりさらに安定する。

仮ボルトはその継ぎ手のボルト1群に対して，その数の1/3程度かつ2本以上用いる。仮ボルトがきちんと入っていないと作業時に突風が吹いたりしたとき，鉄骨が倒れるおそれがある。また1日の作業の終わりには，仮ボルトがきちんと施工されているように，柱梁がロの字形に組み上げられ安定するように施工する。

鉄骨建て方は風速10m/sec以上のときは中止する。柱1節分を建てたら虎ワイヤーを取り付け，柱の垂直度を調べ，垂直になるように虎ワイヤーに仕込んだターンバックルで調整する。垂直度が出たら，仮ボルトをしっかり締める。鉄骨ができ上がった形の1例を示す（図5.16）。

(3) 高力ボルト

仮ボルトの締付けが終わったら，孔が合わな

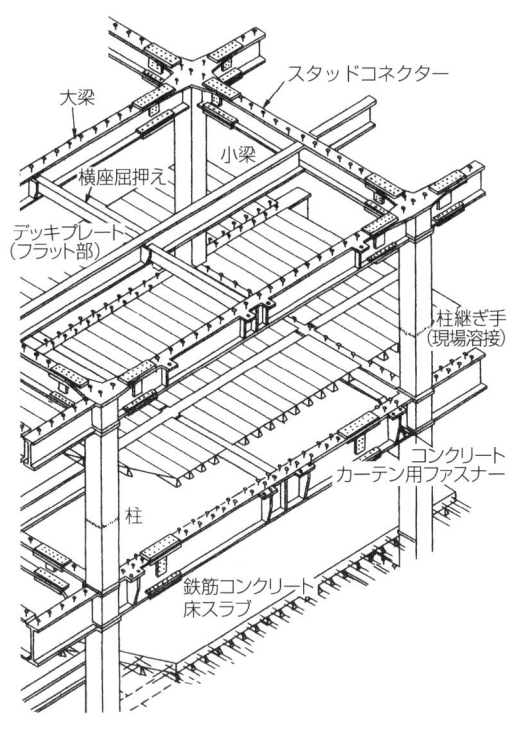

図 5.16　鉄骨構造の骨組[22]

いこともあるのでリーマで孔合わせを行い，設計図書に示された高力ボルトを取り付けて締め付ける。締付けは1次締め，マーキング，本締めの順で行う。1次締めは電動レンチなどで所定のトルク値で行う。たとえば M20 のボルトなら約 15 000 kN・cm である。

次に白マジックインキなどで，ボルト，ナット，ワッシャ，鉄骨にわたり，マーキングを行う。本締めは，標準ボルト張力が得られるように調整された締付け機器を用いて行う。締付け機器の調整は，毎日締付け作業に先立って行うことを原則とする。締付け機器の調整は，専用の軸力形に試験ボルトを取り付け，これを締付け機器で締め付け所定の軸力が得られるように調整する。

要するに，高力ボルト接合は高力ボルトで鋼板どうしを圧着し，その摩擦力で接合部の応力を伝達するものである。圧着力は高力ボルトの締付け力により決まる。締付け力はナットの締付けトルクで決まるが，ナットとねじ，ワッシャの摩擦係数に左右されるので毎日の調整が必要になる（図 5.17）。

（4）溶　接

現場溶接はアーク溶接が主流である。溶接棒と接合部との間に電気アークを発生させ，その熱で溶接棒および接合部を溶かし，溶けた溶融金属を接合部に充填して接合する（図 5.18）。

アーク溶接には，

a．被覆アーク溶接…………手溶接
b．サブマージアーク溶接…ほとんど自動
c．炭酸ガスアーク溶接……自動と半自動

などがある。

これらの他に，

a．スタッド溶接……鉄骨梁と床コンクリートを接合するスタッドを取り付けると

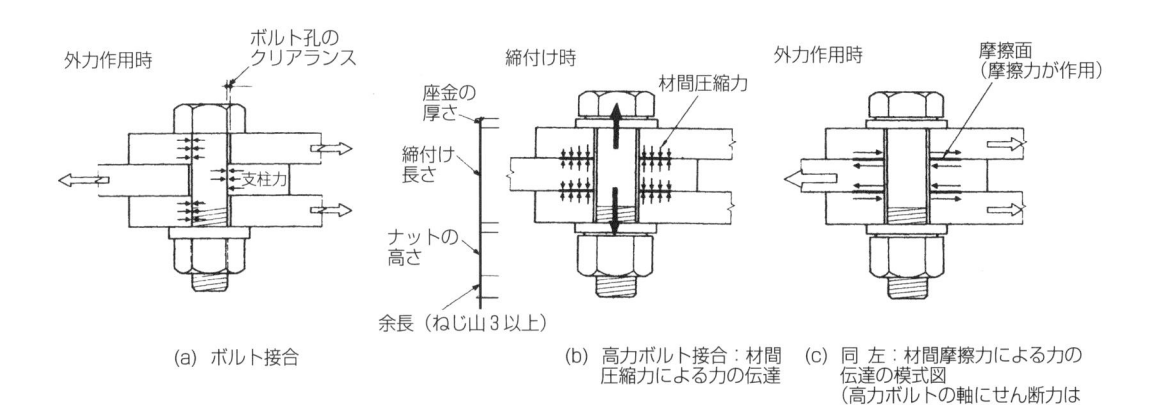

図 5.17　鉄骨の接合（ファスナーによる）

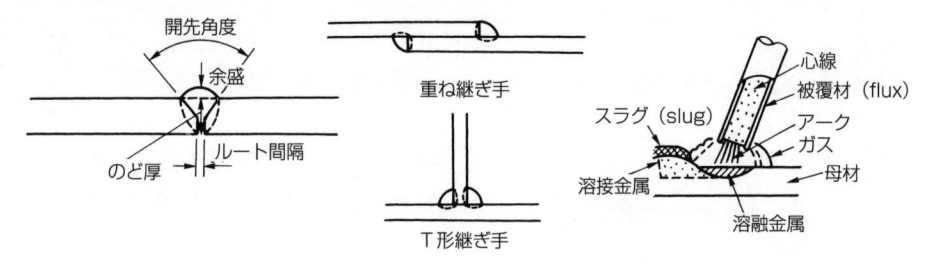

図5.18 溶接法（突合せ，すみ肉，アークの各例）

きの一種の抵抗溶接，カラーで空気との接触を断つ
b．エレクトロスラグ溶接……スラグの中でアークを発生させる
c．ガス溶接……ガスで溶接棒を溶かす
d．抵抗溶接……溶接金網はこの方法でつくる。接合部に圧力をかけ，電流を流すと接合部が溶ける。そのまま押しつけて接合する

溶融金属は1 400 ℃以上の高温のため，空気に触れると酸化したり空気を巻き込んで泡を発生して具合が悪い。そこで溶接棒の被覆材が高温で溶けたときのガスや，炭酸ガスを溶接部に吹き付けたりして，溶融金属が空気に触れないようにしている。そのためアーク手溶接などは風速5 m/sec以上のときは行わないほうがよい。このように溶接は，溶融金属を接合部に流し込むので，上向き溶接というのは無理がある。

溶接では，次のような欠陥が発生しやすい。
a．ひび
b．アンダーカット
c．オーバーラップ
d．泡

目視でわかる場合もあるが，内部の泡とかひび割れ接着部の剝離などは外からはわかりにくい。内部を見るには，X線検査もあるが，超音波探傷が主に用いられる。重要な構造物は超音波探傷を必ず行うべきである。また溶接の品質は溶接工の技量に大きく左右される。（社）日本溶接協会が検定を行い資格証明書を発行しているので，これを確認して有資格者に管理や作業をさせるのがよい。

（5） 耐火被覆

鉄骨は，コンクリートに埋め込まれる場合を除き，耐火被覆が必要である。鋼材は高温になると軟化し強度が落ちる。そのため火災発生時には1～2時間の間に，鋼材の温度が350 ℃以下の状態になるように耐火被覆材で断熱する。材料としては，ラスモルタル塗り，ロックウールの吹付け，珪酸カルシウム版やALC版の張付けなどが主流である。

従来は耐火被覆材として，石綿（アスベスト）が建物の天井裏や壁裏にかぎらず鉄骨部材の表面に吹きつけられ，広く使用されてきた。しかし過去の粉塵の吸い込みにより，人体に中皮腫などの発ガン性が認められるようになり，使用は全面的に禁止されている。これらアスベスト使用の建物のメンテナンスや，解体撤去時の除去にあたっては，健康被害に注意するとともに，法律による厳しい規制もあり，費用面についても十分な検討が必要である。

6. 屋根工事

　古来，日本家屋では勾配のついた屋根であった。これは雨露をしのぐという，建築に求められる最も大きな機能を全うするため，また安く手に入る建材を有効に使う，最も合理的な形式であった。明治維新後，西欧の鉄筋コンクリートの技術が普及し，水平のいわゆる陸屋根が多くなり，住宅以外の建物の主流になった。

　家の屋根は三角という通念を破った水平の屋根は何となく格好よく，新しいデザインの1つとしても見えた。しかし，水平の屋根は雨水排水上何かと問題が多く，いろいろの問題を経験しながら進化してきた。水平屋根は主として鉄筋コンクリート造の屋根に用いられ，防水を施す。勾配のついた屋根は瓦とか金属板とか，古い形のものではかや葺き，こけら葺きがある。

　ここでは防水，瓦葺き，金属板葺き，折板葺きの解説をする。最近は地球環境保護の観点から省エネルギー化が求められ，特に屋根面は日光により加熱されるし，断熱性能も求められる。防水材とか屋根葺き材は断熱性能がほとんどないので，他に発泡スチロールなどの断熱材が必要である。

6.1 防水工事

　主として陸屋根に用いられる。床面に膜をつくって水を防ぐ。膜の端部は，外部に面するところは立ち下げて水はそこから流してしまうか，隣接して部屋などがあるときは立ち上げて水が隣室へ流れないようにする。この膜を穴とか切れ目がない一体の膜としなければ防水の機能は発揮できない。強い直射日光による紫外線や，温度に耐えなければならない。強風時に吹き飛ばされないだけの強い接着力が必要である。下地の動きに追従できる柔らかさや弾力性も求められる。

　コンクリートの床にはひび割れが発生しやすいが，ひび割れが入っても防水層は一緒にひび割れてはいけない。そのためには接着力は弱いほうがよい。これは前の記述と矛盾する。したがって，膜の素材は水に強い，建材に多いコンクリートやモルタルのアルカリに強い，膜自体引張強度があって弾力性があり，それに適当に接着力があり，強すぎても弱すぎてもいけないし，もちろん施工性がよい，など複雑な性能が要求される。

　古来，そういった性能の素材としてアスファルトが用いられてきたが，現代の科学技術を応用した新しい素材が数々生み出されている。それがシート防水，塗膜防水，ステンレスシート防水などである。

(a) アスファルト防水

　陸屋根の防水の主流である。露出防水と保護層付き防水とがある。アスファルトはもともと天然品であったが，石油の消費が増えるに従い，その副産品として生産されるようになってきた。それで石油アスファルトともいう。コンクリート床面にモルタルを塗って均しその上に施工する。

　一例として露出防水の場合の手順は，
① アスファルトプライマー塗り

② 孔開きアスファルトルーフィング敷き
③ アスファルトルーフィング，アスファルト流し張り
④ ストレッチルーフィング，アスファルト流し張り
⑤ 砂付きストレッチルーフィング，アスファルト流し張り

アスファルトルーフィングは，フェルトにアスファルトを含浸・被覆させたもの，ストレッチルーフィングは主に合成繊維の不織布にアスファルトを含浸・被覆させたもの，砂付きストレッチルーフィングはストレッチルーフィングの表面に粒径の揃った砂をアスファルトで接着したものである（図6.1）。

前記の防水工法は1つの例であり，軽微なものはアスファルトルーフィングを省いたり，重要な防水はストレッチルーフィングを2枚にしたり，様々な組合せが行われている。アスファルト流し張りとは，溶融アスファルトを接着面の表面に散布し，ただちにルーフィングなどを圧着して張り付ける作業を指す。

孔開きルーフィングは，床面に敷くだけだが，その上に溶融アスファルトをまき，ルーフィングを接着させるので，防水層は穴の部分だけ下地に接着していることになる。これは下地のコンクリートにひび割れが入っても，防水層が切れないようにするための方策で，これを絶縁工法ともいう。昔のアスファルト防水は，下地のコンクリートのひび割れ部分ではほとんど切れていた。絶縁工法が採用されるようになり，下地コンクリートのひび割れでは切れないようになった。

なぜ，絶縁工法にすると，コンクリートにひび割れが入っても，防水層が切れないのか。たとえば，防水層がコンクリートに完全に密着していたとしたら，どうなるか。防水層の強度がコンクリートの強度に比べて小さかったら，防水層はコンクリートのひび割れどおりに割れてしまうだろう。防水層の伸び率で考えると無限大の伸び率になる。これをゼロスパンテンションといっている。防水層の強度がコンクリートの強度に比べてはるかに強ければ，コンクリートにはひび割れが発生しないだろう。

次に，防水層が弱い接着力でコンクリートについているとしたら，そして防水層の強度が接着力より強かったら，防水層はコンクリートから剥がれてしまうだろう。さらに，防水層に弾力性があると，まずひび割れの周囲が剥がれ防水層が伸びる。ひび割れが大きいと剥がれる幅が大きくなる。伸び率が防水層の弾性範囲内なら，防水層は切れない。

絶縁工法はこの理屈の応用である。防水層は孔開きルーフィングによりコンクリートに点々と接着し，全体として見れば接着力を小さくしている。そして防水層の強度を上げ，弾力性を与えることにより，コンクリートにひび割れが

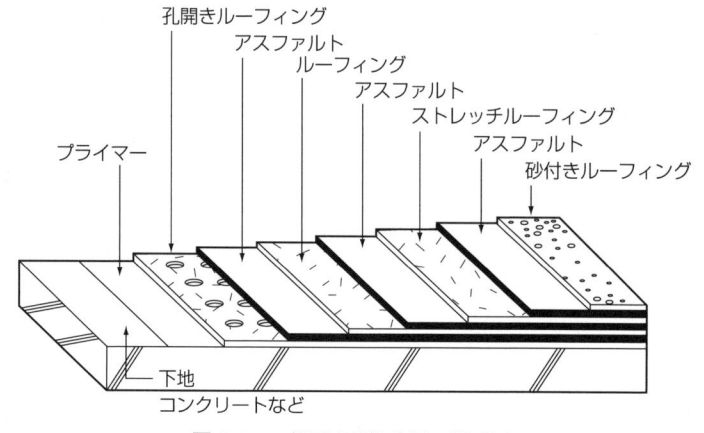

図6.1　一般平床部防水層の構成図

入っても防水層が切れないようにしているのである。この考え方は他の防水工法にも応用されている。防水の施工もこの原理をよく理解して行う必要がある。

ALC の床に防水するときもこの理屈が応用される。ALC の長手方向の継ぎ目は梁の上になり，ALC の撓みや振動により継ぎ目が大きくなったり小さくなったりするので，直接防水するとすぐにそこで切れてしまう。そこで継ぎ目の上に幅 20 cm 程度の絶縁テープを貼り，絶縁テープの部分は防水層が ALC に接着しないようにする。そうすれば継ぎ目の動きは幅 20 cm の長さに緩和され，防水層は切れない。たとえば目地の動きが 0.5 mm とすると，20 cm の幅で考えれば，0.5/200＝1/400 で，伸び率は 1/400 となり，非常に緩和されたことになる。

孔開きルーフィングによる絶縁工法は，もう1つ，ふくれ防止に有効である。露出防水はよくふくれることがある。接着力が部分的に弱いと，そこにわずかに残る水蒸気とか空気が膨張し，防水をふくらますのである。絶縁工法だと残った水蒸気や空気が膨張しても，防水層全体に広がり，部分的にふくらむということがない。さらにその部分の空気を外に逃がす脱気装置を設けると，いっそうふくれは発生しにくくなる。

砂付きアスファルトルーフィングは，露出防水で非歩行用の場合を示している。砂によりアスファルトの太陽光による紫外線劣化を防いでいる。保護層付きの場合はストレッチルーフィングを使用し，その上にアスファルトを流し刷毛で塗りつけて仕上げる。その上に，保護コンクリートを 10 cm ほど打設するのが普通である。

この保護コンクリートは大きな問題を持っている。直射日光にさらされて，最高 80 ℃ 程度の高温になる。明け方の冷えたとき 25 ℃ と考えると 55 ℃ の温度上昇であり，コンクリートの熱膨張率は $1×10^{-5}/℃$ より，$55×1×10^{-5}$ だ

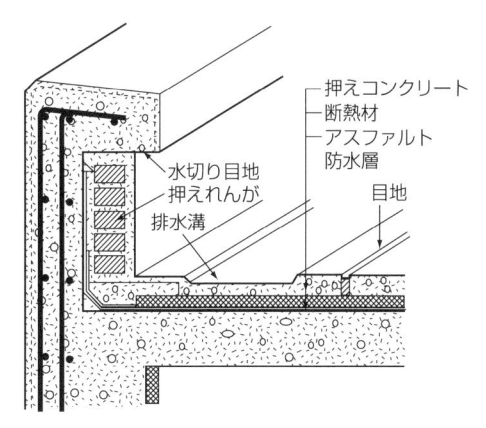

図 6.2 アスファルト防水押えコンクリート仕上げ（外断熱工法）

け伸びることになる。10 m の保護コンクリートだと 5.5 mm であり，もし防水の立ち上がりがブロックなどで脆弱であれば，ブロックを 5.5 mm 押してしまう。

当然，防水層も一緒に押して，切ってしまい漏水の原因になる。押す力はかなり大きいので，この力を減らすべく保護層には目地を入れる。そして防水立ち上がりは強固にするために，鉄筋をダブル配筋にする（**図 6.2**）。

下地が濡れていると，溶融アスファルトを流したときに水蒸気が発生し，泡ができて接着を阻害する。また，施工後ふくれの原因にもなるので，下地は十分に乾燥させる。アスファルト防水は何層もルーフィングを重ね張りするので，層の厚さは 10 mm 近くにもなる信頼性の高い工法である。

(b) シート防水

アスファルト防水は，施工に手間がかかり，熱い溶けたアスファルトを扱うので危険な作業でもあり，効率的で安全な工法が求められている。シート防水はそういった点を解決するために開発された。材料として，加硫ゴム系，非加硫ゴム系，塩化ビニル樹脂系などがある。加硫ゴム系，非加硫ゴム系は厚み 1〜1.2 mm のシートで，伸び性能が大変よい。耐光性も十分にあるが，塗装などにより表面を保護すればさら

に耐候性は向上する。加硫ゴム系の接着は合成樹脂の接着剤で行い，非加硫ゴム系は非加硫ゴムの粘着層を持っていてこれを用いて接着する。

シートとシートの継ぎ目も同様で，加硫ゴム系で 100 mm，非加硫ゴム系で 70 mm の重ね幅をとる。張付け面は凸凹のない平らな面にしないと，シートにしわが寄ったりふくらんだりして切れてしまうので注意する。シート防水の継ぎ手はアスファルト防水のように何層も重ねないので，弱点になりやすい。保護コンクリートを打つと，保護コンクリートの動きにより継ぎ目が剥がれたりすることがあるので，シート防水は露出防水とするのがよい。

塩化ビニル樹脂系は，厚さ 1.5～2 mm 程度で，また 10 cm 程度の塩ビ鋼板などを下地に，あと施工アンカーで固定し，塩ビ樹脂シートをその上に敷き，電磁加熱装置で塩ビ鋼板を加熱すると，塩ビ鋼板の塩ビが融解し，同時に塩ビ樹脂シートも融解するので，両者を押しつけることにより接着する。シートどうしの継ぎ目は 40 mm 以上重ね，熱風などによりシートを溶かし接着する。塩ビ樹脂シートは接着強度が大きいが，材質によっては経年により収縮しやすいので，信頼のおけるシートを選ぶ必要がある。

（c） 塗膜防水

塗膜防水の施工は塗装と同じだが，美しく塗るよりも塗膜の厚さを確保することに重点をおいた工事となる。材料は，
- a．ウレタンゴム系
- b．アクリルゴム系
- c．ゴムアスファルト系
- d．FRP 系

が主である。塗布方法は，刷毛，吹付け，流し塗りなどが行われている。

いずれにしても塗り厚さを均一にし，ピンホールなどを生じないようにするため，様々な工夫がある。下地はシート防水より細かな凸凹のないものとしなければならない。大きな凸凹は，シート防水ほどは影響を受けない。厚みを確保するために，ガラスクロスなどを敷き込むことも行われる。

FRP 系はガラス繊維で補強されたプラスチックということで，浴槽とか大きなものではボートとかヨットに用いられている。プラスチックにはポリエステル系，エポキシ系などが用いられている。浴槽などから連想されるように，塗膜強度が高く，歩行用とか駐車場，木造住宅のベランダなどに適用されている。伸び性能はあまりよくなく，強い変形を受けるとひび割れを発生する。硬化剤に危険物を含むので取扱いには注意が必要である。

（d） 珪酸質系塗布防水

水ガラスなどに類する液体をコンクリートの表面に塗布し，コンクリートの細かな空隙に珪酸質の物質を充填し，コンクリートの透水性を小さくして防水機能を持たせようとするものである。コンクリートの表面は改質されるようだが，奥まで効果があるのかよくわからないし，ひび割れが入ったら効果がない。ひび割れ対策などと合わせて採用するべきだろう。この工法は，下地が多少湿っていても施工可能であるので，雨期などには大きな特徴を発揮する。

（e） ステンレスシート防水

両端の立ち上がった 0.4 mm のステンレス板を敷き並べ，立ち上がり部分をシーム溶接で溶接し一体化する。コンクリートのひび割れの影響をあまり受けず，強度も高い。シーム溶接は立ち上がり部を 2 つのローラーで挟み，圧力をかけつつ電流を流し抵抗発熱によりステンレス板を溶接する。自動走行する機械で行う。この工法は，納まりが単純で機械で施工できることが適用の条件である。(図 6.3)。

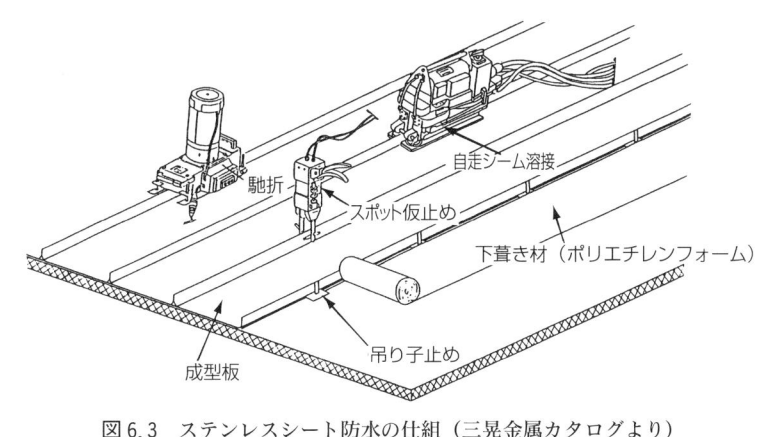

図6.3 ステンレスシート防水の仕組(三晃金属カタログより)

(f) 緑化屋根

地球温暖化防止，ヒートアイランドの抑制などから徐々に増えている。防水は植物の根に冒されないものが要求される。アスファルト防水は植物の根に弱い。そこで防水層の上に耐根シートを敷き，コンクリートを打設し，その上に空隙を保つためのプラスチックなどの成型ブロックを敷いてその上に土を入れる。空隙は水はけをよくするためと，植物の根を止めるために設ける。土は保水性のよいできるだけ軽いものが求められる。防水層は塩ビシート防水とかステンレスシート防水が適していると思われる。

6.2 粘土瓦葺き

粘土瓦には，和形粘土瓦，洋形粘土瓦，本葺き形瓦の他に新しく考案された各種の形状のものがある。和形粘土瓦は昔からの日本瓦のことで，釉薬瓦，いぶし瓦，塩焼き瓦，および無釉瓦がある。これについては材料編も参照されたい。大きさも色々あるが，ほぼ300 mm 角程度としてよかろう。

洋形粘土瓦は，S形瓦，スパニッシュ瓦，フレンチ瓦など様々な形のものが出回っている。本葺き瓦は，社寺建築で用いられている平瓦と丸瓦を組み合わせたものである。瓦には約物が色々ある。棟瓦，鬼瓦，のし瓦，軒先瓦，袖瓦などである。

瓦葺きは，垂木の上に野地板を張り，その上に薄いへぎ板を葺いて，瓦桟を取り付け，これに瓦を引っ掛ける工法が多かった。瓦を葺くときに土を併用することもある。これを引っ掛け桟瓦という。現在はへぎ板ではなく，ルーフィングを敷いてその上に瓦を葺くようになってきた(図6.4)。

瓦葺きは1枚1枚重ね合わせて葺いていくので，屋根勾配がゆるいと漏水する。勾配は4寸5分以上ほしい。4寸5分とは4.5/10の勾配のことである。強風のとき瓦が飛ばないように，地震時には瓦がずれないように，軒およびけらばから2枚通りは釘打ちまたは銅線で下地に緊結する。

6.3 金属板葺き

金属板葺きは他の屋根工法に比べて軽量であるが，断熱・遮音・耐久性などにおいて欠点もある。使用する材料は塗装鋼板，亜鉛メッキ鋼板，塩ビ被覆鋼板，ステンレス鋼板，銅板などがある。ステンレス鋼板，銅板などは，耐久性はよいが断熱・遮音の問題は残る。遮音については制振鋼板が開発されている。少なくとも雨の当たる音は低減できる。

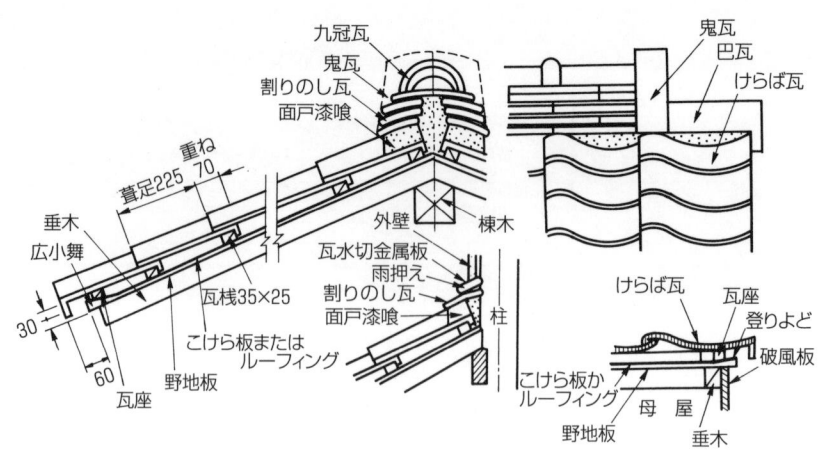

図 6.4 和瓦葺き[17]

葺き方には平葺きと瓦棒葺きがある。平葺きは野地板の上にアスファルトルーフィングを敷き，金属板の4周をこはぜ掛け接合して，下地に吊り子により釘打ちする。金属板は温度による熱膨張率が大きく，特に銅板は大きい。こはぜ部分は動く余裕を適当にとることが大切で，これがないとこはぜ部分が持ち上がったり外れたりして漏水の原因となることがある。

瓦棒葺きは，野地板の上にアスファルトルーフィングを敷き，流れに沿って5 cm角程度の瓦棒を45 cm間隔くらいに取り付け，金属板の継ぎ手部分を瓦棒に立ち上げ，瓦棒を包み込むようにして継ぎ手をつくる。

6.4 折板葺き

亜鉛メッキ鋼板などをV字形に成型し，屋根材として使用するものである。V字の高さは8〜15 cmと比較的大きいため，屋根勾配がゆるくても漏水することがない。ほとんど水平に見える1/30程度の勾配でも大丈夫である。また，剛性があるので支持間隔が6 m程度と大きくとれるのも有利な点である（図6.5）。

鉄骨造の屋根に用いられることが多く，鉄骨の梁の上に稲妻状のタイトフレームを取り付け，これにV字形の折半をはめ込みタッピングビスなどで固定する。折半どうしの継ぎ手はV字形の頂部を重ね合わせて行う。この部分をはぜ掛けとしたり，ボルトで止めたりいろいろな方法が考えられている。

現場にV字形に加工するロール機を置き，コイル状の鋼板をロール成型して，屋根面に送り出す。こうすれば，折板の高所への運搬も少なくなり作業の安全性が高まる。過去，鉄骨造の屋根は波板とか波形スレートが多かったが，勾配を大きくしないと漏水する。支持間隔は90 cm程度と短いので母屋が必要など，折半葺きに比べると施工効率が悪く，また安全管理の面からも人手による高所作業が多いので使われなくなってきた。さらに石綿スレートは石綿の発ガン性が社会問題となっており，肺気腫などの健康被害から今後の使用は禁止されることになった。

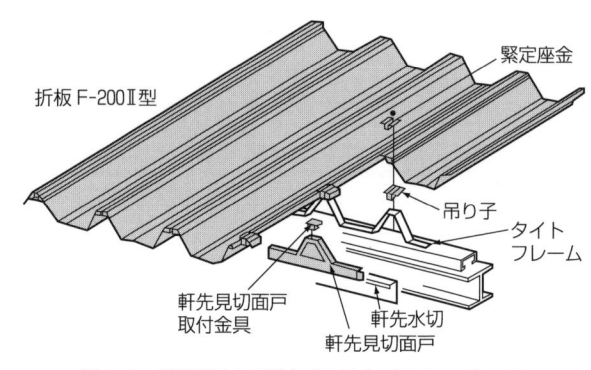

図 6.5 折板葺き屋根材（三晃金属カタログより）

7. 外装工事

　外装というより外壁に求められる性能には，第1部にあるように耐風性，耐火性，断熱性，採光，防水性，遮音性，耐久性，メンテナンス性などがある。カーテンウォール，コンクリートブロック壁，ALCの壁は耐風性が大きく一般的な建築物で柱間隔，梁間隔が3～6mの場合支持間隔として十分であるが，板壁，金属板張りなどは，厚さが薄く耐風性が小さいので，柱梁などの主体構造の骨組み以外に何か骨組みが必要である。

　塗り壁，石壁，タイル壁はそれ自体は自立しないので，裏にそれらを保持する面材が必要である。その面材としてカーテンウォール，コンクリートブロック壁，ALC壁が用いられることも多いが，一般の鉄筋コンクリート造の場合コンクリートの壁が多い。

　石壁は，昔は厚さ30cm以上の石の塊を積み重ね壁としていたので，耐風性も耐震性も十分であったが，今の石張りは厚さ3cm程度のものを張り付ける工法であるから，全く様相が変わっている。板張り，金属板張りは耐火性がないので，延焼部分や防火区画に耐火被覆が必要となる。断熱性については，これらいずれの壁も大なり小なり不足しているので，別途発泡ポリスチレンなどの断熱材が必要となる。

　地震時や強風時には建物は揺れる。最大高さに対して1/200程度であるが，階高3mとすると15mmとなり，外装材をがっちり固定してしまうと，建物が揺れたときに割れたり脱落したりする。特にカーテンウォールは，建物が揺れても影響を受けないようにどこかに滑る部分をつくっておく。防水性，遮音性，耐久性，メンテナンス性についてはそれぞれ特有の機能を持つので個々に述べる。

7.1　カーテンウォール

　カーテンウォールとは帳壁と訳され，カーテンのような壁のことである。つまり建物の構造体ではなく，ただの壁ということである。しかし日本でカーテンウォールというと外壁の1つの工法とされている。超高層ビルの外壁はほとんどカーテンウォールである。カーテンウォールにはプレキャストコンクリート板（PC板という），金属板，ガラスが使われる。金属板とガラスは複合して用いられることも多い（図7.1）。

　カーテンウォールには方立て方式とパネル方式がある。方立て方式は，方立てなどの垂直部

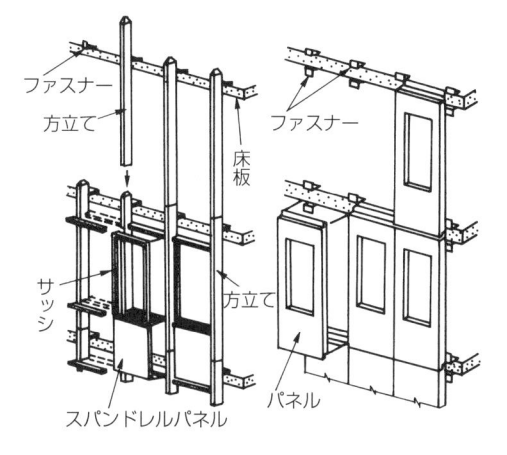

図7.1　カーテンウォールの構法

材を床または梁などの構造体に取り付け，風荷重に対する立骨とし，その間にサッシ，金属パネルなどを取り付けていく方式である。方立てに横架材を取り付け，方立てと横架材にガラスを接着して固定するSSG工法というものも使われ始めた。

SSG工法によると，外壁にガラス以外のものが現れない大変すっきりした外観が得られる。ただし，ガラスと金属の接着にはシリコーン系のシーリング材が用いられるが，その耐久性が確認されていないことから，万一接着力が低下してもガラスが剥落しないように何らかの受け材を設けておくのが安全である。

横架材を設けずに，方立てからガラスの4隅を一種のボルトで止めるDPG工法も開発されている。当然，DPG工法で用いられるガラスは強化ガラスである。この工法によっても外観はガラスのみが見えることになる。パネル方式ではPC板が多い。高級なものとしてはアルミの鋳物などが用いられる。

方立て方式にしても，パネル方式にしても部材を組み合わせて壁とする。当然つなぎ目ができ，このつなぎ目の防水は主としてシーリングに頼ることが多い。シーリングの耐久性は10年未満であり，竣工後定期的に取り替える必要がある。超高層ビルなどではその費用が大変である。そこでつなぎ目の防水をシーリングに頼らないオープンジョイントという方法が開発されている。これは水切りを応用したつなぎ目で，ある程度の奥行きと高さが必要で，複雑な水切りの部材を仕込むためある程度高額なものになる（図7.2）。

カーテンウォールの取付けはクレーンで行う。構造体への固定はアングルなどによる取付け用のファスナーにボルト止めして行う。このファスナーは上下左右前後に微調整が可能にしておき，カーテンウォールの位置精度を調整しながら取り付けを進める。このファスナーには地震や強風時の揺れに対応するため，滑る部分をつくらなければならないことはすでに述べた（図7.3）。

方立て方式の場合，ガラスの取付けに注意が必要である。方立ては建物の床か梁に固定されていて，建物が揺れると方立ても変形する。これにガラスが固定されているとガラスが割れて

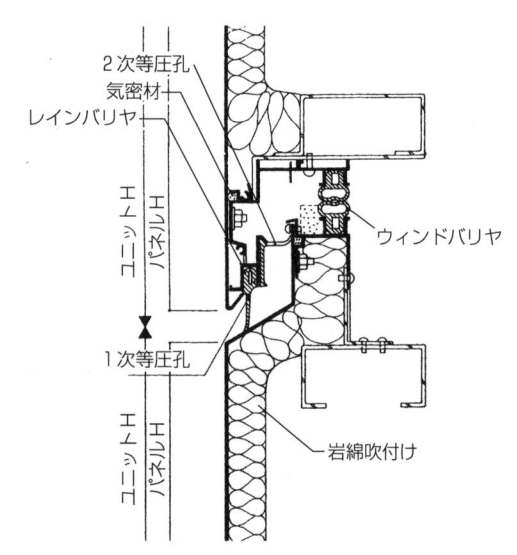

図7.2　オープンジョイントの仕組（断面図）[25]

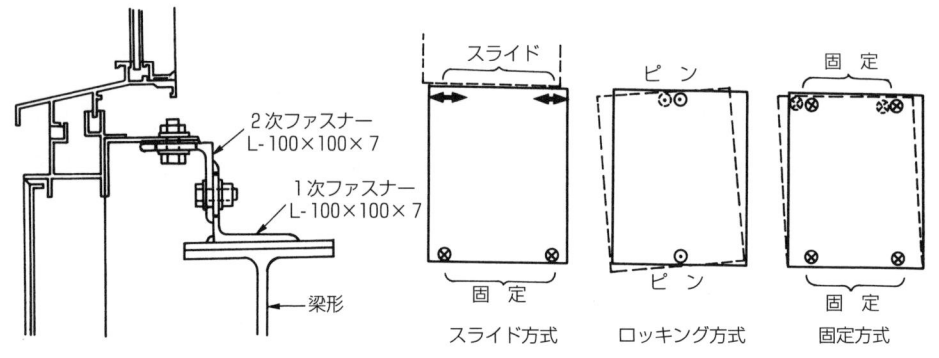

図7.3　ファスナー方式とその説明図[1]

しまう。ガラス取付け用溝には，ガラスが溝に接触しないように，ゴム製のスペーサーを上下左右に挿入し，ガラスと溝との隙間には弾性シーリングを充塡する。これにより方立ての変形がガラスに影響しないようにするのである。

PC板カーテンウォールは重量があり面積が広いので，強風のときは施工を中止する。一般にカーテンウォールの取付けは外部足場を設けないで行う。取付けが終わったら，外部にゴンドラを吊り下げつなぎ目地のシーリングなどを行う。

7.2 コンクリートブロック壁

小規模な建物ではよく用いられる。縦横 19×39 cm で厚さは 10，15，19 cm で縦穴の空洞を有している。目地を 1 cm として積み上げると，40×20 cm の倍数の壁となる。縦筋横筋とも D13 を 40 cm 間隔で配筋する。鉄筋の周りにはモルタルまたはコンクリートを充塡する。

コンクリートブロック壁と接する部分には，コンクリートの場合は挿し筋をあらかじめコンクリート打設時に施工しておく。鉄骨の場合には溶接して挿し筋を設ける。ブロック積みは 1 段ずつモルタルを敷いた上に据えていく。天端に水糸を張りこれに従って位置調整を行う。一度に高く積み上げると，目地モルタルなどに悪影響があるので，1 日に 1.6 m を限度とする。作業は人力で行う。

コンクリートブロック壁は防水性はよくない。この壁で防水性を期待するときは，隙間のできないように慎重な作業をする。また，規模の大きな建物で揺れが大きい場合には，ブロック壁が変形に追従できず，ひび割れが発生することがある。このようなときは構造設計者と打合せして，周囲を固定しないか，揺れを小さくするかについて検討しなければならない。

7.3 ALC 壁

鉄骨造の建物でよく用いられる。ALC は発泡モルタルの成型品で厚さは各種あるが，幅は 60 cm が標準である。断面には鉄筋を入れて，耐風性能を確保する。支持間隔は階高分以上とれるので，途中の支持が不要のため施工の合理化ができる。ALC は中性のため鉄筋は錆びやすいので，セメントミルクで保護して打ち込んである。

比重は 1 以下で大変軽いが，取付けはクレーンを使って行う。構造体への固定方法には，ロッキング工法，スライド工法があり建物の揺れに対応する工法が多くなった。ロッキングの場合，ALC 板の縦目地は上下方向のずれが生じるので，モルタルを詰めて固定する方法は採用できない。スライド工法の場合は，水平目地が左右にずれるのでこの目地はモルタルで固定できない。

いずれにしても建物の揺れに対応させようとすると，目地は動くようにモルタルなどは詰めないで弾性シーリングで納めるのがよい。ALC は吸水率が大きく，仕上げをしないままに放置すると表面から劣化して摩耗するので，防水性のある仕上げは必須である。

7.4 板　壁

木構造建築の外壁に用いられる。というより用いられていた。というのは可燃材料のため都市計画区域内では施工できない。木造建築でも，ほとんどモルタル塗りかボード張りになっている。張り方に，押縁下見，ささら子下見，下見板張り，南京下見，縦羽目などがある。塗装には柿渋，ベンガラ，ペンキ，オイルステインなどがある（図 7.4）。

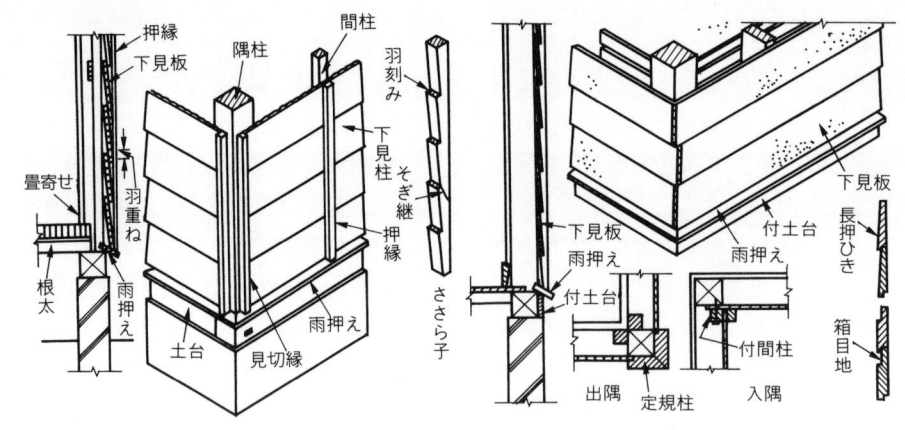

図7.4 押縁下見，ささら子，下見板張り，箱目地など[17]

7.5 塗り壁

木造，鉄筋コンクリート造，鉄骨造など幅広く施工されている。何か塗りつける対象となる面が必要である。鉄筋コンクリート造の場合はコンクリートの面であるし，木造の場合は木舞や板の壁，鉄骨造の場合は板の場合もあるし，ALCやコンクリートブロックの場合もある。様々な面に塗りつけ可能である。

塗り壁は，土，漆喰，モルタルなどが主流だろう。土は土蔵の壁，数寄屋建築の聚楽壁，漆喰塗りの下地などに用いられている。漆喰塗りはモルタル下地の上に塗ることも可能である。土は，粘土分と砂分が適当に混ざったものがよい。そして，水や海藻からとった糊を加えすさを混ぜて半年ほど寝かせる。田圃のような槽をつくり，ときどき足で踏みつけて練り返す。このことにより土の中の粘土分が，網状構造をつくって強度が増すものと思われる。

下地は，古来竹木舞といって竹を挽き割ったものをかご状に縄で結わえてつくったものに，塗りつける。塗り壁は一度に厚く付けない。厚く付けるとだれてきたり，うまく塗れたとしてもひび割れが起きたり，精度が悪くなったりする。1回の塗り厚さは6 mm程度とする。厚い土壁とするには何回も塗らなければならない。そして下塗りほど強度を強く，上塗りほど強度を弱くする。

漆喰は石灰が主原料で，硬化するのに年単位の時間がかかる。したがって塗りつけはゆっくり行える。硬化するまでの強度は糊を加えることで確保する。

モルタルは硬化するのが早い。水で練ってから2時間以内には塗りつけてしまわないと，こわばって塗りにくくなる。こわばったものを，水を加えて軟らかくして塗りつけると，強度が足りなかったりひび割れが多く入る。

モルタルをコンクリート面に塗りつけるときは，コンクリート表面の汚れや強度の不足する層を取り除き，水湿しをしてから塗りつける。乾いたコンクリート面にモルタルを塗りつけると，コンクリートにモルタルの水分が吸い取られてしまい，モルタルが硬化するための水分が不足して，接着面に強度不足の層ができてしまう。

コンクリートに塗りつけたモルタルは浮き剝落を生じやすい。西日が当たったりすると伸び縮みも生じる。これを緩和するために4〜5 m間隔に目地を設けるとよいとされている。モルタルを木造建築の壁に塗るときは，板か合板で面をつくり，アスファルトルーフィングなどの防水シートを張り，その上に金網をU字釘で取り付ける。金網にモルタルを塗りつけて下塗りとする（図7.5）。

塗り壁はほとんど人手による作業である。モルタルなどを塗りつけるとき，ある程度の圧力で押しつけないと接着力が得られない。体力も

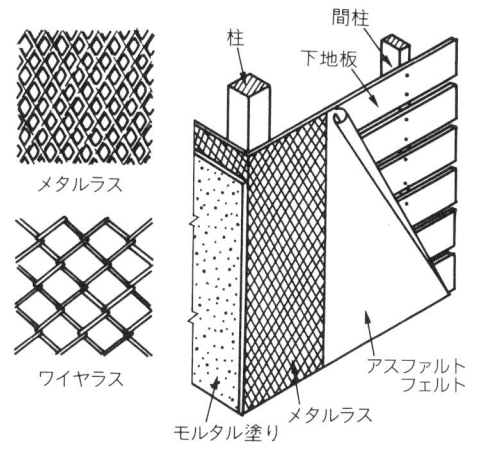

図 7.5 木造ラスモルタル塗り[17]

いるし平らに塗りつけるには熟練を要する。仕事の段取りもうまくしないとモルタルなどは硬くなり使えない。手仕事の世界である。しかし，大規模な建設ではいかに効率をあげるかが大命題で，塗り壁などは非効率な工事として，他の工業化工法に取って変わられつつある。

7.6 石　壁

建築仕上げ材料として，石材は最も高級なものとしてよいだろう。したがって使用される部位も人目につきやすい正面であり，入口玄関周りが多く，施工者としても見栄えを最も重視して施工しなければならない。施工法には湿式工法と乾式工法がある。

湿式工法は石材をモルタルと石引き金物とで下地に固定する。石材の厚みは 25 mm 以上，1 枚の板の面積は $0.8 m^2$ 以下がよい。モルタルを石材裏面に全面充填する方法を全トロといい，部分的に石引き金物の周りだけモルタルを充填する方法を空積み工法という。外部には全トロ工法が多く用いられる。空積み工法だと石材の裏に水が回り，エフロレッセンスが発生したり，濡れ色になったりして外観に問題を起こしやすい。

石材の小口に径 4 mm 程度の穴を開け，径 3 mm 程度のステンレスのだぼを入れる。同じく径 3 mm 程度のステンレス棒をだぼに引っ掛け，反対側を下地にあらかじめ埋め込んでおいた金物に引っ掛ける。これにより石材を固定する。引き金物は石材 1 枚当り 4 カ所必要である（図 7.6）。

引き金物の周りを硬く練ったモルタルで固め，流動性のよいセメントのろを石材の裏面に流し込む。このとき石材がはらんだり移動したりしないように，適当な突っ張りなどをかう。

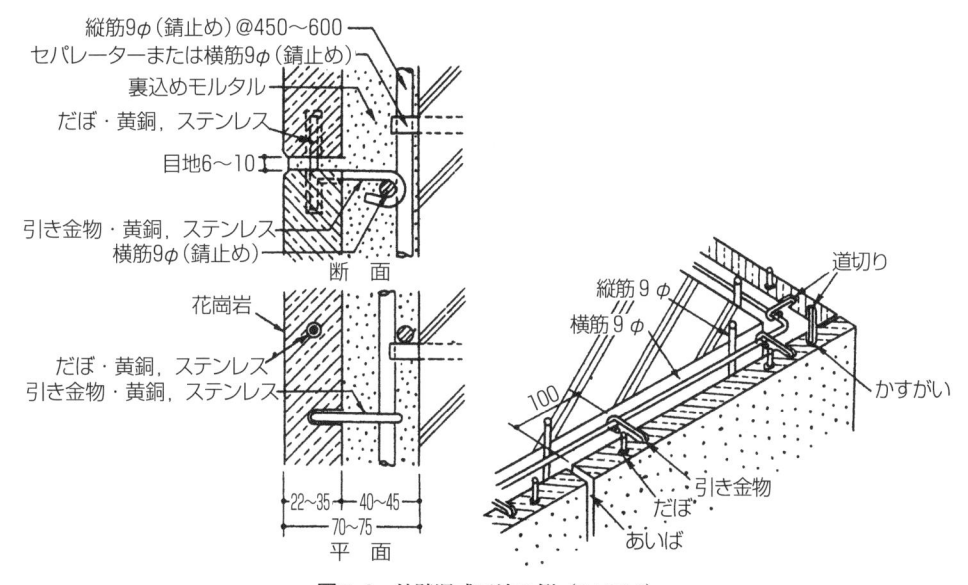

図 7.6　外壁湿式工法の例（JASS 9）

空積み工法の場合は，水平目地の 5 cm ほど下に発泡ポリエチレンなどのパッキング材を押し込み，その上にセメントのろを流す。水平目地部分に筋状にのろを詰めることから筋トロともいう。

目地はモルタルを使うのが普通である。これらの作業はほとんど人力で施工する。

乾式工法では石材の厚さ 30 mm 以上，面積 1 m² 以下が望ましい。湿式工法と同じように石材の小口に径 4 mm 程度の穴を開け，径 3 mm 程度のステンレスのだぼを入れる。このだぼに厚さ 4 mm，幅 60 mm 程度のステンレス製の引き金物を差し込む。ステンレスの引き金物には，だぼを通す径 4 mm 程度の穴と下地に固定する径 15 mm 程度のボルト用の穴が開けられている（図 7.7）。

この引き金物の反対側のボルト穴を利用して，下地に設けられた金物にボルトで固定する。石材 1 枚当り 4 カ所で支持する。乾式工法の場合，目地は弾性シーリング材を充填する。シリコーン系は周囲を黒く汚すことがあるので，ポリサルファイド系を使うほうが無難である。これは事前によく検討しておくべき事項である。

石の目地はできるだけ開けたほうがよい。ねむり目地と称して目地を取らないことがあるが，建物の収縮や，地震，強風時の揺れにより目地に大きな圧力がかかり石が割れることがよくある。最低でも 3 mm くらいはほしい。

乾式工法による石壁は，建物の揺れによる影響が少なく，エフロレッセンスの発生や濡れ色になることも少ないので，高級な建物にはこの工法がよく採用される。湿式工法で施工すると，モルタルのあくや金物のイオンが石の表面ににじみ出てきて，見苦しくなることがある。

白い石を張るときなどは，セメントは白セメント，砂は寒水石粒とし，セパレーターの露出部など鉄部はアルカリに強いエポキシ樹脂などの錆止め塗装をするなど特別の注意を払う。また，石材が裏からの影響で汚れるのを防ぐために裏面処理を行うこともある。処理には主として塗膜防水材を用いるが，エポキシ樹脂なども用いられる。なお，石材はわずかながら吸水する。そのために汚れが出るので，石材にシリコ

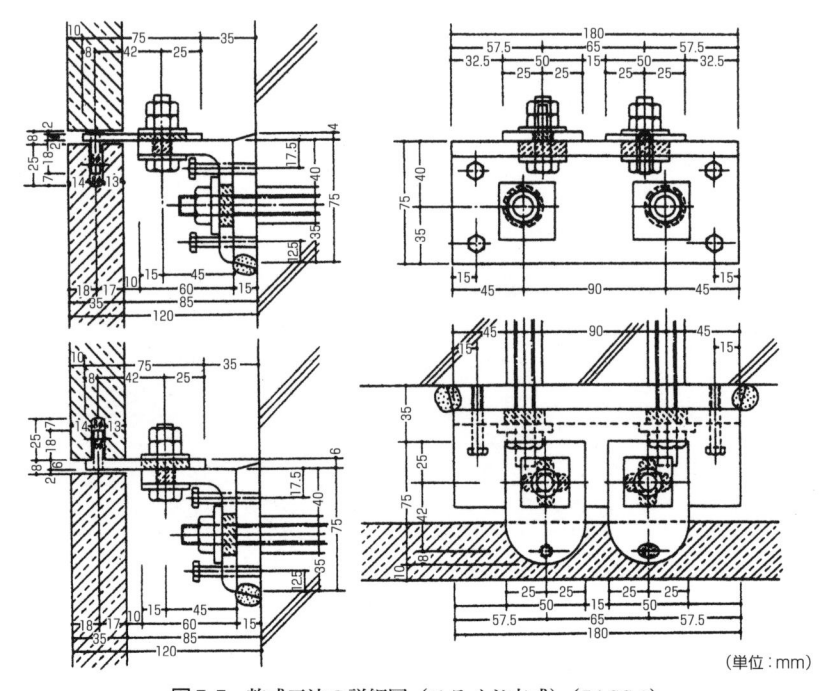

（単位：mm）

図 7.7 乾式工法の詳細図（スライド方式）（JASS 9）

ン系の吸水防止剤を含浸させることもある。

7.7 タイル壁

タイルは第2部で述べられているように，耐久性があり優れた建築材料である。しかし，よく剝がれて落下し，人身事故に至ることも多い。いかに剝がれないようにタイルを張るか，施工上大きな課題である。

タイルは石材よりも小さな素材である。大きくても30 cm以下で，モザイクタイルだと3 cm角程度である。したがって下地に面が必要である。面に1枚1枚張り付けるというのがタイルの基本的な施工法である。そして下地となる面はほとんどモルタル面である。張り付けるための接着剤は主としてモルタルであったが，最近は合成樹脂接着剤も用いられるようになってきた。

塗り壁のところで述べたが，モルタルは硬化するのが早い。タイル張りは無数のタイルを手で1枚1枚張り付けていく。大変根気を要する作業である。作業しているうちに，つい硬化を始めたモルタルで張り付けてしまうこともある。これがタイル剝落事故の原因の大半である。タイル張りにはいろいろな工法があるが，いかにして硬化しかけたモルタルを使わないようにするかが工法の違いのポイントである（図7.8）。

① 積上げ張り

昔はこの工法が主流であった。1枚のタイルの裏にモルタルを盛りつけ，そのまま壁面に押しつけて張り付ける。モルタルはその都度張り付ける作業者が練って使う。そのため，硬化し始めたモルタルを使うということはなく，剝落の問題もあまりなかった。問題は，タイルの裏に盛りつけるモルタルの量をどうしても少なめにしてしまうことにある。そうするとタイルの裏に空隙ができ，水が回ってエフロレッセンス

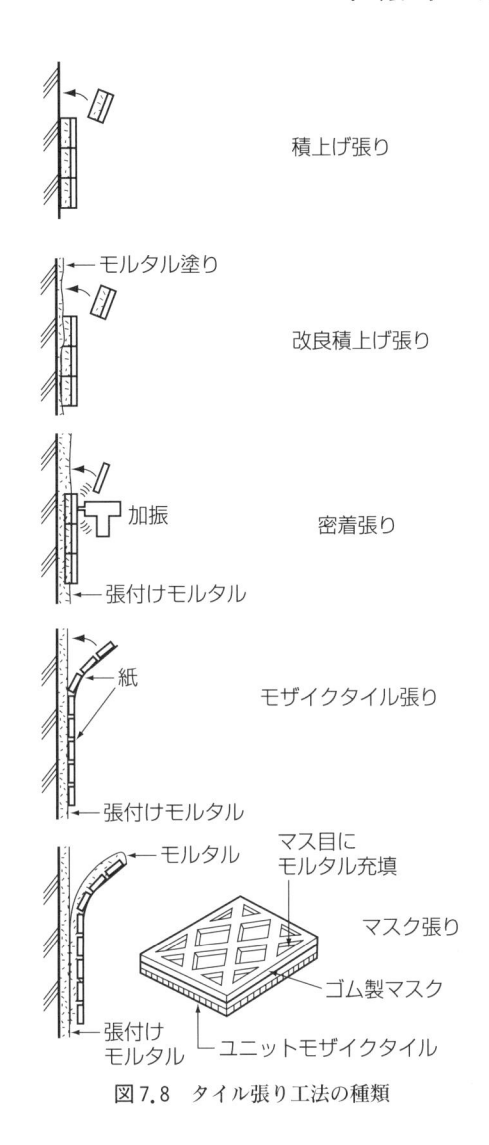

図7.8 タイル張り工法の種類

が出たり，凍害が発生することになる。

② 改良積上げ張り

積上げ張りの仕上げ代は4 cmが標準であったが，これを10 mm程度にして空隙を小さくしようとしたものである。これは効果のある方法で，大きめのタイルはこの工法で施工されることが多い。

③ 密着張り

この工法は，タイルの裏面に張付けモルタルを盛りつける代わりに，張り付けるモルタル面にあらかじめモルタルを塗りつけ，モルタルの

硬化が始まる前にタイルを押しつけながら張っていき，振動機をタイルに当て，振動で張付けモルタルの中にもぐらせて，確実に張り付けようとするものである。

目地は盛り上がったモルタルを均して仕上げる。張付けモルタルは一度に塗りつける面積を $2m^2$ 以下にして，張付けモルタルの硬化が始まる前にタイルを張り付ける。しかしこの管理が難しく，振動機をかけてもタイルがなかなかもぐり込まず，うまくいかないものである。

④ モザイクタイル張り

モザイクタイルは，30cm 角の紙の上に裏返しに張り付けたものを1つのユニットとして張り付けていく。タイルが小さいのでこのほうが精度よく張れるし，能率も上がる。下地のモルタル面に張付けモルタルを塗りつける。その上に，モザイクタイルのユニットを押しつけるようにして張り付ける。木の板を当て，その上から木槌で叩きながら圧着する。張付けモルタルが硬化しないように，1回の塗付け面積は $3m^2$ 以下とする。時期を見計らいユニットの上を水湿しして紙を剥がし，速やかにタイルの配列を修正する。

⑤ マスク張り

モザイクタイル張りと同じように，まず下地のモルタル面に張付けモルタルを塗りつける。次にユニットタイルの裏面に，専用のマスク板を重ね，これを定規にモルタルを塗りつける。その上ですでに塗られた張付けモルタルの上に，ユニットごとタイルを押しつけるようにして張り付ける。木の板を当てその上から木槌で叩きながら圧着するのも，モザイクタイル張りと同じである。この方法によると，たとえ下地面に塗られた張付けモルタルが硬化を始めていても，タイルの裏面にまたモルタルを塗るので，接着不良になる確率を減らすことができる。

⑥ 接着剤張り

タイル貼り用に開発された専用の接着剤を使う。下地は金ごて仕上げされ十分乾燥したモルタル面とする。接着剤にはセメント系，酢酸ビニル系，エポキシ系などがあり，可使時間が長く接着した後だれたり，ずれたりしないように調整されていて使いやすい。最近では多少弾性のあるエポキシ樹脂系の接着剤も開発され，これを用いると日射による熱応力が緩和され，剝離しにくくなる。ただし高価なのと，耐久性に不安があるのが難点である。

⑦ タイルの裏足

たとえ施工を間違えても，タイルの裏足が大きくモルタルに食い込んでいれば剝がれることはない。裏足のないタイルは使わないようにし，裏足の高さは 1mm 以上はほしい。

⑧ 伸縮目地

塗り壁のところでも述べたが，外壁は日射の影響により伸び縮みし，そのためタイルの接着面などにせん断応力がかかる。接着力が不足しているところがあるとそこから剝離する。日射の影響によるせん断力を小さくするために，目地を入れると剝落防止に効果がある。

⑨ 上げ裏のタイル張り

庇の下など上げ裏となるところでは剝落事故がよく起きるので，タイルは張らないほうがよい。どうしても張らなければならないときは，タイルを2枚に1枚くらい針金で吊っておき，万一剝がれても落下して人身事故などに至らないようにする。

8. 内装工事

8.1 シックハウス対策と内装制限

　省資源，省エネルギー化の実現化に向けて住宅の気密度も向上してきた。その影響もあって内装材から放散する化学物質が，人の心身に悪影響を及ぼしはじめた。1990年頃から，新しい家に入居後に，頭痛やめまいなどの身体的障害を起こす人が増え，社会問題となった。その原因は，内装材に用いられる主として接着剤の溶剤などによるもので，ホルムアルデヒドやトルエン，クロルピリホスなどによるものとされる。

　国として建築基準法を改正して，ホルムアルデヒドの放散量の多い内装材の使用を禁止し，24時間換気をすることを定めた。JIS（日本工業規格），JAS（日本農林規格）では，ホルムアルデヒドの放散量の区分に応じて，

① 0.005 mg/m²・h 以下　　　　F☆☆☆☆
② 0.005を超え，0.02 mg/m²・h 以下
　　　　　　　　　　　　　　　F☆☆☆
③ 0.02を超え，0.12 mg/m²・h 以下
　　　　　　　　　　　　　　　F☆☆
④ 0.12 mg/m²・h を超える　　　F☆

と定めている。

　建築基準法では，F☆の建材の居室での使用を禁止し，ホルムアルデヒドの放散量区分および24時間換気の性能に応じて，使用面積の制限を設けた（建築基準法施行令第20条の5）。F☆☆☆☆の建材を使用すれば24時間換気は必要ないように思われるが，現実にはF☆☆☆☆の建材でも，保管方法，輸送方法によってはホルムアルデヒドが増えたり，他の有害物質が放散される可能性もある。竣工後に搬入される家具などからも放散されるので，初期段階での24時間換気は必ず実施するようになりつつある。

　以上の事項は，設計時に法に則して問題ないように決めているので，施工では特段の配慮は必要ないかもしれない。しかし工事監理あるいは管理では特に注意が必要でこれからは建築技術者として必須の常識である。

　内装制限に関しては，古くから火災時に煙に巻き込まれないで逃げ出す時間を確保する観点から定められているもので，割合よく知られているものである。これも設計できちんと決めておけばよいのであるが，施工時にそのとおりに施工されているか確認するには，防火防煙や火災安全のための設計知識が要求される。

　建築の材料を燃えやすさの面から見て，建築基準法では①不燃材料，②準不燃材料，③難燃材料に分けている。「不燃材料」は鉄，コンクリート，ガラスなど燃えないもの，「準不燃材料」は石膏ボード，木毛セメント板など，燃えるものも含まれているが燃えないものが主体で，燃え上がるおそれのない材料，「難燃材料」は合板，合成樹脂材料など本来燃えるものであるが，薬品などによる加工により燃えにくくした材料である。

　たとえば，耐火建築物の居室の内装は難燃材料としなければならないが，通路は準不燃と要求性能は上がっている。下地は石膏ボードで準不燃でも表面に張り付けたクロスによっては，下地と表面仕上げ材の組合せで，難燃もありう

るので気をつけないといけない。その詳細は，布クロスなどの繊維メーカーが個別に認定を取っているので，カタログなどを見て確認する必要がある。

8.2 天井

　部屋の上の面材が天井である。部屋の上は屋根裏であったり，上階の床裏や梁でその仕上げとして天井面を設ける。もちろん，工場倉庫などでは，天井面としての仕上げをせず，屋根裏とか床裏をそのまま見せることもあるが，室内の空気環境を制御するにも，照明をするにも部屋体積が小さいほうが効率的なので，天井を設ける場合が増えつつある。屋根裏床裏は電気の配線・空調換気用ダクトなどが設置されるので，それらのものを隠す意味からも天井が設けられる。

　木造や鉄筋コンクリート造の場合，直天井にすることもあるが，木造の場合は床裏や梁材をかんな掛けして塗装仕上げをしなければならず，鉄筋コンクリート造の場合は打放し仕上げにしたりモルタル塗り仕上げをしたりしなければならないために費用はかかり，モルタル塗りは剥落のおそれもあるし，天井を設けたほうが合理的なことが多い。その他，天井により断熱，遮音，吸音の効果を期待することができる。

　天井には照明器具などは取り付けるが，大きな積載荷重はかからないので，構造上の配慮はあまり考えない。そのため比較的簡単な構造をしている。構造が内装用の天井をそのまま外部の庇の天井などに使うと，台風のときなどに吹き上げられたり剝離したりすることがあるので要注意である。特に軽量鉄骨天井は，9 mm 程度のボルトで吊り下げられているだけなので，吹き上げに弱い。

　次に地震時に，天井面が建物と異なる振動をして，建物の壁と衝突したりして破壊することがある。甚だしいときは落下して人身事故に至ることもあるので，天井を吊っている構造体に垂直の筋かいを入れるなどして，建物と一体に動くようにしなければならない。施工はほとんど人力により行われるのが普通である。

　以下，吊り天井を例として取り上げる。

（1） 木造下地

① 吊り木受け

　屋根の小屋下に天井を設ける場合，小屋梁が普通 1.8～2 m 間隔なので，吊り木を 900 mm 間隔に設けようとしても，吊り木を受けるところがない。このようなとき，末口 70 mm 程度の丸太を小屋梁の上に設置し吊り木受けとする。吊り木の取り付く部分は，丸みをはつり落とし欠き込みをつくる（図 8.1）。

② 吊り木

　45×45 mm 程度の木材を間隔 900 mm 程度に，大引き，根太もしくは吊り木受けの側面に釘 2 本打ちして吊り下げる。

③ 野縁受け

　吊り木の下部に水平に取り付ける。間隔 900 mm 程度で平行に取り付ける。吊り木との接合部は釘 2 本打ちとする。

④ 野縁

　吊り木の下部に片あり欠き込みして，釘で固定し取り付ける。方向は野縁受けと直交方向である。間隔は 300～450 mm 程度である。天井仕上げ材によっては板を用いることもある。そのときは，野縁受けを吊り木の下部に片あり欠き込みをして取り付ける。

（2） 軽量鉄骨下地

① 吊り木受け

　天井の軽量鉄骨下地は，鉄筋コンクリート造

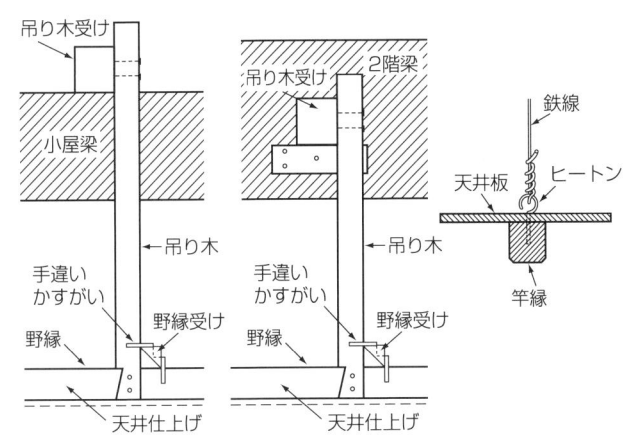

図 8.1　天井の吊り方（木造）[22]

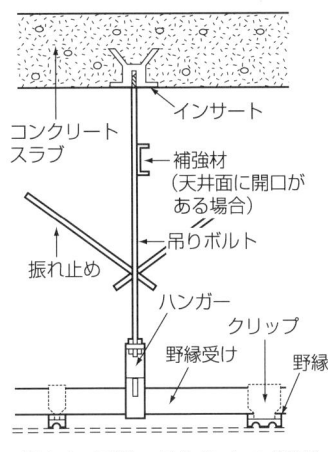

図 8.2　天井の吊り方（RC造）[22]

または鉄骨造の建物に採用されることが多い。鉄筋コンクリート造の場合は，コンクリートの床にあらかじめ天井用のインサートを間隔900 mm 程度に埋め込んでおき，吊り木受けとする。インサートは，ねじ式のものやワンタッチで吊り木を固定する特殊なものまでいろいろ出回っている。鉄骨造の場合，梁または母屋に吊り木受けのアングルなどを取り付けておくこともできる（図 8.2）。

② 吊り木

一般に径 9 mm の亜鉛メッキボルトを使う。間隔 900 mm 程度に床に埋め込まれたインサートにねじ込んだり，受けアングルから吊り下げたりする。

③ 野縁受け

コの字形の部材で亜鉛メッキ材である。吊り木の下部にボルトで野縁受けを受けるハンガー金物を吊るし，ハンガーで野縁受けを保持する。間隔は 900 mm 程度で平行に設ける。

④ 野　縁

M形をした高さ 4 cm 程度の亜鉛メッキ材が多く用いられる。野縁受けに直交方向にクリップで取り付ける。間隔は 300～450 mm 程度である。一般に石膏ボードの下地として用いられる。石膏ボードはタッピングビスでM形の野縁に止める。

（3） 天井面の仕上げ

古くは天井の仕上げ面は板張りであった。社寺建築では格天井，住宅では竿縁天井などである。現在は，火災予防の観点から建築基準法で内装制限があり，住宅でも火気使用室では準不燃材で仕上げることとされている。当然，木の板や紙などは使えないし，ビニルクロスなども燃えにくい加工を施した難燃材を用いなければならない。

天井材としては木材以外なら，ほとんどの建材が使われる。虫食い模様のついた化粧石膏ボード，吸音性のある吸音テックスなどが天井用建材としてよく使われる。その他縁甲板張り，アルミやステンレスなどの金属板張り，石膏ボードを張ってその上にクロス張りなどあらゆる仕上げ材が用いられている。

ときには漆喰塗りなども用いられる。剝落しないように下地のラスの止め方，U字釘の間隔，錆止めなどに注意すべきである。

8.3　壁

外壁と異なり，浴室厨房など以外では防水性を求められることもないし，耐風性も人が衝突

したときに損傷しない程度の性能は必要だが，それほどの性能は必要ない。しかし，時として遮音性，断熱性を求められることもあるがそれは特殊な場合だろう。要は仕上げの美しさを保たせ，材料の膨張収縮などが目立たないように，工法を考える必要がある。内壁の施工もほとんどが人力である。

(1) 下 地

壁の下地はいろいろある。軀体と一緒に施工される鉄筋コンクリートの壁，軀体とは別に施工されるコンクリートブロック壁，ALC壁，木造軸組，軽量鉄骨下地などである。コンクリートブロック壁，ALC壁はすでに外装工事のところで解説したので，木造軸組と軽量鉄骨下地について述べる。

木造軸組は床面に半割程度の土台を敷き，上には床下か梁下か天井下に正角もしくは半割の胴差しを渡し，その間に半割の間柱を 45 cm 間隔で建てる。間柱は 1.8 m ごとに正角を用いることもある。木材の断面は 105 角が普通だが，集合住宅など高さが低いときは 75 角とか 60 角を用いることもある（図 8.3）。

横胴縁を取り付けるのが普通だが，取り付けないでボードを間柱にじかに取り付けることもある。コンクリートに接する面は防腐剤を塗ることになっている。軽量鉄骨下地は，床面に下ランナー，床下か梁下か天井下に上ランナーを取り付け，その間にスタッドと称する柱を 30～45 cm 間隔に建てる。柱の幅は 65 mm 程度である。上下のランナーはチャンネルである（図 8.4）。

スタッドには，水平方向に振れ止めを 1.2 m 間隔に取り付ける。ボードはスタッドにタッピングビスで張り付ける。胴縁は設けないのが一般的である。出入口周りはチャンネルの補強材により補強する。

(2) 仕上げ材

古くは漆喰壁，土壁，板壁が多かったが，天井材同様内装制限のため板壁は少なくなっている。スプリンクラーと排煙設備を合わせて設けた場合は，制限が緩和されて板壁が施工可能な場合もある。その他，天井材と同じく，シックハウスの問題から，ホルムアルデヒドなどを発散しない建材の使用が求められる。

天井材で述べたように，仕上げ建材，合板，接着剤などを，ホルムアルデヒドの発散量の違

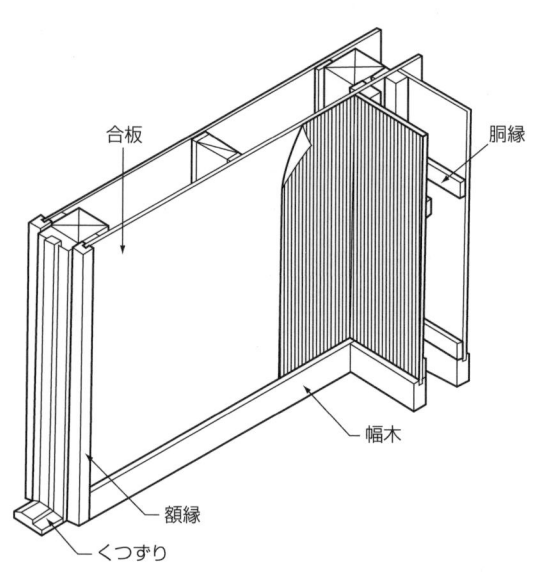

図 8.3 合板下地クロス張り仕上げ[22]

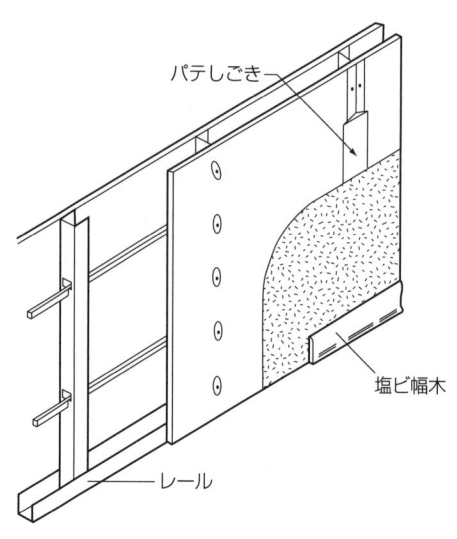

図 8.4 下地石ころボード仕上げ[22]

いから，F☆～F☆☆☆☆まで4種類に分けて認定し，表示することになった。したがって，同様に内装材に使用する接着剤を含めて，建材が不燃か，難燃か，可燃かの確認と，化学物質の発散量の確認が必須となったのである。

素材としては，ほとんどの仕上げ素材が使われている。ただ人が触れる部位でもあるので，柔らかく剥離しやすい綿のような素材，鋭い突起がたくさんついていて人が触れると怪我をするような素材は避けられている。塗り壁，タイル張り壁などについては，外装工事ですでに述べた。

8.4 床

床に求められる性能は，第1部（2）項の部位に要求される性能にあるとおりである。特に工場などでフォークリフトが走る場合，摩耗，雨がかりのところや浴室などでは滑りやすさ，一般には美観がよく問題になる。また，床にはその上に乗る人や物品などの自重により，壁以上に力がかかる。それらの荷重に耐えるように，床の設計がなされていることは大前提である。

床は内装制限にかからないので，板張りも特別な配慮をしなくても施工できる。しかし，居室内の化学物質の発散についての制限には該当する。天井，壁と総合して設計するので，そのとおりに施工する必要がある。施工はやはり人力による現場施工によるものが多い（図8.5）。

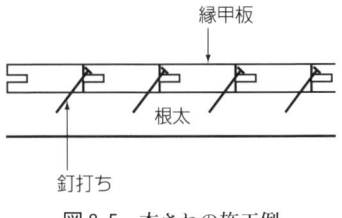

図8.5 本さねの施工例

（1） 畳

日本古来の独特の床材である。厚さ5 cm，幅90 cm 弱，長さ180 cm 弱の大きさである。弱というのは壁芯で3.6 m 角の部屋で8畳となり，畳8枚を敷くと3.6 m の 1/4×1/2 より壁厚さ分だけ小さくなることを意味する。京間と称して壁の面から面までを3.6 m とすれば畳の大きさは90×180 cm となる。

部屋の大きさは施工誤差もあり，それほど正確ではないので，畳をつくる前に必ず部屋の実測をして畳の寸法を定める。一度きちんと敷いたら，畳を敷く位置を変えると納まらない。畳は畳床と畳表からなっている。畳床は，稲わらを敷き並べ，糸で上下左右に 10 cm 間隔くらいで縫い，締めつけて板状にしたものである。糸の間隔を密にし，締付けの程度を大きくしたものほど高級とされている。

畳表は，い草を乾燥させ横糸に糸，縦糸にい草を用いて編んだものである。表裏にはい草のみが表れるように編む。これをござともいう。畳表を畳床に張り付けるが，小口から畳床の裏へまわし糸で縫いつける。畳表は折り曲げたところで毛羽が立ちやすいので，その部分は絹，麻などでできた織物の畳縁で押さえる。

畳床のわらからよく虫が発生するので，よく乾燥し熱処理したわらを使いたい。最近では，畳を軽くするためスタイロフォームを畳床に使ったものや，わら床とスタイロフォームを半分ずつ使ったものができている。畳を敷く下地は 15 mm 程度の板張りが多かったが，最近では合板を使うことが多くなった。

（2） 縁甲板張り

材料はヒノキまたはマツなどとし，板厚18 mm，幅100 mm 内外である。板そばは本ざねとする。さねのところで釘打ちし根太などに固定するので，仕上げ表面には釘が露出しない。本体は合板でつくり，表面だけ薄いブナ，ナラ

もしくはチークなどの高級材を張り付けた製品が多く出回っている（図8.5）。

この工法によると，根太などの撓みにより，さねが緩んだりして歩くと音が出て，クレームとなることが多い。各部の剛性をできるだけ大きくし，釘打ちなどをしっかりする必要がある。下地がコンクリート床の場合，古くは木製の大引き根太をアンカーボルトで固定し，それに縁甲板を取り付けていた。この方法によると天井高を低くするか，建物の高さを高くする必要がある。10階建てだと1m近くにもなり，高さ制限や斜線制限により難しいことが多い。

そこで，コンクリートの床やモルタルの床にじかに縁甲板を接着する工法が登場した。張り付ける床面にわずかでも凸凹があると，縁甲板が接着しない部分が出てくるので，縁甲板の裏に多少のなじみが効くフェルトとか発泡ゴムなどを張り付けた製品もある。この場合，表面は縁甲板張り状になっているが，幅303 mmにまとめて，施工性を上げられるようになっている。

また，集合住宅などでは，上階の音の遮音性がよく問題になる。そこで縁甲板の裏に遮音用のゴムを張り付けたものもある。その遮音性については，製造者が測定をして数値を示していることが多い。ドンドンという重量衝撃音にはあまり効果はないが，ペタペタというような軽量衝撃音に対してはかなりの効果がある。

（3） 合成樹脂タイル・シート張り床

事務所の床に多く用いられる。材質は塩化ビニル樹脂が多い。合成樹脂タイルは厚さ3～4 mmで303 mm角が多い。色の種類が豊富で，大理石模様などのものもある。

合成樹脂シートは幅909 mmで，厚さ3 mm程度，麻布などで裏打ちしたものもある。表面は陶磁器タイル，板張り，石張り，その他創作模様などいろいろの模様がつき店舗などでよく使われる。

合成樹脂タイルの施工は，平坦に仕上げたモルタル床面の上に接着剤で張り付ける。接着剤は主として酢酸ビニル系のものが用いられる。接着剤の塗布は，接着剤を床に流しそれを櫛形のへらで均す。均したあとは櫛形が接着剤の筋として残り，均等な接着力が得られる。張り付ける前に墨出しをして，部屋の長手方向に平行になるように張り進めないと，途中で曲がってきておかしなことになる。

合成樹脂シートの製品の形は巻ものである。床に広げても巻き癖がついているので，1日くらい広げておき巻き癖を取って接着にかかる。接着は広げたシートを半分めくり，接着剤を床に塗布して，めくったシートを少しずつ戻しながら圧着していく。すべて張り終わったらローラーをかけて押さえつけ，浮かないようにする。

これらの製品は，耐摩耗性は良好でありしかも取替えが簡単なのが特徴の1つである。たとえば，人通りの多い廊下の曲がり角部分などは，すり減りやすい。塩ビ樹脂がすり減ってモルタルが露出してくることもある。その場合，そこのタイルだけ取り替えればよい。

（4） 陶磁器タイル張り床

地下道など公共用通路の床に多く用いられる。耐摩耗性に優れた床である。この工法の下地はコンクリート床が多い。セメント：砂＝1：3程度の配合で水をあまり加えず，バサバサの状態のモルタルを床に敷き均す。これをバサモルタルと称している。板などで叩きながら均すと人が乗っても凹まない状態に仕上がるので，その上にセメントのろを撒き，タイルを張り付ける。

この工法はモザイクタイルを張るときによく用いられる。大型タイルを張るときは，積上げ張りに準じた工法で張ることが多い。浴室や，雨がかりの箇所など水に濡れると滑りやすいので，滑らないタイルを選ぶ。

(5) カーペット

事務所の応接室や貴賓室，住宅の居室などに用いられていたが，最近では事務所にも用いられるようになった。足触りが軟らかで歩行音がしない。共同住宅では軽量衝撃音が出ないのでよく用いられたが，ほこりが溜まりやすい，ダニが発生するなど，シックハウスの問題が取り上げられるようになり，板張りが主流になってきた。

毛足のたったウィルトンカーペット，毛足がループ状になっているループパイルカーペット，フェルト状のニードルパンチカーペットなどがある。ウィルトンカーペットは主として羊毛製で高級品である。その他のカーペットは合成樹脂繊維で，耐摩耗性に優れ価格が安くなっている。ループパイルカーペットとかニードルパンチカーペットは接着剤で下地に張り付ける。

ウィルトンカーペットなどの昔からの施工法は，フェルトで下張りを敷き，グリッパーと称するカーペットの固定具を幅木の部分に床下地に取り付け，カーペットを引っ張りながらグリッパーに引っ掛ける。床に接着するのではなく，張り付けている感じである。

カーペットのつなぎ目は，あらかじめ縫い合わせて部屋の形状に合わせてからグリッパーに引っ掛ける。カーペットがしわにならないように，かなり強力に引っ張って施工する。引っ張るために，ニーキッカーとかパワーストレッチャーなどという器具を用いる。

(6) 塗り床

病院や学校などの床によく用いられる。素材としては，ウレタン樹脂，エポキシ樹脂が多い。特にウレタン樹脂はセルフレベリング性があり，仕上がった表面は水面のように平らでむらなく仕上がる。色彩の種類も豊富である。モルタルで平滑な床面をつくりその上に塗り床材を流す。こてで水平にあら均ししておくと，自動的に水平に仕上がる。厚みは2～3 mmである。

塗り床は継ぎ目のない平滑な床ができることに大きな特徴がある。また，体育館の床などでは弾力性を持たせた床ができる。この場合はウレタン系の樹脂が用いられ，厚みも10 mm以上に厚くする。塗布作業も数回に分けて行う。

ウレタン系の塗り床は弾力性があるので，下地のコンクリートのわずかなひび割れは表面に現れない。エポキシ系の塗り床は非常に硬く耐摩耗性，耐薬品性に優れるが，下地コンクリートにひび割れが入ると塗り床にもひび割れが入り，下地コンクリートやモルタルの表面強度が低いと，ひび割れの周辺から剥がれることがある。その場合，部分補修は可能だが，その部分は段がついたりして目立つことになる。

(7) フリーアクセス床

オフィス環境はことさらインテリジェント化し，1人1台コンピュータの使用が一般化している。コンピュータには電源コード，ディスプレーやプリンター，インターネットの回線などの光ファイバーなどの通信ケーブルの配線で，電話線などと錯綜する。これを床下に収納すれば事務室の床がすっきりする。そこで床を二重床にして，通信回線を収納しどこからでも床下を保守点検できるようにしたい（図8.6）。

これを実現させようとするのが，フリーアクセスフロアである。45 cm角くらいの床材に足をつけた形になっている。当初，床材にアルミ鋳物が多く用いられたが，値段を下げるためにセメント板などの製品も出ている。足は高さを調節するためにねじ式が多い。表面には塩ビ系タイルなどを張って仕上げる。これはどこでも取り外しが可能で，机配置の変更や配線替えなどに便利である。さらに防振・耐震性に優れたユニットも使用されるようになっている。

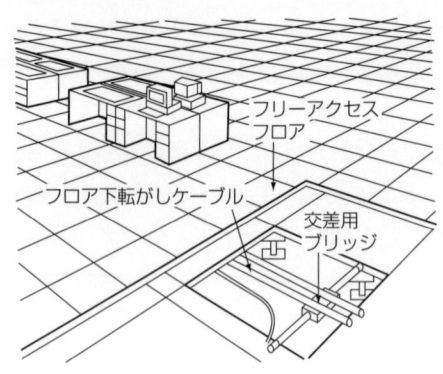

図8.6　床配線方式（フリーアクセスフロア方式）

8.5　塗装

　塗装は現場環境の安全性や施工状況などから，素材の表面を工場で塗装することが多くなった。またビニルクロスの普及で壁や天井の塗装も減りつつある。しかし，塗装に頼る部分はなくなることはない。建築素材の表面に塗布して，素材の耐久性を維持向上させ，任意の色彩を与え空間の快適性を高めるために施工するのが塗装工事である。
　塗料は固体成分と液体成分からなり，それぞれ以下のようなもので成り立っている。
　① 固体成分　　顔料，樹脂
　② 液体成分　　樹脂，溶剤，水
　当然，塗布するときは液体で，塗布したあとは速やかに固体になることが望ましい。液体成分に溶剤とか水を用いているときは，これらが蒸発してなくなって固体となる。液体成分に樹脂を用いるときは，その樹脂が空気中の水分とか酸素と化学反応して固体となる。古くは亜麻仁油が空気中の酸素と化学反応して固体となることを利用していた。
　現在はほとんど合成樹脂が酸化したり水分と反応して固体になる性質を利用している。これが合成樹脂調合ペイントである。液体成分に溶剤を使ったものが合成樹脂エナメルペイントで，水を使ったものが水性ペイントである。合成樹脂エナメルペイントを水中で乳状化し，分散させているのが合成樹脂エマルジョンペイントである。
　塗装の膜は非常に薄いので，下地にある凸凹やピンホールは覆い隠すことができず，そのまま塗装の表面に出てしまう。木材の木目を見せたいときなど特殊な場合を除き，パテなどにより下地の凸凹ピンホールを埋め，平滑にしてから塗装にかからなければならない。下地に油分などの汚れがあると，塗装がはじかれたり，あとから剥離などにつながる。また，下地との密着性をよくするためにシーラーなどを塗布する。
　塗装には，刷毛塗り，ローラー塗り，吹付けなどが用いられる。施工は塗装工の人力によるものが多い。

① 　合成樹脂調合ペイント
　古くは油性ペイントとよばれていたものが，合成樹脂の発達により改良されたものである。本来液体の合成樹脂が，塗布後に酸化して固まるものであるが，施工性をよくするために溶剤を加えるのが普通である。
　鉄部の塗装に主として用いられ，錆止め塗料は顔料の代わりに酸化鉛とか酸化鉄を加えたものである。この種の塗料はアルカリに弱い。モルタル面とか硅酸カルシウム板の塗装には向かない。最近，シックハウスの問題から溶剤が少なくて済むので見直されつつある。

② 　合成樹脂エナメルペイント
　液体成分は溶剤を使っている。固形成分は塩化ビニル樹脂，アクリル樹脂，合成ゴムなどがある。塗膜がそれぞれ合成樹脂の特徴を持った耐久性のよいものとなる。また固形成分に 2 液で硬化するウレタン樹脂とか，エポキシ樹脂，フッ素樹脂を使ったものもあり，耐水性，耐摩耗性，耐候性，耐汚染性を向上させた塗料もある。固形成分としてセルロースとか，透明なアクリルやウレタン樹脂を用いると，ラッカーと称される塗料となる。

③ 水性ペイント

　液体成分として水を用いたもので，固形成分は水に溶けるものが用いられる。水に溶けるものとは糊である。膠も用いられる。したがって塗膜は水に弱いものとならざるを得ない。社寺建築では水と膠で酸化鉄（ベンガラ）を顔料として溶いて，木部に塗布している。膠成分がなくなってもベンガラは残り，木材を保護している。

④ 合成樹脂エマルジョンペイント

　最近では，水に溶けない固形成分を，水の中に細かな粒にして浮遊させたエマルジョン塗料が多くなってきた。溶剤をあまり含まず環境によいというのが受けている。固形成分はほぼ合成樹脂エナメルペイントと同じもの，塩化ビニル樹脂，アクリル樹脂，ウレタン樹脂などがある。塗膜はそれぞれ合成樹脂の特徴を持った耐久性のよいものとなる。モルタル面，石膏ボード面などの塗装に用いられる。

参考文献（本文に引用の図表関係出典含む）

<第2部>
1) 佐伯浩「木材の構造」日本林業技術協会，1982年
2) 成澤潔水「木材」パワー社，1975年
3) A. J. Stamm, Wood and Cellulose Science, Reonald Press. 1964，林業試験場「木材工業ハンドブック」丸善，1982年
4) Kollmann, F. an Côté, W. A. Principle of Wood Science and Technology, Springer-Verlag. 1968，林業試験場「木材工学ハンドブック」丸善，1972年
5) Kollmann, F., Technologie des Holzes und der Holzwerkstoffe, Bd. 1, Bd. 2, Auf Springer-Verlag. 1951
6) Kollmann, F., H. Krech, Holz als Roh-u, Werkstoff, 18, 41. 1960
7) Kollmann, F., Malmquist, L., als Roh-u, Werkstoff, 14, 201. 1956
8) 石井一夫「建築材料」彰国社，1977年
9) 原田・橋本・仕入共著「建築材料」理工図書，1968年
10) 大岸・笠井・岸谷共著「建築材料工学」オーム社，1981年
11) 小阪・加藤・大井共著「建築材料」理工学社，1980年
12) 「コンクリート工学ハンドブック」朝倉書店，1981年
13) ACI Comittee 224: "Control of Cracking in Concrete Structures", Concrete International, Vol. 2, No. 10, 1980（コンクリート工学, Vol. 19, No. 9, 1981 に邦訳）
14) 日本建築学会「建築材料用教材」
15) U. S. Department of the Interior, Bureau of Reclamation, Concrete Manual, 7th ed. 1963
16) Portland Cement Association: Design of Concrete Mixture.
17) Kupfer, H. et al: "Behavior of Concrete Under Biaxial Stress", Journal ACI, Vol. 66, No. 8, Aug. 1969
18) Bresler, B. and Pister, K. S.: "Strength of Concrete Under Combined Stresses", Journal ACI, Vol. 55, No. 3, Sep. 1958
19) Richart, F. E. et al: "A Study of the Failure of Concrete Under Combined Compressive Stresses", Univ. of Illinois Eng. Exp. Station, Bulletin No. 185. 1928
20) 佐藤満次郎「鋼材の基礎知識」コンクリート工学, Vol. 17, No. 7, Jul. 1979
21) 海野三蔵「建築構造用鋼材」東京電機大学出版局，1976年
22) Polakowski, N. H. and Ripling, E. J.: Strength and Structure of Engineering Materials, Prentice-Hall. 1966
23) 日本鋼構造協会「建設用鋼材」コロナ社，1977年
24) 異形鉄筋コンクリート設計法研究会「異形鉄筋コンクリート設計法」技報堂出版，1971年

<第3部>
1) 産業調査会「建築構法事典」1976年
2) 岸田林太郎監修「図解建築工事の進め方」市ケ谷出版社，1977年
3) 十代田・田村・中善寺・松嶋共著「建築構法一般」産業図書
4) 日本建築学会「構造用教材Ⅰ」
5) 田澤光彌「ワンポイント＝建築技術　地盤と基礎」井上書院
6) 京牟礼和夫「これだけは知っておきたい場所打ちぐいの基礎知識」鹿島出版会，1984年
7) 日本建築学会「鉄筋コンクリート構造配筋指針」1979年

8) 石田満裔「ワンポイント＝建築技術　鉄骨工事の要点」井上書院
9) 日本建築学会「鉄骨鉄筋コンクリート構造計算規準・同解説」1975 年
10) 六車熙「建築構造講座　(8)　プレストレストコンクリート」コロナ社
11) 日本建築学会「プレストレストコンクリート設計施工規準・同解説」
12) 下伊豆隆三「建築技術選書 15　PC 建築の話」学芸出版社
13) 内田・大野・深尾他共著「建築構法」市ケ谷出版社，1983 年
14) 鶴田裕他「ワンポイント＝建築技術　屋上防水の納まり」井上書院
15) 鶴田裕他「ワンポイント＝建築技術　屋上の防水」井上書院
16) 深沢・小俣・高橋他共著「ワンポイント＝建築技術　吹付工事」井上書院
17) 福島・岩井・松原・大場共著「建築構法」理工図書，1974 年
18) 青山良穂，武田雄二「建築施工」学芸出版社，2004 年
19) 日本建築学会「山止め設計施工指針」2002 年
20) 建設業労働災害防止協会「建災防テキスト―足場の組み立て等工事の作業指針―」作業主任者技能講習テキスト，1988 年
21) 荒川治徳「建築トラブルにみる常識非常識」学芸出版社，2004 年
22) 日本建築学会「構造用教材」2002 年
23) 荒川治徳「鉄筋工事本音の現場学」学芸出版社，1999 年
24) 防水用語事典編纂委員会「防水用語事典」新樹社，1996 年
25) 近畿建築士会協議会，大阪建築士会編「今話題の建築技術を見る」鹿島出版会，1995 年

キーワード索引

【ア 行】

アイランド工法　145
アイランド方式　116
アースアンカー　142
アースオーガー　136
アスファルトプライマー　163
アスファルト防水　163
アスファルトルーフィング　164
圧延　78
網入板ガラス　37
アメニティ　14
洗い出し　33
アルカリ骨材反応　56
アルミクラッド　91
アルミニウム　91
石壁　173
板壁　171
板ガラス　35
板目面　21
１本子　138
移動足場　123
いぶし瓦　44
インジェクションモールディング　96
VH工法　157
ウィルトンカーペット　183
Wöhler曲線　85
ウェルポイント（工法）　116,145
請負う　104
打継ぎ　159
埋込み杭　136
AE剤　65
衛生陶器　46
ALC壁　171
エコセメント　50
エコマテリアル　14
SSG工法　170
N値　128
エンクローズド溶接継ぎ手　149
エンジニアリング・プラスチックス　97
エントラップトエア　64
エントレインドエア　65
黄銅　89
応力緩和　95
押し縁下見　172
オートクレーブ養生　66
落とし込み　153
オフセット降伏点　82
オープンジョイント　170
親杭　138
親杭横矢板　115

【カ 行】

改良積上げ張り　175
拡底杭　135
火災特性　10
重ね継ぎ手　149
ガス圧接継ぎ手　149
ガスケット　38
ガス溶接　162

仮設工事　110
仮設建物　110
可塑剤　96
可塑性　127
型板ガラス　36
型枠工事　118
割裂引張強度試験法　67
カーテンウォール　169
カーペット　183
壁つなぎ　117
釜場排水　143
ガラス繊維　38
ガラスブロック　40
空積み工法　173
仮囲い　110
カリガラス　35
仮ボルト　160
加力方向　25
瓦棒葺き　168
簡易枠組足場　123
乾式工法　173
感性材料　15
乾燥収縮　54,73
ガントチャート　109
岩綿　34
企画設計　101
気乾材　23
木杭　130
生地　41
既成杭　130
機能別分類　9
基本設計　101
キャッピング　65
キャピラリー　53
吸水率　57
キュービクル　114
強化ガラス　36
凝結　52
競争入札　106
強度原則　64
鏡面仕上げ　92
極低降伏点鋼　88
筋トロ工法　174
杭地業　130
空隙比　64
空隙率　57
クラムシェルバケット　112
クリープ　73
クリープ回復　73
クリープ係数　73
クリープ破壊限度　69
クリープ変形　95
クリンカータイル　45
黒錆　86
クローラークレーン　123
珪酸質系塗布防水　166
形状別分類　10
形成層　22
軽量衝撃音　182

キーワード索引 189

ケーシング　132
結合水　22
結晶構造　80
ゲル空隙比　65
検査済み証　101
減水材　60
原寸検査　160
原寸図　159
建設業法　104
建築確認申請　101
建築士　102
現場水中養生　158
硬化　52
工学的応力　82
工期短縮　108
高級陶土　47
合金鋼　79
鋼杭　130, 132
工作図　159
工事監理者　102
高所作業車　123
合成ゴム　94
合成樹脂　94
合成樹脂エナメルペイント　184
合成樹脂エマルジョンペイント　185
合成樹脂シート　182
合成樹脂タイル　182
合成樹脂調合ペイント　184
高性能コンクリート　60
降伏点　81
降伏の踊り場　81
降伏比　82
高分子材料　93
広葉樹　20
高力ボルト　161
高炉水砕スラグ　55
高炉スラグ　59, 77
木口面　21
骨材の粒土　58
ゴム弾性　95
コールドジョイント　156
転がし　124
コンクリート杭　130
コンクリート図　119
コンクリートポンプ車　113
コンクリートブロック壁　171
混合セメント　50
混和剤　60

【サ　行】
細骨材率　75
材質別分類　9
再生可能材料　15
再生骨材　15
材料選択システム　8
逆打ち工法　109, 142, 143
逆打ち方式　116
砂質土　127
作用因子　3, 8
桟橋　111
支圧強度　69
CM　102
塩焼瓦　44

四会連合契約約款　106
時効効果　84
自己拘束ひび割れ　74
支持杭　130
沈みひび割れ　63
死石　56
下見板張り　172
漆喰塗り　172
湿式工法　173
実施設計　102
実績率　57
シートパイル　115, 139
シート防水　165
地縄張り　121
地盤アンカー　115, 142
地盤調査　129
絞り　82
締固め係数　62
射出成形　96
尺角　142
ジャンカ　62
自由水　22
重量衝撃音　182
準不燃材料　10, 177
常用　107
シリカヒューム　61
シーリング材　38
真応力　82
人工材料　12
伸縮目地　176
深礎杭　135
針葉樹　20
水性ペイント　185
水平切り梁　141
水和反応　52
スウェーデン式サウンディング　129
末口　22
スタッド溶接　161
スタンドパイプ　133
ステンレス鋼　79, 91
ステンレスシート防水　166
ストレッチルーフィング　164
墨出し　121
墨壷　122
スライド工法　171
スライム　132
スラッジ水　55
スランプ　61
スランプフロー　61
摺り板ガラス　36
スリーブ圧接継ぎ手　149
スリーブねじ継ぎ手　150
スリーブモルタル充填式継ぎ手　150
制振鋼板　167
成形法　95
世界自然保護基金　19
せき板　154
積算温度　67
石綿　34
石理　29
施工時間　12
施工順序　145
施工要領　152

絶縁工法　164
設計基準強度　75
設計施工一貫工事　107
設計図書　106, 109
接着剤張り　176
折半葺き　168
節理　29
セパレーター・ホームタイ　155
セメントペースト　53
セラミックブロック　46
セラミックれんが　46
セルフレベリング性　183
繊維方向　25
繊維飽和点　22, 26
潜函工法　141
全乾材　23
潜函方式　116
選択基準　7
せん断強度　68
銑鉄　77
全トロ　173
専門工事業　104
ソイルモルタル　140
総合建設業　104
装飾金物　90
総堀　145
ソーダガラス　35
粗粒率　58
存置期間　156

【タ　行】
耐火鋼　86
ダイカスト（鋳型成形）　91
耐候性鋼　79
体積ひずみ　72
耐熱鋼　79
耐用年数　13
抱き足場　125
打撃杭　136
脱気装置　165
建地　124
玉掛けワイヤー　160
駄目穴　120
試し練り　64
タワークレーン　112, 123
炭酸ガスアーク溶接　161
タンピング　63, 157
地球環境　14
地業工事　130
地中連続壁　115, 140
中性化　75
鋳鉄　79
注文・請け書　106
調合設計　75
調質機能　23
直接地業　130
沈下　62
継ぎ手　149
つば付き三角杭　132
壺糸　122
積上げ張り　175
吊り足場　123
吊り木受け　178

吊り棚足場　126
吊りチェーン　126
吊り枠足場　126
提案方式　103
低温脆性　85
抵抗溶接　162
ディーゼルパイルハンマー　131
定着　150
DPG工法　170
ディープウェル（構法）　144
鉄筋工事　118, 148
鉄筋コンクリート杭　131
鉄筋のかぶり厚　150
鉄鉱石　77
鉄の発錆　86
テラコッタ　45
電気浸透法　143
電気絶縁性　97
天然材料　12
道管　20
陶器質　41
凍結融解作用　74
透水係数　74
土器質　41
研ぎ出し　33
特命方式　103
塗膜防水　166
トラッククレーン　112, 123
トレミー管　132
トレンチカット工法　146
トレンチ方式　116

【ナ　行】
内装制限　177
長さ変化率　24
斜め切り梁　142
難燃材料　10, 177
ニードルパンチカーペット　183
日本工業規格　6
2本子　138
ニューマチックケーソン　141
塗り床　183
熱可塑性樹脂　94
熱硬化性樹脂　94
熱処理　78, 89
熱線吸収板ガラス　37
熱線反射板ガラス　38
ネットワーク工程表　109
熱割れ　37
粘性土　127
粘土瓦　43
粘土瓦葺き　167
粘土焼成材料　41
年輪幅　21
ノッチ効果　85
ノッチタンク　143
野縁受け　178
のり面　115

【ハ　行】
パイプサポート　155
バウシンガー効果　84
バサモルタル　182

場所打ち杭　　130, 132
端太　　155
初弾性係数　　71
パネルハウス　　111, 122
パネル方式　　169
パーライト　　34
腹起こし　　141
腹起こし切り梁　　115
番線　　124
ハンマーグラブ　　132
PFI　　102
比強度　　96
びしゃん叩き　　31
美術工芸品　　90
ひずみ硬化域　　82
引張強度　　81
非鉄金属　　89
被覆アーク溶接　　161
表乾状態　　57
標準貫入試験　　128
標準仕様書 JASS 5　　56, 76, 151, 158
標準養生　　156
表面特性　　11
平葺き　　168
疲労強度　　69
疲労破壊　　84
部位に要求される性能　　5
部位別分類　　9
歩掛かり　　108
複合材　　13
復水工法　　145
複層ガラス　　38, 40
腐食電池　　86
付着強度　　68
フック　　149
不動態被膜　　91
不燃材料　　10, 177
フライアッシュ　　55
プラスチック収縮クラック　　63
プラスチックス　　93
フリーアクセス床　　183
ブリージング　　62, 156
ブルドーザー　　112
プレカット　　147
フレッシュコンクリート　　48, 117
プレーンコンクリート　　49
フロート法　　36
ブロンズ　　90
ヘアライン仕上げ　　92
平衡含水率　　23
ベノト杭　　132
変態温度　　80
ベントナイト泥水　　134
ポアソン比　　72
ボイリング　　116
防蟻処理　　147
砲金　　91
棒線工程表　　109
方立て方式　　169
防腐処理　　147
ほうろう　　47

保護コンクリート　　165
ポゾラン（反応）　　55, 60
ポルトランドセメント　　50, 54

【マ 行】
曲げ強度　　68
摩擦杭　　130
柾目　　21
マスク張り　　176
豆板　　62
水セメント比　　64
水盛り　　121
密着張り　　175
見積合せ　　107
ミルシート　　87, 152
銘木　　20
メンテナンスフリー　　13
木材保存剤　　27
木質材料　　19
木製矢板　　138
モザイクタイル（張り）　　44, 176
元口　　22
モルタル　　172
モールの破壊説　　70

【ヤ 行】
矢板　　138
遣り方　　121
釉薬瓦　　44
歪み取り　　160
ユニットタイル　　45
ユニットハウス　　122
要求される条件　　3
陽極酸化被膜（アルマイト）　　91
養生　　66
揺動　　132
用途別分類　　9
横拘束　　71
横ひずみ　　72
横矢板　　138
呼び強度　　156

【ラ 行】
リサイクル　　15
リユース　　15
緑化屋根　　167
ループパイルカーペット　　183
冷間加工　　84
レイタンス　　63
レディーミクストコンクリート　　48
連続鋳造法　　78
連続柱列　　115
緑青　　89
ロッキング工法　　171
ロングリフト　　123

【ワ 行】
ワーカビリチー　　61, 75
枠組み足場　　117, 123
割り栗石　　130
割線弾性係数　　71

<著者略歴>
森田司郎（もりた　しろう）
1933年　生まれ
1957年　京都大学工学部建築学科卒業
1959年　京都大学大学院修士課程修了
同　年　㈱東畑建築事務所入社
1965年　京都大学工学部助教授
1968年　（工学博士）
1978年　京都大学工学部教授
2002年　（財）日本建築総合試験所理事長
授　賞　「鉄筋コンクリートにおける付着とひび割れに関する研究」1969年度，日本建築学会賞
　　　　「太径異形鉄筋 D51 の付着割り裂き強度」1980年度，日本コンクリート工学協会賞
　　　　「水和熱によるコンクリートの温度履歴と強度発現性」1994年度，セメント協会論文賞

岡島達雄（おかじま　たつお）
1940年　生まれ
1963年　東京工業大学工学部建築学科卒業
1968年　東京工業大学大学院博士課程修了（工学博士）
1969年　名古屋工業大学工学部助教授
1983年　名古屋工業大学工学部教授
1996年　名古屋工業大学学長
2002年　琉球大学工学部教授
2006年　コーユー社代表
授　賞　「セメント硬化体の力学的性質に及ぼす表面エネルギーと含有率に関する研究」1982年度，セメント協会論文賞
　　　　「複合応力を受けるコンクリートの力学的挙動に関する研究」1989年度，日本建築学会論文賞
　　　　「コンクリート素地仕上げの視覚心理学的評価に関する一連の研究」1999年度，日本コンクリート工学協会賞

荒川治徳（あらかわ　はるのり）
1934年　生まれ
1957年　名古屋工業大学工学部建築学科卒業
同　年　清水建設㈱入社
1994年　清水建設㈱建築技術部長退職
同　年　テクネット入社
1996年　シミズ・ビルライフケア入社
1997年　荒川建築技術コンサルタント代表
　　　　（技術士，一級建築士，一級建築施工管理技士）

【新編】建築材料・施工　サステイナブルな環境づくり

2006年9月30日　発行Ⓒ

　　著　者　　森　田　司　郎
　　　　　　　岡　島　達　雄
　　　　　　　荒　川　治　徳
　　発行者　　鹿　島　光　一

発行所　100-6006　東京都千代田区霞が関三丁目2番5号　　鹿島出版会
無断転載を禁じます。　TEL 03(5510)5400　振替 00160-2-180883

乱丁・落丁本はお取替えいたします。　　印刷・製本　創栄図書印刷

ISBN4-306-03339-2　C3052　Printed in Japan

本書の内容に関するご意見・ご感想は下記までお寄せください。
URL: http://www.kajima-publishing.co.jp
E-mail: info@kajima-publishing.co.jp